大数据时代高校图书馆服务工作多维研究

李丹霞◎著

吉林文史出版社

图书在版编目（CIP）数据

大数据时代高校图书馆服务工作多维研究 / 李丹霞
著 . — 长春 : 吉林文史出版社 , 2024.1
ISBN 978-7-5752-0054-7

Ⅰ.①大… Ⅱ.①李… Ⅲ.①院校图书馆 – 图书馆服
务 – 研究 Ⅳ.① G258.6

中国国家版本馆 CIP 数据核字 (2024) 第 015181 号

大数据时代高校图书馆服务工作多维研究
DASHUJU SHIDAI GAOXIAO TUSHUGUAN FUWU GONGZUO
DUOWEI YANJIU

著　　者：李丹霞
责任编辑：马铭烩
出版发行：吉林文史出版社
电　　话：0431-81629359
地　　址：长春市福祉大路 5788 号
邮　　编：130117
网　　址：www.jlws.com.cn
印　　刷：河北万卷印刷有限公司
开　　本：710mm×1000mm　1/16
印　　张：17
字　　数：225 千字
版　　次：2024 年 1 月第 1 版
印　　次：2024 年 1 月第 1 次印刷
书　　号：ISBN 978-7-5752-0054-7
定　　价：98.00 元

前　　言

随着科技的飞速发展和信息化时代的到来，大数据作为一个重要的概念越来越受到人们的关注。大数据技术对各行各业的影响深远，尤其是高校图书馆服务工作。在这样的背景下，笔者决定撰写这本《大数据时代高校图书馆服务工作多维研究》专著，旨在深入研究大数据对高校图书馆服务工作的影响，以及在此环境下高校图书馆如何更好地为用户服务。

本书共八章，涵盖了大数据时代高校图书馆的发展环境、服务功能、知识服务、信息服务、智慧服务、微服务、数字资源融合及数字图书馆面向用户的服务组织等重要议题。

第一章是大数据时代高校图书馆的发展环境。本章首先介绍了大数据的产生背景与发展历程、大数据的概念与大数据技术，然后介绍了高校图书馆服务的概念与特征，最后通过 SWOT 分析方法，全面评估了大数据时代高校图书馆发展面临的优势、劣势、机遇和挑战。

第二章是大数据时代高校图书馆的服务功能。本章首先介绍了大数据对高校图书馆服务功能的影响、大数据时代高校图书馆服务功能的转变，然后介绍了大数据在高校图书馆文献资源管理、用户服务、管理决策中的应用，最后列举了强化高校图书馆服务功能的具体措施。

第三章是大数据时代高校图书馆的知识服务。本章首先介绍了高校图书馆知识服务的相关概念、大数据时代高校图书馆开展知识服务的必要性和可行性，然后介绍了大数据时代高校图书馆知识服务模式的实施要素，最后剖析了基于大数据的高校图书馆知识服务模式的构建。

第四章是大数据时代高校图书馆的信息服务。本章首先介绍了大数据对高校图书馆信息服务的影响，然后介绍了大数据时代高校图书馆信息服务的转变，最后剖析了如何基于大数据开展高校图书馆信息服务。

第五章是大数据时代高校图书馆的智慧服务。本章首先介绍了图书馆智慧服务的概念、高校图书馆智慧服务的特征等内容，然后介绍了融入大数据开展高校图书馆智慧服务的必要性和愿景，以及大数据对智慧服务的支持，最后提出了基于大数据的高校图书馆智慧服务模式的构建方法。

第六章是大数据时代高校图书馆的微服务。本章首先介绍了大数据时代高校图书馆微服务的概念和特点、高校图书馆开展微服务的意义与作用、高校图书馆微服务的内容，然后介绍了我国高校图书馆微服务的实践，最后阐述了大数据时代高校图书馆微服务的实现策略。

第七章是大数据时代高校图书馆的数字资源融合。本章首先介绍了图书馆数字资源融合相关理论，然后进行了大数据时代高校图书馆数字资源融合模式分析，最后剖析了大数据时代高校图书馆数字资源融合平台的构建方法。

第八章是大数据环境下数字图书馆面向用户的服务组织。本章首先进行了大数据环境下数字图书馆用户信息需求与行为分析，然后介绍了数字图书馆面向用户的服务定位与服务协同，最后进行了数字图书馆面向用户服务的系统动力学分析。

在本书撰写过程中，笔者参考了大量理论与研究文献，在此向涉及的专家、学者表示衷心的感谢。同时，由于笔者水平所限，书中难免有不足之处，恳请读者批评指正。

目　　录

第一章 大数据时代高校图书馆的发展环境

第一节 大数据时代的到来

一、大数据的产生背景与发展历程

（一）大数据的产生背景

1. 计算机和网络的发展

计算机硬件和软件技术的快速发展，为大数据的处理和存储提供了便利。

在大数据处理方面，随着集成电路密度和性能的不断提高，计算机的运算速度和处理能力也大幅度增加，这使得人们能够更快地处理大规模的数据集，实现复杂的数据分析和挖掘。同时，图形处理器（GPU）等并行计算技术的发展也为大数据处理提供了强大支持。

在大数据存储方面，传统的磁盘存储容量有限，无法满足大规模数据的存储需求。随着固态硬盘（SSD）和闪存技术的成熟，存储容量大大增加，读写速度显著提高，使大规模数据的高效存储成为可能。

此外，互联网的普及和网络通信技术的发展使大量数据能够快速传输和共享。同时，无线通信技术的进步，如5G能够更快地获取和上传数据，进一步推动了大数据的形成。

与此同时，物联网的兴起，能够将多种传感器、设备连接到互联网，获取海量的实时数据流，为大数据分析和应用提供丰富的资源。

2．数字化技术的应用

随着信息技术的发展，数字化技术的应用日益广泛，人们在日常生活中能够获取的数据不断增加。

数字化技术将各种信息转化为数字形式，使其能够被计算机处理和存储。例如，文档、图像、音频和视频等多媒体内容都可以被数字化，并以数字数据的形式被存储和传输。这些数字化的数据成为大数据的重要组成部分，包括个人生成的数据、企业的业务数据和研究机构的实验数据等。互联网则成为人们获取信息、进行交流和开展业务的主要平台。人们使用互联网进行信息搜索、在线购物、社交媒体交流等活动，每一次操作都产生了数据，这些数据的不断积累和沉淀为大数据的形成奠定了基础。同时，互联网公司通过收集用户数据进行个性化推荐和广告定向投放，进一步促进了大数据的应用。

与此同时，随着信息技术的发展越来越普及。智能手机、平板电脑等移动设备的普及使人们随时随地都能够产生和获取数据。人们使用移动设备进行社交媒体互动、地理定位、移动支付等操作，产生了大量的实时数据。这些移动设备生成的数据数量大、更新速度快，并具有多样性，为大数据的形成提供了重要的来源。

此外，数字化时代的商业模式和组织方式也促进了大数据的产生。企业、政府和研究机构等组织积累了大量的业务数据。企业通过销售数据、客户数据和供应链信息等进行分析，优化业务决策，提高运营效率；政府通过收集历史数据、实时数据、统计数据，实现了智慧城市和公共服务的优化；研究机构通过实验数据、传感器数据等进行科学研究和创新。这些组织内部和外部数据的生成与积累，为大数据的形成奠定了重要的基础。

3. 云计算技术的发展

云计算是一种基于互联网的计算模式，通过共享的计算资源，提供按需、可伸缩的计算服务，其基本特征包括按需自助服务、广泛网络访问、资源池共享、快速弹性扩展和计量服务等。

虚拟化技术是云计算的核心，它实现了对物理资源的抽象和隔离，具有灵活的资源管理能力。通过虚拟化技术，云计算将物理资源划分为多个虚拟资源，使用户可以按需使用和管理这些资源。分布式计算技术支持云计算系统的横向扩展和高可用性，它将计算任务划分为多个子任务，并在多个计算节点上并行执行，提高了计算效率。此外，服务编排技术实现了服务的自动部署和管理，通过定义和编排不同的服务组件，使系统具备更高的可靠性和效率。

传统的数据处理方法难以满足大数据规模和速度的要求。云计算提供了高度可伸缩的计算和存储资源，为大数据处理提供了必要的基础设施。云计算也提供了弹性的资源分配，使大数据处理可以在需要时动态地扩展计算能力和存储容量。通过云计算平台，用户可以根据实际需求快速获取所需资源，从而实现对大数据的高效处理。云计算平台上提供了各种数据处理和分析工具，如分布式存储系统、分布式计算框架、机器学习算法等，这些工具能够处理大规模的数据集，进行复杂的数据分析和挖掘任务，用户可以利用这些工具来探索大数据中的模式、趋势和关联关系，从而获得有价值的洞察和决策支持。另外，云计算提供了数据存储和共享的便利性，促进了大数据的积累和交流。云存储服务可以提供高可靠性和可扩展性的数据存储解决方案，使用户可以方便地存储和管理大量的数据。

云计算平台还提供了数据共享和协作功能，多个用户可以同时访问和处理同一数据集，促进了大数据的共享和交流，为跨组织和跨领域的合作提供了便利。

云计算技术的成本效益也对大数据的处理起到了推动作用。传统的大数据处理需要昂贵的硬件设备和专业人员的维护，成本较高，而云计算通过按需使用的方式，降低了硬件设备和人力资源的投入成本。用户只需支付所使用的计算和存储资源的费用，无须购买和维护昂贵的设备，这使得云计算技术对于中小企业和个人用户也更加可行，进一步推动了大数据的产生和应用。

（二）大数据的发展历程

1．萌芽时期

大数据的萌芽可以追溯到 20 世纪 70—90 年代，这一阶段随着电子计算机和互联网的快速发展，数据开始电子化，信息传播速度加快，从而引发了大数据的产生和发展。

20 世纪 70—80 年代，数据库管理系统（DBMS）的诞生和发展可以看作大数据的雏形。这一时期，数据库管理系统的应用已经在商业和学术领域开始流行，由此催生了结构化查询语言（SQL）以及关系型数据库管理系统（RDBMS）等技术。这为数据的统一管理和高效查询提供了便利。在当时，虽然数据量、数据类型及数据处理速度等尚未达到大数据的规模，但数据库管理系统的出现与发展为大数据的理论发展和技术应用奠定了基石。

进入 20 世纪 90 年代，互联网出现并普及，推动了数据电子化和信息传播速度的明显加快，也使数据的产生和传播更为广泛和深入。特别是万维网（WWW）的出现，使全球信息共享成为可能，大规模的数据开始在网络中流动。这对数据的收集和存储提出了新的挑战，也为大数据的产生提供了土壤。尽管数据量开始显著增加，但由于当时技术和设施的限制，大规模的数据收集、存储和处理仍然面临巨大的挑战。例如，传统的关系型数据库管理系统在处理大规模、多样性和高速产生的数据时，开始显示出其处理能力的局限性。这促使人们开始探索新的数据管理和处理方式，从而催生了非关系型数据库（NoSQL）等新技术。

在这一时期，数据挖掘、机器学习等相关理论和技术也开始逐步发展，为大数据的处理和应用提供了理论支持。例如，数据挖掘技术通过发现数据中的模式和关联，可以帮助人们从海量的数据中提取有价值的信息。机器学习技术采用大量的数据训练模型并进行预测，为数据的处理和应用提供了一种新的方法。

在大数据的萌芽时期，虽然大数据的概念并未被明确提出，但这个时期的技术发展，特别是数据库管理系统的发展、互联网的出现和普及，以及数据挖掘和机器学习等相关理论与技术的初步发展，为大数据的后续发展奠定了坚实的基础。

2．发展时期

大数据的发展时期可以大致定位于 21 世纪初期—2010 年。这一阶段的主要特征是数据量的爆发式增长、技术的快速发展及大数据概念形成与应用的初步尝试。

这一时期的数据爆炸是由多种因素造成的。在硬件方面，存储设备的快速发展降低了数据存储成本，使大规模数据存储成为可能；在软件方面，搜索引擎、社交媒体等新型应用的出现，使数据的生成和收集更加容易；在网络方面，网络的普及和移动互联网的崛起，使数据的传输和分享更加便捷。

如上文所述，随着数据量的增长，传统的关系型数据库管理系统在处理大规模数据时的局限性日益显现，这促使人们开始探索新的数据存储和处理方式，例如非关系型数据库等技术。在处理大规模、多样性、高速产生的数据上，新技术显示出比传统数据库更好的性能。特别是由Apache软件基金会所开发的分布式系统基础架构Hadoop，其分布式存储和计算能力，使大数据的存储和处理成为可能。此外，云计算的兴起也大大推动了大数据的发展。云计算提供了弹性的、按需付费的计算资源，使数据存储和处理的规模可以根据需要进行动态调整，为处理大规模的数据提供了极大的便利。

随着人工智能和机器学习的发展，大数据的应用也有了更多的可能性。这一时期，谷歌、亚马逊、脸书等科技巨头开始大规模收集和分析用户数据，用以改进其产品和服务。例如，谷歌通过用户搜索数据来优化其搜索引擎，脸书则通过用户的社交网络数据来推送个性化的广告，这些初步的应用彰显了大数据在商业领域的潜力。

在研究领域，大数据也逐渐引起了学者们的关注。这一时期的一些研究，如社会网络分析等，开始利用大数据进行研究。这些研究不仅推动了大数据技术的发展，而且显示出大数据在研究领域的价值。

与此同时，这一时期的大数据应用也暴露出一些问题，如数据安全和隐私问题。随着数据的增长，如何保护用户的数据安全和隐私成为一个亟待解决的问题。同时，大数据的质量和准确性也引起了人们的关注，直接影响了数据分析的效果。

大数据的发展时期，标志着大数据从概念到实践的一次跨越。在此阶段，大数据不仅在技术层面取得了重要进展，而且在商业和研究领域也开始初步应用，显示出其巨大的潜力和价值。

3．兴盛时期

大数据的兴盛时期，大约从2010年至今。在此阶段，大数据技术得到了广泛推广和深入应用，人工智能、云计算等先进技术的发展为大数据的发展注入了新的活力，同时，大数据也面临着新的挑战和问题。

在技术层面，随着硬件技术的进步和软件技术的创新，大数据处理能力得到了显著提升。例如，Hadoop 等大数据处理框架的成熟，使大规模并行处理和实时处理成为可能；云计算的普及，使数据的存储和处理更加灵活与高效；机器学习和深度学习技术的发展，使从大数据中提取知识和预测未来变得更加准确。

在应用层面，大数据的应用从科技巨头扩展到各行各业。从政府到企业，从医疗到教育，大数据被广泛用来指导决策和改进服务。例如，政府部门通过大数据分析来优化公共资源的配置，企业通过大数据来改进产品和服务，医疗机构通过大数据来预测疾病的发展和优化治疗方案。这些广泛应用显示出大数据的价值。同时，人工智能的发展与大数据的兴盛紧密相关。大数据为人工智能提供了丰富的训练数据，使机器学习模型的性能得到了显著提升。反过来，人工智能也推动了大数据的应用，使大数据发挥了更大的价值。

随着大数据的广泛应用，人们更加清醒地看到了大数据应用过程中存在的问题和挑战。首先是数据安全和隐私问题。在大数据环境下，如何保护个人的数据安全和隐私成为一项重要任务。其次是数据的质量和准确性问题。由于数据的源头多样，数据的质量和准确性常常难以保证，直接影响数据分析的效果。最后，数据的伦理问题也开始引起人们的思考。例如，如何公平地使用和共享数据，如何防止数据的滥用等。

大数据的兴盛时期，标志着大数据进入了一个新的阶段。在这个阶段，大数据的技术和应用得到了全面发展，也面临着挑战。这要求人们在享受大数据带来的便利和价值的同时，也要注意其存在的风险，做好数据的安全保护和伦理管理至关重要。

二、大数据的概念辨析

（一）大数据的含义

大数据是一个复杂的概念，指超越传统数据管理工具处理能力的大量、多样性的信息。高德纳（Gartner）是一家主要服务于大型跨国公司的 IT 研究与顾问咨询机构，它定义大数据为高速增长、多样化以及需要新的处理模式的信息资产，以便提高决策的效率，洞察发现问题并进行过程优化。大数据的定义涵盖了数据的三个维度，即数据的体量、速度和种类，后来又增加了价值和真实性两个维度。

数据体量指的是数据集的规模。在当前的信息社会，网络、社交媒体、移动设备等的广泛应用使数据的生成速度大大加快，数据量呈指数级增长，使得大数据的规模远远超出了传统的数据处理工具的处理能力。体量特征强调大数据的规模巨大，使数据的存储、处理、分析等变得非常困难，对数据处理技术提出了很高的要求。

数据速度指的是数据产生和处理的速度。在许多情况下，数据必须实时或近实时处理，以提供及时的信息和洞察问题。例如，社交媒体上的趋势、金融市场变化以及监控系统的警报都需要快速处理和响应。

数据种类涵盖了数据的各种类型。数据包括结构化数据、半结构化数据和非结构化数据三种。结构化数据通常是指格式固定、易于存储和查询的数据，如数据库中的数据；半结构化数据在结构上介于结构化数据和非结构化数据之间，如 XML、HTML 文档就属于半结构化数据；非结构化数据是没有固定格式的数据，如文本、图像、音频、视频等。种类特征强调了大数据处理技术需要处理和分析多种类型的数据。

数据价值和数据真实性的概念也不可忽视。这两个维度要求数据既要有价值，又要准确无误，才能在决策制定过程中起到实际作用。虽然数据量大，但如果没有价值，这些数据就是没有用的。同时，大数据应该是真实和可靠的，这样才能为决策提供有效的支持。真实性特征强调了数据的质量，需要对数据进行清洗和校验，以确保数据的准确性和一致性。

大数据不仅是一种新的技术和工具，而且是一种新的思维方式。大数据让人们从过去的样本统计转向了全量数据的分析，从单一的数据源转向了多元的数据融合，从静态的数据报告转向了动态的数据交互。大数据将引领人们进入一个全新的信息世界。

（二）大数据与传统数据的差异

大数据与传统数据在概念、特性、处理方式、应用领域四个方面存在着显著的差异。

1．概念的差异

传统数据通常指的是结构化数据，如关系型数据库中存储的数据，这些数据通常有固定的数据模型，如表、行和列。而大数据则不局限于结构化数据，它还包括半结构化数据和非结构化数据，如文本、图像、音频和视频等。

2．特性的差异

传统数据主要关注数据的体量和结构，对数据的管理和分析主要基于单一的、中心化的数据库系统。然而，大数据具有体量大、生成速度快、种类多样、价值密集、真实性要求高的特性，这些特性使大数据的存储、处理和分析需要采用全新的技术和方法。

3．处理方式的差异

传统数据通常使用关系型数据库管理系统进行管理，使用结构化查询语言进行数据查询和分析。大数据则需要使用分布式存储和并行处理技术来处理。例如，Hadoop 大数据处理框架可以将数据分布在多个节点上，通过并行计算提高数据处理的效率。此外，大数据还常常需要使用机器学习、数据挖掘等技术进行深度分析。

4. 应用领域的差异

传统数据的应用通常比较单一，主要用于业务报告、业务决策支持等。大数据的应用领域则更为广泛，包括消费者行为分析、市场走势预测、个性化推荐等。

三、了解大数据技术

（一）几项关键技术

大数据的处理过程可以分为大数据采集、预处理、存储、处理、隐私保护、挖掘、结果展示（发布）等，各种领域的大数据应用一般都会涉及这些基本过程，不同应用可能会有不同的侧重。下面介绍几项关键的大数据技术。

1. 数据存储技术

在大数据环境中，数据存储是一项关键技术。对于不同类型和规模的数据，需要选用适合的存储技术。

Hadoop 是一个开源的大数据存储和处理框架，主要包括两个部分：HDFS 和 MapReduce。HDFS 的英文全称是 Hadoop Distributed File System，它是一种分布式文件系统，可以高效地存储和处理大量的非结构化数据。它的主要特点是分布式存储、容错能力强和吞吐量高。MapReduce 则是 Hadoop 的数据处理模型，可以并行处理大量的数据。非关系型数据库是一类用于大规模数据集存储的数据库系统，克服了传统关系型数据库的一些限制。它们具有可水平扩展、高性能和灵活的数据模型等特点，适合处理大数据和实时应用。

2．数据处理和分析技术

数据处理和分析是大数据技术的核心。在这方面，MapReduce 和 Spark 是两种使用广泛的技术。

MapReduce 是一种计算模型，可以将大量数据分解为多个小块并行处理，有效提高计算效率。它的主要特点是简单、可扩展、容错性强和并行性。Spark 是一个开源的大数据处理框架，被设计用于快速、通用的大规模数据处理。与 MapReduce 相比，Spark 的优势在于其提供的高级应用程序接口（API），以及其优化的执行引擎，可支持更复杂的计算模型，并且可以在内存中处理数据，显著提高计算速度。

3．数据挖掘和机器学习技术

数据挖掘和机器学习是大数据分析中的关键技术。Python 和 R 语言是两种常用的编程语言。Python 提供了一系列数据挖掘和机器学习的库，如 NumPy、Pandas、Scikit-learn 等，使数据处理和机器学习任务变得简单、快捷。R 语言是一种专门用于统计计算和图形绘制的编程语言，拥有强大的统计分析功能，拥有大量的数据挖掘和机器学习的程序包，如 tidyverse 包、caret 包等，使数据挖掘和统计分析工作更加高效。

4．数据安全和隐私保护技术

在大数据环境中，数据安全和隐私保护是非常重要的。由于大数据的分布式存储和处理特性，传统的安全和隐私保护技术可能无法满足需求。目前，针对大数据的安全和隐私保护，研究者提出了一些新的技术，如差分隐私、同态加密等。差分隐私是一种保护数据在被分析时不暴露个体信息的技术，它通过添加一定的噪声来保护个体的隐私。同态加密则允许在加密数据上进行计算，结果仍然是加密的，它可以在保证数据安全的同时，进行数据的分析和处理。

（二）大数据技术的价值

在今天的数据驱动世界中，大数据技术具有巨大的潜力和价值。它能够提取从海量数据中的深入见解，助力决策制定，创新产品和服务，提高运营效率，以及挖掘新的商业模式。

1. 助力决策制定

大数据技术使组织能够更准确、更迅速地理解和反映市场趋势。以商业智能和分析工具为基础，组织可以从他们的数据中获取有用的信息，从而做出更好的决策。

在金融领域，数据驱动决策制定已经成为一种常态。金融机构运用大数据技术分析股票市场的历史数据、宏观经济指标、公司财务报告等信息，从而做出更准确的市场走势预测。通过预测模型，分析师可以更加清晰地洞察市场的未来走向，为投资者提供决策依据。此外，金融机构还可以利用大数据分析消费者的信用历史、交易记录等，以制定个性化的信贷策略，降低信贷风险。

在健康医疗领域，数据驱动决策制定也较为常见。医生可以通过分析患者的医疗记录、基因信息等数据，来预测疾病的发展趋势，以便制定个性化的治疗方案。例如，通过对大量病例数据的分析，医生可以预测哪些因素可能导致某种疾病的恶化，或者哪种治疗方法对特定患者有最好的效果。这种基于数据的决策制定方式可以大大提高医疗效果，也有助于控制医疗成本。

在政策制定方面，数据驱动决策制定同样有着重要的价值。政策制定者可以利用大数据技术分析各种社会、经济数据，以预测政策可能产生的影响，为政策制定提供依据。例如，政策制定者可以分析过去的政策效果数据，来优化新的政策制定；可以通过社交媒体数据了解公众对政策的态度和反馈，以此作为政策调整的参考。

综合来看，数据驱动决策制定的关键在于高质量的数据和有效的分析，因此，在收集、整理和处理数据的过程中，需要确保数据的准确性和完整性。同时，利用大数据工具进行数据分析，需要拥有专业的知识和技能，以确保分析的结果具有科学性和可信度。只有这样，数据驱动决策制定才能真正发挥其价值，助力组织实现决策优化，提升竞争优势。

2. 创新产品和服务

大数据技术在产品和服务的创新中具有重大的推动作用。通过对用户行为和偏好的深入理解，企事业单位能够提供更加个性化和优质的产品与服务，进一步提升用户的满意度，增强自身的市场竞争力。

在电子商务领域，大数据技术的运用已经深入各个环节。首先，在商品推荐方面，通过分析用户的购物记录、搜索历史、浏览行为等信息，电子商务平台能够生成个性化的商品推荐，从而提高转化率，提升用户的购物体验。例如，亚马逊的"购物车推荐"和"基于浏览历史的推荐"就是典型的应用案例。其次，大数据还可以帮助电子商务平台进行精准营销。通过分析用户的购物行为和消费偏好，平台可以有针对性地推出各种优惠活动，满足不同用户群体的需求。最后，对于上线的新产品，电子商务平台也可以根据大数据分析的结果，预测其在市场上的接受程度，从而做出合理的定价和营销策略。

在在线视频平台领域，美国网飞公司（Netf lix）就是大数据应用的成功案例。它通过大数据技术分析用户的观看记录、评分、搜索和浏览行为等信息，推荐用户可能感兴趣的影片。此外，它还运用大数据分析确定原创内容的制作。例如，它可以通过分析用户对不同类型、不同主题影片的喜好，确定新影片的类型、主题，甚至演员阵容。这种以数据驱动的创新模式，不仅提高了用户的观看体验，而且为其自身发展带来了良好的商业回报。

3．提高运营效率

大数据技术的应用能够极大地提升企事业单位的运营效率、降低成本，这一特性已经在物流、制造、能源等多个领域得到印证。

在物流行业，运输路线优化是一个常见的问题。传统的方法往往依赖经验和人工计划，既低效又可能导致结果不理想。大数据技术可以帮助物流公司进行路线优化。通过收集并分析（包括天气、交通、车辆状况等在内的）各种数据，物流公司可以预测并规避可能的延误和障碍，选择最佳的运输路线。这种方式不仅可以减少运输时间，降低运输成本，还能提升服务质量，提高客户满意度。

在制造业，大数据技术的应用同样具有重要的价值。制造业中有大量的数据可以收集和分析，包括机器的运行状态、生产线效率、产品质量等。通过分析这些数据，制造业公司可以及时发现生产中存在的问题，比如机器的故障、生产线的瓶颈、质量控制的问题等。这样一来，制造业公司就可以在问题出现的早期就进行干预，避免或减少损失。此外，通过预测分析，制造业公司还可以优化生产计划，合理安排生产资源，提高生产效率。

在能源行业，大数据技术也有广泛的应用。通过对历史和实时的电力消费数据进行分析，能源公司可以准确地预测电力需求，从而优化电力分配，降低能源消耗。例如，电力公司可以通过数据分析预测在特定时间和地点的电力需求，以此调整电网的运行策略，减少电力浪费。此外，通过大数据分析，能源公司还可以发现设备的异常状态，提前进行维护，避免故障的发生，确保电网的稳定运行。

4．挖掘新的商业模式

大数据技术的发展不仅改变了现有的商业模式，还催生了一些全新的商业模式，开创了新的经济增长点。

数据经纪商就是大数据时代的产物之一。他们通过收集、清洗、整合和销售数据，为需要数据的公司提供服务。数据的种类繁多，包括消费者行为数据、市场研究数据、社交媒体数据、公开数据等。数据经纪商将这些数据整合成有用信息，然后出售给需要数据信息的企业。例如，一家电子商务公司可能会购买数据经纪商提供的消费者行为数据，以更好地了解消费者的需求和购物习惯，进而优化他们的产品和服务。

此外，大数据处理和分析服务商也在大数据时代崭露头角。许多企业面临着如何有效处理和分析大数据的挑战，而这些服务商恰恰能够提供解决方案。他们提供一整套的大数据处理和分析服务，包括数据存储、数据清洗、数据分析、数据可视化等。通过这些服务，企业可以高效地处理和分析自己的数据，从而得到有价值的商业信息。例如，一家制造业公司可能会使用大数据服务商的服务，来分析他们的生产数据，寻找提高生产效率的方法。还有一些企业将大数据技术与传统行业结合，创新了商业模式。例如，滴滴出行的共享出行服务，通过大数据技术分析城市的交通需求，优化调度策略，提供了更为便捷的出行服务。

第二节　高校图书馆服务工作概述

一、服务及知识服务的概念与特征

（一）服务的概念

服务是一种经济交换活动，通过满足客户的需求或提供特定的经济利益来为客户创造价值。服务是一种非物质性的产出，与传统的物质产品不同，其价值主要体现在满足客户需求、提供经济效益和提升客户满意度等方面。

（二）服务的本质特征

服务的本质在于满足客户需求或提供特定的经济利益。它强调的是一种交换关系，即服务提供者通过提供特定的服务，使客户获得非经济或经济的利益。与物质产品不同，服务是一种无形的、不可储存的经济产出，其价值主要体现在服务过程中的效用和体验。如图1-1所示为服务的本质特征。

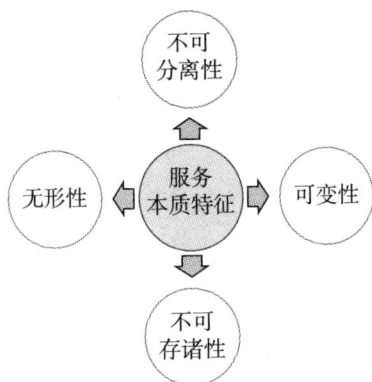

图1-1　服务的本质特征

（1）无形性。服务是一种无形的产出，它不像物质产品那样可以被看到、摸到或品尝到。例如，教育、医疗、金融等服务领域的产品很多是无形的。由于无形性，服务的交付过程和质量评估往往更加复杂。

（2）不可分离性。服务的生产和消费是同时进行的，无法分割开来。服务的提供者和接受者在时间和空间上存在一定的依赖关系。例如，教育服务需要教师和学生同时存在，医疗服务需要医生和患者同时参与。

（3）可变性。服务的质量容易受到多种因素的影响，因此服务具有较高的可变性。服务的过程往往需要提供者与接受者进行互动，而接受者的需求和期望可能随时发生变化，提供者的状态在不同时间也会有所不同，因此服务的质量会有所差异。

（4）不可储存性。服务无法像物质产品那样储存和积累，它的供给与需求往往是同步的。一旦服务未能及时提供或消费，其价值可能会丧失。例如，未能及时提供咨询服务或就诊的医疗服务将失去对患者的效用和价值。

（三）知识服务的概念

知识服务是指从各种显性和隐性知识资源中按照人们的需要有针对性地提炼知识和信息内容，搭建知识网络，为用户提出的问题提供知识内容或解决方案的信息服务过程。这种服务的特点在于，它是一种以用户需求为中心的、面向知识内容和解决方案的服务。

（四）知识服务的特征

1. 以用户为中心，为客户解决问题

知识服务是以用户为中心的，它始于用户的需求，以满足用户的知识需求为目标。它强调个性化，根据用户的实际需要提供服务。

知识服务提供者根据用户的需求进行信息搜集和选择。为了帮助用户克服因信息分散而产生的检索难题，知识服务会提供索引指南，并根据用户的需求提供定制化的解决方案。此外，知识服务也应注重帮助用户理解和吸收知识，通过提炼、加工和组织信息，为用户提供适宜的知识产品。知识服务的目标是满足用户需求，这就需要知识服务能够满足用户的有针对性的实际需求，要求服务提供者深入了解用户，研究用户的知识需求规律，并在此基础上提供全面、准确、有效的知识信息。优质的知识服务应以提高服务的针对性和实效性为目标，使用户能够高效、迅速地获取和利用知识，解决他们面临的问题。

知识服务的价值在于它能帮助用户解决问题，满足他们的知识需求。通过提供服务，知识服务提供者可以利用自己的独特知识和能力，直接参与用户解决问题的过程，创造价值。当知识服务满足用户需求时，服务的

价值得以实现，知识的价值也得以彰显。

2. 面向解决方案，贯穿过程始终

知识服务致力于帮助用户找到或形成解决方案。这种解决方案的形成是一个复杂的过程，它涉及对知识信息的不断查询、分析、组合。因此，知识服务的核心任务不仅仅是提供信息，更重要的是为解决方案的形成和完善提供支持。知识服务要根据用户的问题和需求，有针对性地搜集、分析和组织信息，帮助用户确定和调整信息活动的目标，以提供适宜的解决方案。

知识服务是面向解决方案的，而且应贯穿于服务过程始终。这是因为用户的信息需求和行为是动态的，受到环境、任务的复杂性和用户本身知识、能力等多种因素的影响。用户在解决问题的过程中，很可能需要根据外部环境的变化或问题解决的程度而调整信息需求和行为。知识服务需要关注这些变化，随时根据用户信息活动的变化重新筛选和组织信息，不断提供能支持用户解决问题所需要的知识。

为了实现解决方案导向和全程参与，知识服务需要深入理解用户，了解用户的问题、需求和信息行为。同时，知识服务还需要具备强大的信息处理能力，能够快速、准确地搜集、分析和组织信息。这样，知识服务才能真正实现以用户为中心，满足用户的知识需求，帮助用户解决问题。

3. 知识服务是个性化的服务

知识服务应当从用户的角度出发，为用户量身定制解决方案。由于不同用户面临的问题各不相同，即便是面临同类问题的用户，也可能因为自身的特点和外部环境的不同，需要独特的解决方案。因此，知识服务不仅要提供知识和信息，而且要根据用户的特点和需求，提供个性化服务。

为了实现个性化服务，知识服务提供者需要深入了解用户的具体需求和信息偏好，建立用户个性化需求模型。这种模型可以帮助知识服务提供者更准确地理解用户的需求，从而提供更符合用户需求的服务。通过个性化需求模型，知识服务提供者可以采取适合用户的个性化服务方式，帮助用户寻找知识、解决问题，提供针对实际问题的解决方案。

4. 通过提供知识内容实现知识的价值

知识服务面向知识内容，通过提供知识内容实现知识的价值。这一特征表现为在服务中以用户需求为导向，通过分析、筛选和组织信息，产出能解决用户实际问题的知识产品，并在应用过程中实现知识的价值。

知识服务关注用户知识需求中的信息内容。它通过对用户提出的问题和环境进行深度分析，从大量信息中筛选出有价值的内容，这些内容被分类、组织和描述，使之透露出信息的本质。此外，知识服务还致力于揭示各类信息内容间隐含的知识关联，以找到与用户需求最匹配的知识。在这个过程中，信息会逐渐被科学地呈现出来，形成适合用户需求的解决方案，实现将恰当的知识传递给需要的人。

知识的价值在于被使用，只有被更多的用户用于解决实际问题，知识的价值才能得到体现和提升。因此，知识服务旨在满足用户的知识需求，帮助用户解决实际问题，这就是知识价值的实现。知识服务根据用户的需求，提供信息检索服务，并对大量的信息进行分析、筛选、处理和管理，最终形成能解决用户问题的解决方案。这一过程不仅实现了知识本身的价值，而且体现了检索、分析、处理和组织知识服务过程的价值。知识服务通过服务提供者的知识和能力为原有知识增添新的价值——通过提高用户知识应用和创新效率，实现知识和知识服务的价值。

5. 知识服务的创新性

深刻理解和应答用户的知识需求是知识服务的基础，但知识服务更高阶的目标在于推动用户的知识创新。通过搜集、筛选、整理和组织各类信息资源，知识服务能够形成解决用户问题的新知识。这个过程不仅是解决问题的过程，而且是新知识的创造过程。用户通过应用这些经过组织、处理和整合形成的新知识，可以将其转化为更高层次的生产力，从而创造出更多的新知识。在这个过程中，知识服务作为一个重要的媒介和引导，既满足了用户的信息需求，又促进了知识的创新。

知识服务通过收集、筛选、整理、分析和综合知识信息，实现了知识的创新。这个过程将无序的信息变得有序，使固化的知识得以活化，同时融入了服务提供者的智慧和能力。因此，知识服务过程本身就是知识增值和创新的过程。在这个过程中，用户在解决问题的行为中不断启发新的思维，获得新的知识和价值，而服务提供者也在处理和组织信息的过程中，创造新的知识和价值。

6. 知识服务的共享性

作为一种服务，知识服务包含了大量的知识元素。知识本身具有无体性，即它不会因为被使用或共享而减少。这使得知识能够被无限地利用和分享，任何人都可以获得和使用知识。即使是有形的知识产品，也因其可储存和可传输的特性，方便地在人群之间流通，进一步推动知识的传播和共享。

知识服务不仅包含知识本身，还包含知识服务的过程和结果。无论服务的内容是否能够具体呈现，用户在接受服务的过程中都可以与服务提供者共享这个过程，通过共享，他们都可以从中受益。同时，服务完成后，用户所获得的知识也可以传授给他人，进一步扩大知识的影响和价值，达到共享的目的。

二、高校图书馆服务的概念及特征

图书馆是提供知识和信息服务的重要场所（注：知识服务在某种程度上也可看作信息服务）。高校则因学术性使其图书馆服务具有了更强的知识服务含义。

（一）高校图书馆服务的概念

高校图书馆服务可被定义为一系列为满足用户需求而设计和提供的活动，包括信息咨询、资源获取、学术研究支持、技能培训等。今天的高校图书馆服务不仅具备传统图书馆服务的功能，而且融入了现代信息技术，具有较强的科技感。

高校图书馆服务在信息咨询方面的作用体现在高校图书馆作为信息集散中心，提供各类学术信息的查询、检索和获取，帮助用户有效获取所需信息。此外，高校图书馆还可以通过提供信息咨询服务，帮助用户解决信息检索、资源利用等方面的问题，提高信息利用效率。

高校图书馆服务在资源获取方面的作用体现在高校图书馆集成各种学术资源，包括图书、期刊、电子资源等，并提供图书借阅、文献传递、电子资源访问等服务，帮助用户获取所需资源。通过构建协作网络，高校图书馆还可以借助资源共享，实现资源的优化配置，提高资源利用效率。

高校图书馆服务在学术研究支持方面起着重要作用。高校图书馆提供研究支持服务，如研究咨询、学术交流、学术成果发布等。高校图书馆还可以提供研究数据管理、知识产权服务等，帮助研究者有效管理研究过程，保护研究成果。

高校图书馆服务在技能培训方面也发挥着重要作用。高校图书馆提供信息素质教育、信息技能培训、学术写作指导等服务，帮助用户提升信息素质和学术能力。通过课程、工作坊、讲座等方式，高校图书馆可以帮助用户掌握信息检索、资源利用、数据分析等技能，提高学术研究效率。

（二）高校图书馆服务的特征

1. 以读者用户为中心，以读者用户满意为目标

高校图书馆服务的核心是以读者用户为中心。这种服务模式意味着

高校图书馆应深度理解读者的需求，以满足这些需求为首要任务。在此过程中，高校图书馆需要持续倾听读者的反馈，理解他们的需求，以及他们在信息搜索和获取过程中遇到的困难和挑战。倾听并理解读者的需求是高校图书馆能够提供高效、有针对性服务的基础。

高校图书馆服务需以读者满意为目标，这意味着高校图书馆需要关注服务的质量和效果，努力提高服务的效率，以使用户能够在尽可能短的时间内获取所需的信息。同时，高校图书馆也需要关注读者的服务体验，理解他们的感知和期望，以提升服务满意度，主要措施包括提供舒适的环境、友好的接待、及时有效的咨询反馈等。这不仅能提升高校图书馆服务的质量和效率，还能增强读者的忠诚度。满意的读者更可能成为图书馆的忠诚用户，他们不仅会频繁使用图书馆的服务，还会有意或者无意地将自己的满意度传递给潜在用户，从而扩大图书馆的影响力。因此，以读者用户满意为目标，是高校图书馆实现持续发展的关键。

此外，高校图书馆还需要将用户置于服务设计的中心，引入用户参与的方式，让用户参与到服务设计、评价和改进的过程中，真正实现以用户为中心。例如，高校图书馆可以邀请用户参与服务设计，收集用户的反馈和建议，理解用户的需求和期望，基于这些信息优化服务。这种方式不仅能提升服务的质量和效率，还能增强用户的归属感和满意度。

2．面向知识内容，实现知识价值

面向知识内容的服务特征，强调高校图书馆作为知识的守护者和传播者，通过提供多元化的服务，实现知识内容的广泛传播和深度利用。高校图书馆服务并非仅限于传统的图书借阅，而是涵盖信息咨询、资源获取、学术研究支持等多个层次，这些服务为读者提供了一个发现、获取、应用知识的全流程体验。高校图书馆通过这些服务帮助读者获取所需信息，解决研究问题，支持他们的学术活动，从而将知识内容转化为实际应用。

面向知识内容的高校图书馆服务还体现在高校图书馆对知识资源的优化配置上。高校图书馆通过选择、采购、组织、利用等一系列过程，构建了包含图书、期刊、电子资源等多种形式的知识资源库。高校图书馆还通过构建协作网络，与其他机构合作，实现资源的共享，为读者提供更丰富的资源。这些做法不仅提高了资源的利用效率，还实现了知识价值的最大化。

高校图书馆服务还体现在知识内容的开放获取方面。开放获取是一种通过互联网免费向公众提供学术研究成果的模式。相较于传统的付费订阅方式，开放获取资源能够突破信息壁垒，使学术研究成果更广泛地被人们所利用。高校图书馆通过提供开放获取资源，支持开放科学知识，推动知识的开放共享。高校图书馆也会通过提供研究数据管理服务，支持研究者开放共享研究数据，推动研究的透明性和可复用性。

面向知识内容的高校图书馆服务还表现在知识内容的创新利用上。例如，高校图书馆通过提供数字人文服务，支持研究者使用新的工具和方法研究传统的人文学科，实现知识内容的创新利用。高校图书馆还会通过提供学科服务，针对不同学科的特点和需求提供专门的服务，支持学科的发展。

3．面向解决方案，贯穿读者信息活动的始终

高校图书馆作为学术信息资源的重要提供者，不仅致力于为读者提供丰富的信息资源，而且注重帮助读者解决在信息活动中遇到的问题，以实现信息活动的高效。

首先，高校图书馆通过提供咨询服务，帮助读者解决信息检索方面的问题。读者在进行学术研究或课程作业时，可能面临信息获取的困境，不知道如何有效利用图书馆的资源进行检索。图书馆的工作人员可以提供专业的咨询，指导读者使用图书馆的目录系统、数据库和其他电子资源，帮助他们找到所需信息，解决检索困惑。

其次，高校图书馆通过提供培训和指导服务，帮助读者解决资源利用方面的问题。在数字化时代，高校图书馆不仅提供传统的纸质书籍，还拥有丰富的电子资源。然而，读者可能对这些电子资源的使用不熟悉，不知道如何获取所需的文献、如何使用参考管理工具等，高校图书馆可以组织培训课程或个别指导，教授读者如何有效地使用这些资源，解决资源利用中的困惑。

最后，高校图书馆关注读者在学术写作中遇到的问题，并提供相应的解决方案。学术写作是学生和研究人员必须面对的重要任务，但不少人对引用规范、文献整理和写作结构等方面存在困惑。高校图书馆可以提供学术写作指导，包括引文风格的要求、参考文献管理工具的使用方法，以及写作技巧和结构建议，帮助读者提高学术写作的质量和效率。

4. 服务内容个性化

高校图书馆在提供服务时，注重根据读者的需求和特点提供个性化的服务，以满足他们的个性化需求，提高服务的满意度。

（1）定制化的资源服务。高校图书馆可以根据不同学科的特点和学术需求，提供定制化的资源服务。例如，在特定学科领域的研究中，高校图书馆可以订购相关的学术期刊、数据库和专业书籍，以满足该学科的教学和研究需求。这样，读者可以更方便地获取与其学科领域相关的专业资源，提高信息可用性。

（2）个性化的教育培训。高校图书馆可以根据读者的能力水平和需求提供个性化的教育培训。对于新入学的学生或对图书馆资源不熟悉的读者，高校图书馆可以组织图书馆导览和资源利用培训，帮助他们快速了解图书馆的布局、资源类型和使用方法。对于研究生和研究人员，高校图书馆可以提供高级的数据库检索培训、学术写作指导等，以满足他们更深入的学术研究需求。

（3）个性化的参考咨询。高校图书馆的参考咨询服务可以根据读者的需求进行个性化的服务。读者可能需要针对特定课题或研究项目的参考咨询，高校图书馆的工作人员可以针对具体需求提供专业的咨询和指导，帮助读者找到相关的资源和信息，解决他们在学术研究中遇到的问题。

（4）数字化的个性化服务。随着数字化技术的发展，高校图书馆可以通过个性化推荐系统等技术手段，根据读者的阅读偏好和兴趣，向他们推荐相关的图书、期刊文章或其他学术资源。这样，读者可以更快捷地发现和获取与其兴趣相关的资源，提高阅读体验和学习效果。

5．服务具有集成性

高校图书馆服务的集成性是指将各种服务整合在一起，形成一个完整的服务系统，以满足读者的多样化需求。这种集成性的服务模式通过优化服务流程、提高服务协同性和构建协作网络来实现。

高校图书馆可以通过优化服务流程，使服务更加高效和便捷。高校图书馆可以引入自助借还设备、在线预约系统等技术手段，简化借阅流程，减少读者的等待时间。高校图书馆也可以通过合理规划空间布局，使图书馆资源的浏览、检索和借阅更加便捷。优化的服务流程可以提高读者的满意度，使他们能够更快速地获取所需的信息资源。

同时，高校图书馆注重服务协同性，通过内部协作来提供综合的支持和服务。图书馆的参考咨询员、培训师等工作人员之间会进行紧密合作，共同为读者提供全面的支持和服务，确保读者在信息获取和利用过程中得到协同支持和准确指导。协同服务可以使读者在图书馆的使用过程中获得一致性和高质量的服务体验。

此外，高校图书馆还通过构建协作网络与其他机构合作，提供更丰富、更高效的服务。高校图书馆可以与高等院校、科研机构、出版社等合作，开展学术讲座、研讨会等活动，为读者提供学术交流和知识分享平台。图书馆还可以与其他图书馆建立合作关系，实现资源共享，使读者能够访问到更广泛的学术资源。协作网络可以扩展图书馆的服务范围和资源，提供更丰富多样的服务内容，满足不同层次和领域读者的需求。

通过优化服务流程、加强内部协作，以及构建协作网络，高校图书馆能够为读者提供更全面、更高效的服务，满足读者的多样化需求。这种集成化的服务模式可以帮助读者更便捷地获取所需的信息资源，提高学术研究和学习的效率和效果。

三、高校图书馆服务的定位及内容

（一）高校图书馆服务的定位方向

高校图书馆服务的定位是为高校师生提供多样化的图书馆资源和相关服务，以满足他们教学、学习和研究的需求。高校图书馆作为学术信息中心，扮演着信息获取、知识传播和学术支持的重要角色，其服务定位应紧密结合高校的教学及研究特点，为师生提供优质的信息资源和专业服务。

第一，高校图书馆服务定位应以支持学术研究为核心。作为高等教育机构的重要组成部分，高校图书馆应致力于为科研人员提供丰富的学术文献、期刊数据库、学术论文等专业资源。高校图书馆应通过建设和维护数字化图书馆系统，提供便捷的在线资源检索与访问平台，同时提供个性化的学术咨询和文献检索服务，以满足科研人员在学术研究中的知识需求。

第二，高校图书馆服务定位应以支持教学活动为导向。高校图书馆应根据高校课程设置和教学需求，为教师提供相关教材、参考书目和电子资源，支持课程教学的准备和辅助。此外，高校图书馆应开展信息素养教育和文献检索培训，帮助学生掌握信息获取和利用的基本技能，提高他们的学术写作能力和独立研究能力。图书馆还可以开展学术讲座、学术资源展示和学术合作项目，促进教师和学生的学术交流与合作。

第三，高校图书馆服务定位应以满足社会需求为目标。作为联系高校与社会的重要桥梁，高校图书馆应向校外读者开放相关资源和服务。高校图书馆可以通过建立读者证制度、订购特定资源以及开展读者培训等方式，向社会提供优质的图书馆服务。同时，高校图书馆还应积极参与地方文化建设和社会公益活动，组织图书捐赠、展览和讲座等社区服务，促进图书馆与社会的互动与融合。

第四，高校图书馆服务定位还应注重创新和发展。随着信息技术的不断发展，高校图书馆应积极引进新技术、新设备，提升服务质量和效率。高校图书馆可以通过建设数字化图书馆、智能化借还书系统等方式，为用户提供便捷、个性化的服务体验。同时，高校图书馆还应关注学科发展和知识更新的前沿动态，及时完善和更新图书馆的资源和服务内容，以满足用户对新知识的需求。

（二）高校图书馆服务的功能性定位

1．学术资源支持

高校图书馆应为教师和学生提供广泛而丰富的学术资源，包括图书、期刊、数据库、论文等。这些资源应当涵盖各个学科领域，并能够满足不同层次和需求的用户。高校图书馆还应提供便捷的资源获取渠道和技术支持，如在线数据库检索、远程访问等，以满足用户的学术信息需求。

2．教学支持

高校图书馆在教学活动中应发挥积极的支持作用，提供教材、参考书目、课程咨询等支持教师备课和教学准备的服务。此外，高校图书馆还应开展信息素养培训和文献检索指导，帮助学生掌握信息获取和利用技能，提高他们的学术写作和研究能力。高校图书馆还可以举办学术讲座、研讨会等活动，促进教师和学生之间的学术交流与合作。

3．研究支持

高校图书馆应为研究人员提供全面的支持服务。高校图书馆应定期采购和订阅最新的学术期刊、数据库和专业图书，为研究人员提供丰富的文献资源。高校图书馆还应提供学术信息咨询和文献检索服务，协助研究人员获取所需的研究资料。此外，高校图书馆应开展学术数据库培训、研究工具使用指导等活动，帮助研究人员充分利用图书馆资源开展科学研究。

4．个性化服务

高校图书馆应根据用户的个性化需求提供相应的服务，这包括针对用户特定学科领域的资源推荐和定制，提供个性化的文献检索和咨询服务，以及为特殊需求的用户提供辅助阅读和借阅设施。高校图书馆还可以通过用户反馈和需求调研等方式，持续改进和优化服务，提高用户的满意度。

5．社会服务

高校图书馆应积极参与社会服务，与校外读者建立联系和互动。高校图书馆可以开放部分资源和服务给校外读者，建立读者证制度和借阅规则，促进高校图书馆与社会的交流与合作。此外，高校图书馆可以组织图书捐赠、展览、讲座等公益活动，为社会提供知识普及和文化交流的平台。

（三）高校图书馆服务的内容

高校图书馆服务的内容涵盖资源收藏与管理、资源获取与传递、信息咨询与参考服务、教育与培训活动，以及学术交流与合作（如图1-2所示）。通过提供多样化的服务内容，高校图书馆能够满足用户在信息获取、学术研究、教学支持等方面的需求，为高校教育和研究事业提供有力支持。

图1-2　高校图书馆服务的内容

1. 资源收藏与管理

高校图书馆作为一种信息资源中心，其核心服务内容之一就是资源的收藏与管理。高校图书馆应根据高校的教学和研究需求，收集并管理各类学术图书、期刊、电子资源等，包括购买、订阅、捐赠等途径获取资源，并进行分类、编目、整理、数字化处理等管理工作，以确保资源的分类和可检索性。

2. 资源获取与传递

高校图书馆应提供多种途径和工具，以便用户能够获取和利用图书馆所收藏的资源，包括建设和维护数字化图书馆系统、提供在线资源检索和访问平台，以及为用户提供技术支持和培训等，以帮助用户顺利获取所需资源。高校图书馆还应提供传统的图书借阅、文献复印、互借互通等服务，以满足不同用户的需求。

3．信息咨询与参考服务

高校图书馆应提供信息咨询与参考服务，以帮助用户了解与图书馆资源使用相关的内容，包括提供学术咨询、文献检索、资源推荐等服务，以协助用户更好地利用图书馆的资源。高校图书馆还应提供参考咨询服务，包括解答学术写作、文献引用、学术论文撰写等方面的问题，以支持用户的学术研究和写作。

4．教育与培训活动

高校图书馆应开展教育与培训活动，以提高用户的信息素养和利用图书馆资源的能力，包括开设信息素养教育课程、文献检索培训、学术写作指导等。通过教育与培训活动，高校图书馆能够帮助用户更好地理解和利用图书馆的资源，提高其信息获取、筛选、评估和利用能力。

5．学术交流与合作

高校图书馆应积极促进学术交流与合作，以推动学术进步和知识共享，包括举办学术讲座、研讨会、学术资源展示等活动。高校图书馆还可以与高校的教师、科研人员、学生，以及其他图书馆建立合作关系，共享资源，开展合作项目，促进学术资源的互利共享和共同发展。

第三节　大数据时代高校图书馆发展的 SWOT 分析

一、大数据时代知识服务面临的要求

在现代网络化信息环境下，用户对知识信息的需求日益复杂和专业，对知识服务工作提出了更高要求。大数据时代知识服务面临的要求如下：服务资源的数字化和共享、服务内容的创新、服务方式的网络化和智能

化，以及服务过程的全程化和一体化（如图 1–3 所示）。

图 1–3　大数据时代知识服务面临的要求

（一）服务资源的数字化和共享

知识信息服务工作的动力源于知识的存在和人类对知识信息的需求，特别是在现代网络化信息环境下，用户信息需求的多样化、专业化和个性化日益增长，这就要求知识信息服务工作提供更高效、综合、集成化的服务。在比背景下，知识服务资源的数字化和共享显得尤为重要。

服务资源的数字化是适应现代信息技术和网络通信技术的必然选择，其本质是把传统介质的文献进行数字化处理，以便压缩、存储和高效传输。这种数字化转化过程不仅需要依赖数字存储技术的发展，而且需要遵循用户需求和服务效能的指引。通过数字化转化，传统印刷文献资源实现了结构化存储，从而极大地提高了知识信息的检索效率和利用率。服务资源的共享则是在网络化信息环境下催生的一种新兴服务模式。无论是跨地域还是跨学科，人们都可以通过网络实现信息资源的共享。在这种情况下，各服务机构应寻求协作，以共享方式整合各自的资源，通过分布式跨库检索，实现更大范围的资源共享。

（二）服务内容的创新

服务内容的创新是信息服务领域中的一个核心议题。随着信息技术的飞速发展和用户需求的多元化，服务内容的创新已经成为信息服务机构持续发展和提升服务质量的重要途径。

高质量、高浓度的知识产品是信息服务的核心。为满足用户的知识需求，服务机构需要对检索到的信息进行深入分析和精细化处理，过滤掉无关信息，重组关键信息，以生成高质量的知识产品。这些知识产品不仅需要包含用户需求的显性知识，还需要通过适当的手段将隐性知识显性化，以提高知识的全面性和可获取性。

除高质量、高浓度外，关注社会热点需求和不断创新知识内容是服务内容创新的另一个重要方向。服务机构需要具备敏锐的洞察力，密切关注社会的新兴需求和发展趋势，以及新的知识领域和知识形态。在此基础上，服务机构应利用自身的专业知识和技术优势，在原有知识的基础上融入新的知识，形成自主创新的知识内容。这种创新既可以是对现有知识的深化和扩展，也可以是对全新知识领域的探索和开发。

此外，服务内容的创新还需要关注用户的个性化需求和差异化需求。因为每个用户都有自己独特的信息需求和知识需求，服务机构需要能够提供针对性的、个性化的服务，以满足不同用户的需求。这就需要服务机构不断创新服务模式，例如，开发新的服务产品，引入新的服务技术，优化服务流程，以实现服务内容的个性化和差异化。

（三）服务方式的网络化和智能化

服务方式的网络化和智能化意味着利用网络技术和智能化技术进行知识集成、系统集成、人力集成、服务集成，以实现服务功能和效益的最大化。

1. 知识集成

通过网络技术和智能化技术，各类知识资源可以进行聚类和重组，使知识资源更加丰富和多样化。例如，通过语义网络技术和知识图谱技术可以将各类知识资源按照关联性进行聚类和链接，形成一种网络化的知识体系，以方便用户查找和使用。

2．系统集成

网络技术和智能化技术也可以帮助集成各类数据库和知识库系统。例如，通过分布式数据库技术和数据挖掘技术，可以将分布在不同地点的数据库和知识库系统连接起来，形成一个大型的、具有高效检索功能的知识服务系统。

3．人力集成

网络技术和智能化技术可以助力多方面人员进行协同合作，以提高服务的质量和效率。例如，通过在线协作平台和人工智能技术，可以实现远程协作和自动化决策，提高工作效率。

4．服务集成

以用户需求为中心，通过网络技术和智能化技术可以实现各种服务的集成，以提供全方位的服务。例如，通过用户行为分析，可以根据用户的需求和行为提供个性化的服务组合，提高服务的满意度。

（四）服务过程的全程化和一体化

服务过程的全程化和一体化强调服务的连贯性和紧密性。全程化服务意味着服务贯穿于解决问题的全过程，包括了解需求、查询分析、形成解决方案、全程跟踪和解决问题等环节。一体化服务则强调了服务提供者或系统与用户的紧密关系，以及随时调整服务方式和策略的灵活性。

全程化服务是对服务持续性的要求。服务不仅仅限于在用户提出需求后的应答，更应该延伸到问题解决的全过程。这就涉及用户的需求识别、信息检索与分析、解决方案的形成，以至于问题解决方案的实施与后续跟踪的全过程。全程化服务强调的是服务的持久性和连续性，这对于提高用户满意度和维持长期的服务关系具有重要的作用。一体化服务是对服务个性化和定制化的一种要求。一体化服务强调服务机构应该紧密地与用户联系，充分了解和分析用户的需求，并根据用户的反馈信息，随时调整服务方式和策略。这要求服务机构不仅要具备足够的信息技术能力，还要具备强大的用户分析能力和服务策略制定能力。

这两种服务的实现，可以提高服务的质量和效率，增强服务的针对性和满意度，从而提高服务机构的竞争力。然而，在实现这两种服务的过程中，服务机构也要面临如何有效地融合人力资源、信息技术资源和管理资源等复杂问题，这就要求服务机构不仅要提高自身的综合服务能力，还要持续进行创新和学习，以应对不断变化的服务环境。

二、大数据时代高校图书馆发展的优势

高校图书馆在大数据时代具有资源支持、技术支持、数据管理支持和学术支持等优势。这些优势使高校图书馆能够为用户提供多样化、高质量的学术资源和服务。

（一）资源支持

高校图书馆作为学术机构，拥有丰富的学术资源，包括图书、期刊、电子资源等。这些资源为高校师生提供了广泛的学习和研究材料，有利于学术发展和知识传承。高校图书馆资源的广度和深度是其在大数据时代发展中的重要优势。

1. 高校图书馆的图书馆藏量丰富

高校图书馆收藏了大量的图书，涵盖了多个学科领域，这些图书不仅包括经典著作，还包括最新的学术研究成果，为高校师生提供了广泛的学习和研究材料。学生可以通过图书馆资源获取到各种各样的学术文献，进行自主学习和深入研究。教师也可以借助图书馆的图书资源支持其教学

和研究工作，提升教学质量和研究能力。

2.高校图书馆订阅了大量的学术期刊

学术期刊是学术界交流和传播知识的重要渠道，其中包含了众多的研究论文和学术文章。通过订阅学术期刊，高校图书馆为师生提供了最新的学术研究成果和前沿知识。高校师生可以通过阅读学术期刊中的文章，了解最新的研究进展和学术动态，从而保持学术上的敏感性并更新知识储备。

3.高校图书馆提供了丰富的电子资源

随着信息技术的迅猛发展，电子资源成为学术研究的重要工具。高校图书馆订阅了各种学术数据库，涵盖了多个学科领域的文献和数据资源。通过这些电子数据库，高校师生可以进行文献检索、查找和下载相关的学术文献，从而方便了学术研究的进行。同时，电子数据库还提供了数据分析和统计工具，用以帮助使用者处理和分析大规模数据，支持他们的学术探索。

（二）技术支持

在大数据时代，高校图书馆的发展离不开信息技术的支持。高校图书馆通常拥有专业的技术团队，他们具备深厚的技术知识和技能，能够提供有效的技术支持和服务，从而实现对大数据资源的管理和利用。

1.建立数字图书馆来实现对大数据资源的管理

数字图书馆是利用信息技术手段对图书馆馆藏文献进行数字化处理和存储的平台。通过数字图书馆，高校图书馆能够将纸质文献转化为数字形式，并建立起便于存储、检索和传播的电子文献数据库。这样一来，高校师生可以随时随地通过网络访问去使用图书馆的资源，无须局限于实体馆的开放时间和空间限制。数字图书馆的建立不仅提高了资源的利用效率，而且方便了学术研究和知识传播。

2.建设虚拟学习环境，提供在线学习和交流平台

借助信息技术，高校图书馆可以搭建虚拟学习环境，提供在线学习资源。这些资源包括电子书籍、学术期刊、学术数据库等。通过虚拟学习环境，学生可以进行在线学习、交流。同时，高校图书馆还可以通过论坛、博客和社交媒体等平台，促进高校间的学术交流和合作，扩大学术合作机会。

3.提供在线查询和访问服务，便捷资源获取

通过建立图书馆管理系统和电子资源管理平台，高校图书馆可以为师生提供在线查询和访问服务。学生和教师可以通过图书馆网站或在线目录系统，快速查找所需的图书、期刊和电子资源，并进行在线阅读或下载。这种便捷的查询和访问服务能够大大提高资源获取的效率，满足师生对大数据资源的迅速获取和利用需求。

除了上述几点，高校图书馆技术支持的其他方面还包括信息安全保障、数字化文献保护和数字化数据处理等。技术团队可以通过信息安全措施确保图书馆的资源和用户信息的安全性，防止恶意攻击和数据泄露。同时，技术团队还可以通过数字化技术对图书馆馆藏文献进行保护和修复，确保其长期保存和传承。此外，技术团队还可以提供数据处理和分析工具，帮助研究人员处理和挖掘大规模的数据，支持学术研究和科学发现。

（三）数据管理支持

通过建立标准化的分类索引和检索系统，高校图书馆能够高效地组织和管理大量的纸质资源和电子资源，为用户提供快速、准确的资源访问和查询服务。同时，借助大数据技术，高校图书馆能够对用户行为数据和

借阅数据进行分析，从而了解用户需求，优化资源配置，提供个性化的服务。高校图书馆还可以利用其数据管理能力支持学术研究和科学发现。

1．建立标准化的分类索引和检索系统，实现对纸质资源和电子资源的高效管理

高校图书馆可采用一些标准和规范，如国际标准书号（ISBN）、国际标准刊号（ISSN）等，对馆藏资源进行分类和标注。通过这些标准化的标识和元数据，高校图书馆可以建立起结构化的资源数据库，并可以据此提供强大的检索功能，使用户能够快速找到所需的资源。此外，高校图书馆可以通过建立分类索引和主题词表等工具，帮助用户快速定位和浏览相关资源。

2．借助大数据技术对用户行为数据和借阅数据进行分析

通过记录用户的借阅记录、查询记录，以及在线行为，高校图书馆可以获取大量的数据。利用大数据分析技术，高校图书馆能够挖掘出这些数据中的有价值信息，了解用户的兴趣和需求，以及资源的使用情况。基于这些分析结果，高校图书馆可以进行资源配置的优化，更好地满足用户的需求。例如，高校图书馆可以根据用户的借阅历史和行为数据推荐相关的图书或学术期刊。

3．利用数据管理能力支持学术研究和科学发现

通过对大规模学术文献和相关数据进行整理和管理，高校图书馆可以为研究人员提供可靠的学术资源和数据支持。同时，高校图书馆还可以通过数据挖掘和文献计量学方法，分析学术研究的热点和趋势，帮助研究人员把握前沿的学术动态，推动学术创新和知识进步。

（四）学术支持

高校图书馆能够为教学和科研提供重要的学术支持。高校图书馆通过收集、整理和提供最新的学术资源，为高校师生开展学术研究和教学活动提供支持。此外，高校图书馆还通过举办学术研讨会、培训课程等活动，促进学术交流与合作，推动学术发展。高校图书馆还可以帮助师生解决学术研究和信息获取方面的问题。

1．收集、整理和提供最新的学术资源，为高校师生提供广泛的学习和研究材料

高校图书馆的馆藏图书涵盖多个学科领域，包括经典著作和最新的学术研究成果。教师可以利用图书馆资源支持他们的教学活动，为课程准备教材和参考资料。学生可以通过图书馆资源获取到各种各样的学术文献，进行自主学习和深入研究。此外，高校图书馆还订阅了大量的学术期刊和电子数据库，能够提供最新的学术研究成果和前沿知识，为教师和学生跟上学科发展的步伐提供重要支持。

2．举办学术研讨会、培训课程等活动，促进学术交流与合作

高校图书馆可以组织学术研讨会、讲座和研究小组等活动，为高校师生提供学术交流和合作的平台。这些活动可以促进学术界的知识共享和合作研究，激发创新思维和学术探索。此外，高校图书馆还可以举办培训课程，提供学术写作、文献检索和信息素养等方面的培训，帮助高校师生提升其学术研究和信息获取能力。这些活动的举办有利于推动学术交流与合作，促进学术发展。

3．提供专业的学术支持服务，帮助高校师生解决学术研究和信息获取的问题

高校图书馆的工作人员具备丰富的学科知识和信息素养，可以为教

师和学生提供专业的咨询和指导。他们可以帮助用户进行文献检索，提供学术写作和引用格式的指导，解答学术资源的利用和管理问题。此外，高校图书馆还可以提供信息素养培训和学术数据库使用指导，帮助用户充分利用图书馆的学术资源，提升信息获取和利用的能力。

三、大数据时代高校图书馆发展的劣势

高校图书馆在大数据时代的发展中存在技术设备更新较慢、用户参与不足及技术人员短缺等劣势。这些劣势可能限制了高校图书馆在大数据时代的创新和发展。为了克服这些劣势，高校图书馆需要积极投资更新技术设备，加强与用户的互动，加大对技术人员的培养和引进力度。通过解决这些问题，高校图书馆可以提升自身在大数据时代的竞争力，更好地满足用户需求，实现持续发展。

（一）技术设备更新较慢

在大数据时代背景下，信息技术设备的更新与升级变得至关重要。这是因为信息技术设备优劣直接影响高校图书馆处理和管理大数据的能力。然而，当前高校图书馆在技术设备的更新和升级方面面临一定的挑战。首先，技术设备的更新需要大量的资金，这对于一些资源有限的高校图书馆来说是一个较重的负担。其次，技术的迅猛发展使设备更新的速度往往难以跟上，导致高校图书馆的技术设备滞后于行业标准。这不仅会限制高校图书馆处理大数据的能力，而且会影响用户的使用体验。

（二）用户参与不足

用户的参与对于大数据的利用至关重要，因为用户的需求和反馈可以帮助高校图书馆更好地处理和应用大数据。目前很多高校图书馆在这方面存在不足，缺乏有效的用户互动和参与机制，使高校图书馆难以全面了解用户的需求，也无法充分发挥大数据的价值。高校图书馆需要建立更有

效的用户互动和参与机制，如开展用户调研、举办培训和研讨会等，以提高用户的参与度，并提供更个性化的服务。

（三）技术人员短缺

信息技术人员是推动高校图书馆在大数据时代发展的重要力量，他们的专业知识和技能不仅可以帮助图书馆有效管理和利用大数据，而且可以推动图书馆的技术创新。目前很多高校图书馆在信息技术人员方面存在短缺问题，这既限制了图书馆的大数据处理能力，也影响图书馆的技术创新。因此，高校图书馆需要加大对信息技术人员的引进和培养力度，提高技术团队的实力和创新能力。

四、大数据时代高校图书馆发展的机会

大数据时代为高校图书馆带来了数据分析应用、跨界合作和开放获取运动等机会。通过充分利用这些机会，高校图书馆可以提升自身在大数据时代的发展水平和竞争力。高校图书馆可以借助数据分析技术深入了解用户需求和行为模式，优化服务和资源配置；跨界合作可以为高校图书馆带来更多资源和创新机会；积极参与开放获取运动可以提升高校图书馆的学术声誉和地位。这些机会为高校图书馆创造了广阔的发展前景。

（一）数据分析应用

大数据时代给高校图书馆带来了前所未有的发展机会，尤其是在数据分析应用方面。通过收集、整理和分析大数据，高校图书馆可以获得有价值的信息，进一步优化其服务，满足用户需求。

1. 利用数据分析深入理解用户的需求、行为模式和偏好

例如，通过分析用户的借阅数据和查询记录，高校图书馆可以发现用户的阅读偏好和研究兴趣，从而更准确地为用户推荐相关的图书和资

源。同时，对用户反馈的分析可以帮助高校图书馆发现服务中存在的问题和瓶颈，从而改进服务流程，提高用户满意度。

2. 基于数据分析优化资源配置

通过对借阅数据和查询记录的分析，高校图书馆可以了解哪些图书和资源的需求较大，从而做出有针对性的采购决策。此外，通过对用户流量和服务使用情况的分析，高校图书馆可以合理配置人力资源，提高服务效率。

3. 通过数据分析推动学术研究的发展

高校图书馆拥有大量的学术资源，这些资源的使用情况反映了学术界的研究趋势和热点。通过对这些数据的分析，高校图书馆不仅可以提供更符合研究人员需求的服务，而且可以为学校的学术规划和发展提供数据支持。

（二）跨界合作

在大数据时代，跨界合作已经成为高校图书馆提升自身影响力和竞争力的重要手段。通过与其他院校、图书馆和企业等进行合作，高校图书馆不仅可以共享资源和经验，还可以引入新的创新机会，推动自身发展。

一是通过与其他院校进行合作，高校图书馆可以实现资源共享，降低采购成本。例如，高校图书馆可以与其他院校进行联合采购，通过集中采购的方式降低采购成本，从而获得更多的学术资源。二是与企业合作可以帮助高校图书馆获取先进的技术和丰富的数字资源。例如，高校图书馆可以与企业合作开发学术数据库和数字资源，这不仅可以丰富图书馆的资源库，还可以提高资源的应用效率和用户满意度。三是与其他图书馆合作，高校图书馆可以分享管理经验，开展学术交流和合作研究，促进学科融合。例如，图书馆之间可以通过共享讲座、研讨会等活动，共享学术资源和知识，从而推动学术交流和创新。

此外，跨界合作可以增强高校图书馆的社会影响力。通过与外部机构的合作，高校图书馆可以提高其在社会上的知名度和影响力，进一步吸引更多的用户和资源。

（三）开放获取运动

开放获取运动是推动学术界走向更大透明度和开放性的重要趋势。高校图书馆作为学术资源的重要提供者和管理者，应当积极参与开放获取资源的建设和管理，以推动学术界的进步。开放获取运动的核心理念是让学术成果免费地或以较小成本对所有人开放，以实现知识的最大程度共享。

高校图书馆可以与出版商、学术社区和政府机构等进行合作，推动开放获取资源的开发和共享。例如，高校图书馆可以与出版商协商开放获取出版协议，以便将更多的学术资源开放给公众。高校图书馆可以利用自身的技术优势，建立和管理开放获取资源的平台。例如，高校图书馆可以利用其在数据管理和服务方面的专业知识，开发和维护开放获取资源的数据库或网站，以提供更便捷的获取途径。高校图书馆也可以通过开放获取运动，扩大学术资源的可及性和可持续性。通过提供开放获取的学术资源，高校图书馆可以满足更广泛的用户需求，从而提高其服务的影响力和效果。

五、大数据时代高校图书馆发展面临的威胁

大数据时代给高校图书馆带来了商业竞争、数据隐私和安全，以及技术更新速度方面的威胁。高校图书馆需要认识到这些威胁，并采取相应的措施进行应对。例如，高校图书馆可以通过加强与商业机构的合作或开展差异化的服务来增强竞争力；加强数据隐私保护和安全管理来确保用户数据的安全；保持与新技术的接轨，进行系统升级和技术培训，以保持技

术的先进性。通过有效应对发展中的威胁，高校图书馆可以更好地适应大数据时代的挑战，提升自身的发展水平和影响力。

（一）商业竞争

在大数据时代，一些商业机构可以提供丰富的数字资源，成为高校图书馆的重要竞争者。这些商业机构采用定制化服务、高效的数据分析，以及精准的推荐算法等手段，吸引了大量用户。这种竞争关系对高校图书馆的资源获取、用户留存以及服务质量带来了挑战。面对这种竞争，高校图书馆可以通过提升服务质量、加强与商业机构的合作，以及推行差异化的服务来增强自身的竞争力。例如，高校图书馆可以利用其在学术研究、教育支持等方面的专业性，提供更深入、更具有学术价值的服务。同时，高校图书馆可以与商业机构进行合作，共享资源，提高服务效率。通过这些方式，高校图书馆可以增强自身的吸引力，更好地满足用户的需求。

（二）数据隐私和安全

大数据时代的数据隐私和安全问题是高校图书馆面临的重要威胁。作为数据的收集者和管理者，高校图书馆必须确保用户的个人隐私和敏感信息得到有效保护，这需要高校图书馆建立健全数据安全体系，包括制定详细的数据保护政策、实施严格的数据安全控制，以及进行定期的数据安全审查等。同时，高校图书馆需要关注和应对网络攻击的威胁。例如，高校图书馆可以定期进行网络安全培训，增强馆员的安全意识；采用最新的安全技术，如加密技术和防火墙等，来保护图书馆的系统和数据等。通过这些方式，高校图书馆可以有效防范数据隐私和安全问题，确保用户数据的安全。

（三）技术更新速度

信息技术的快速发展对高校图书馆的技术更新带来了很大压力。新技术的涌现，如人工智能、云计算、区块链等，对高校图书馆的信息管理、数据分析以及用户服务提出了更高的要求。技术的迅猛发展可能导致高校图书馆的技术设备更新滞后，影响其服务效率和质量。因此，高校图书馆需要密切关注技术发展动态，及时采用和更新技术。这包括定期对现有技术进行评估，了解其在新技术面前的优势和不足；开展技术培训，提高图书馆馆员的技术素养；制订合理的技术更新计划，确保图书馆的技术能够跟上时代的步伐等。这些策略和措施有助于高校图书馆在大数据时代保持竞争优势，更好地满足用户的需求。

第二章 大数据时代高校图书馆的
服务功能

第一节 大数据时代高校图书馆服务功能概述

一、大数据对高校图书馆服务功能的影响

（一）助力高校图书馆创新服务模式

大数据技术的应用可以显著改变高校图书馆的服务模式，为高校图书馆服务提供多种创新的可能性。一方面，机器学习和自然语言处理技术的运用，可以为用户带来更高效和个性化的体验；另一方面，基于用户行为数据和社交网络数据，高校图书馆有能力构建一个更具互动性的图书社区，从而进一步丰富用户阅读体验。

1．大数据和机器学习的融合促进了智能问答系统的开发

大数据技术的发展与应用，联合机器学习技术，赋予了高校图书馆新的能力——高校图书馆可开发智能问答系统，以改善和优化传统的信息检索与服务过程。传统的信息检索方法主要依赖于图书馆工作人员的专业知识和经验，用户在面临信息检索和使用过程中的问题时，大多需要寻求图书馆工作人员的帮助。此种方式在一定程度上受到工作人员的专业能力、经验，甚至情绪状态的影响，无法保证服务的一致性和全天候的可用性。而且，对于一些特定领域的复杂问题，可能由于人力资源的限制，无法得到及时、有效的解答。在这种背景下，智能问答系统的应用显得尤为重要和必要。

智能问答系统以人工智能、大数据和机器学习技术为基础，通过自然语言处理技术理解并回答用户提出的问题。在理解问题的过程中，首先要对用户提出的问题进行语义理解，然后通过机器学习算法在海量的数据库中进行模式匹配和信息检索，最终得出最符合用户需求的答案。大数据为智能问答系统提供了充足的训练样本，机器学习算法则为智能问答系统提供了决策支持。在此基础上，智能问答系统能够有效提高信息检索的准确性和效率，实现精准服务。

智能问答系统的应用，不仅可以提高用户获取信息的效率，减少检索过程中的时间和精力消耗，而且还可以降低图书馆工作人员的工作压力。通过替代人工的部分工作，智能问答系统可以使图书馆工作人员将更多的精力投入到更专业、更复杂的问题解答和服务中，从而提高整体服务质量和效率。

2．基于用户行为数据和社交网络数据使更具互动性的图书社区有了构建基础

阅读，作为一个涉及知识获取和思想交流的过程，其社交属性在传

统的高校图书馆服务模式中常常被忽视。传统的高校图书馆服务仅限于提供静态的阅读资源，这种单向的服务模式在某种程度上忽视了用户间的交互过程和信息共享。随着大数据技术的发展，高校图书馆有能力且有必要从单一的信息提供者转变为促进信息交流和分享的平台。

大数据技术通过分析用户行为数据和社交网络数据，使高校图书馆有可能构建一个更具互动性的图书社区，这种社区不仅仅是信息的集散地，更是用户间交流、分享和学习的场所。在这个社区中，用户可以根据自己的阅读需求找到相应的资源，同时可以分享自己的阅读心得，与其他用户进行互动。这样的社区无疑将丰富用户的阅读体验，提高阅读的效果和满意度。用户行为数据是构建图书社区的重要基础。一是通过收集和分析用户的检索记录、借阅记录、阅读时间、阅读进度等数据，图书馆可以更准确地了解用户的阅读习惯和需求，从而提供更精准和个性化的服务。例如，图书馆可以根据用户的阅读行为数据，为用户推荐与其阅读习惯和兴趣相符的书籍或文章，提高服务的满意度。社交网络数据则是构建图书社区的另一个重要元素。二是通过分析用户的社交网络数据，图书馆可以了解用户间的交流和分享情况，进而通过一些设置或活动促进信息的传播和交流。例如，图书馆可以设置评论和点赞功能，让用户可以对所阅读的书籍或文章进行评论，或对他人的评论进行点赞，从而促进用户间的交流和互动。

构建具有互动性的图书社区，旨在激活阅读的社交属性，使用户在获取信息的同时，也能享受到交流和分享的乐趣。这不仅能提高用户的阅读体验，而且能提高高校图书馆的服务质量和影响力。当然，这也需要高校图书馆在实践中持续探索和优化，尤其需要注重用户隐私的保护，避免数据滥用和泄露。在保护用户隐私的基础上，利用大数据技术构建具有互动性的图书社区，无疑是高校图书馆服务模式创新的一个重要方向。

（二）增强图书馆的决策制定能力

大数据的引入为高校图书馆的决策制定过程带来了深远的影响，强化了高校图书馆的决策制定能力。大数据，是包含了丰富信息的宝贵资源，能够提供深入、广阔的用户行为信息，为高校图书馆服务的优化与改进提供依据。这种具有深度与广度的信息分析不仅能帮助高校图书馆更好地理解用户的阅读和搜索行为，从而提供更符合用户需求的服务，而且能指导高校图书馆的采购工作，使之更加精准和有效。同时，大数据有助于高校图书馆更好地了解服务的使用情况。

1．更准确地了解用户的阅读需求和偏好

在信息资源整合和服务方式上，今天的高校图书馆面临着未曾有过的挑战与机遇。对于用户需求的理解，一直是高校图书馆服务质量提升的关键因素之一。在大数据时代，高校图书馆有机会通过数据分析，以前所未有的精度和细致度了解用户的阅读需求和偏好。通过收集和分析用户的阅读行为和搜索行为数据，高校图书馆可以揭示出用户的阅读习惯、兴趣偏好、信息需求等关键信息。例如，搜索记录可以反映出用户的兴趣点和研究焦点，阅读时间和阅读进度可以揭示出用户的阅读节奏和阅读深度，而借阅记录和阅读反馈则可以直接反映出用户对特定资源的满意度和评价。这些信息使高校图书馆有了提供个性化服务的可能性。又如，根据用户的搜索记录和阅读行为数据，高校图书馆可以构建个性化的推荐系统，为用户推荐符合其阅读需求和兴趣的书籍或资料，这样的服务不仅可以提高用户的满意度，还可以提高图书馆资源的利用率。此外，个性化的推荐服务也可以促进用户的学习和研究，帮助他们发现新的学术资源和学术视角。同时，用户的阅读行为和搜索行为数据也可以帮助高校图书馆了解和跟踪当前阅读趋势和热点话题，这对于图书馆资源的分类、布置和推广都有着重要的指导意义。例如，如果大量用户搜索关于某个特定话题的资

料，那么图书馆就可以考虑增加这个特定话题的资源，或者在图书馆的布置和推广中重点突出这个话题；反之，如果某些资源的阅读率很低，图书馆则可以考虑调整其分类或布置，使之更容易被用户发现。

2．指导图书馆的采购工作

在高校图书馆的运营和服务过程中，书籍和其他学术资源的采购以及其后的编目工作，是保障图书馆服务质量和效率的关键环节。然而，传统的采购和编目方式往往依赖于图书馆工作人员的经验和判断，这在一定程度上可能会导致资源浪费和效率降低。幸运的是，大数据技术的出现为解决这个问题提供了新的方案。

通过收集和分析用户的阅读行为和反馈信息，高校图书馆可以获取到大量关于用户阅读需求和偏好的实时数据。这些数据反映了用户对于图书馆资源的实际使用情况，为图书馆的采购决策提供了重要的参考。例如，通过分析用户的借阅记录，图书馆可以了解到哪些书籍或资料受到用户的欢迎，哪些书籍或资料的使用率较低。基于这些信息，图书馆可以更精准地选择需要采购的书籍，避免了因为盲目采购而导致的资源浪费。同时，用户的反馈信息也可以指导图书馆的编目工作。编目是图书馆资源管理的重要环节，它的目标是让用户能够方便、快捷地找到所需资源。在传统编目方式下，图书馆工作人员通常根据书籍的内容和主题进行分类和标记，但这种方式往往忽视了用户的实际需求和使用习惯。而通过分析用户的搜索记录和反馈信息，图书馆可以了解到用户在寻找资源时的实际行为和需求，从而对书籍的分类和标签进行相应的调整。例如，如果大量用户反馈某本书的标签不准确或者难以理解，图书馆就可以考虑对这个标签进行修改或者添加更多的相关标签，以便用户更容易找到这本书。

3．更好地了解服务的使用情况

在高校图书馆的服务体系中，理解和优化服务的使用情况是一项重要工作。传统的服务评估方式往往依赖于用户反馈和工作人员的主观判断，这种方式在一定程度上可能会忽视一些重要信息，如用户的实际使用情况和需求。随着大数据技术的发展，高校图书馆目前可以通过收集和分析用户的行为数据，以获取对服务使用情况的深入理解。

通过分析用户的借阅记录和访问记录，高校图书馆可以得到各项服务的实际使用情况。首先，这种实时、精准的数据为图书馆提供了服务评估的重要依据。例如，如果某项服务的使用频率较低，图书馆可以根据用户的行为数据和反馈信息，找出导致这种情况的原因所在，然后对这项服务进行优化。优化措施一般包括改进服务流程，提升服务质量，或者通过宣传和推广提高用户对这项服务的认知度与使用意愿。其次，用户行为数据也可以帮助图书馆发现和预测服务需求的变化。例如，如果某项服务的使用频率持续增高，可能表明这项服务正受到用户的热烈欢迎，或者与某种学术趋势或活动有关。对于这种情况，图书馆可以考虑增加相关资源和设备，扩大服务规模，以满足用户的需求。此外，通过对用户行为数据的深入分析，图书馆也可以预测未来的服务需求，从而提前做好服务规划和准备。

（三）改变图书馆的知识发现和管理方式

大数据技术的应用，尤其是数据挖掘和机器学习等技术的开发，可以帮助高校图书馆从海量数据中发现新的知识和规律。例如，高校图书馆可以利用大数据分析技术，对学术论文、社交媒体等各种数据进行深入挖掘，发现新的知识趋势。此外，大数据技术还可以帮助高校图书馆更好地管理和利用其知识资源。

1. 引领新的知识发现途径

在对知识的深度理解和精确掌握方面，大数据技术的优势是显而易见的。借助数据挖掘和机器学习等先进技术，高校图书馆能以前所未有的方式理解和分析各种信息源，如学术论文、社交媒体和新闻报道等，从而在大规模数据中发现新的知识和规律。这样的技术进步不仅显著提高了知识发现的效率，而且进一步提升了高校图书馆信息服务的价值。

数据挖掘技术使高校图书馆能够从复杂的大数据中提取到有价值的信息。这种技术可以从众多的数据中发现有意义的模式、相关性和趋势。例如，分析学术论文的引文网络可以揭示出学术研究的新趋势，挖掘社交媒体数据可以发现公众对特定话题的态度和感受，而新闻报道的分析则可以提供关于世界发展的独到见解。此外，机器学习技术为高校图书馆提供了一种新的方法来理解和预测未来的发展。利用机器学习模型，高校图书馆可以从过去的数据中学习，并根据这些学习到的模式来预测未来情况。这种方法可以应用到多种情境中，例如，预测学术领域的发展趋势、预测用户的阅读需求等。

总而言之，大数据分析技术可以处理大规模的、复杂的、多源的数据，并从中提取出有价值的信息。利用这种技术，高校图书馆可以深入挖掘学术论文、社交媒体、新闻报道等各种数据，发现新的知识和趋势，预测未来的发展。

2．改进图书馆的知识管理方式

大数据技术的应用在知识管理的各个环节中都显现出巨大潜力，对高校图书馆的知识收集、组织、存储、检索和使用等环节产生了积极的影响，特别是在知识的收集、组织、检索方面发挥了重要作用。

在知识的收集和组织环节，数据挖掘和机器学习技术引领了自动化的前沿。通过网络爬虫技术，高校图书馆可以自动收集网络上的各类信息，如新闻、博客、论坛帖子等。这些数据被收集后，利用文本挖掘技术可以自动提取出关键信息，生成知识元数据。这个过程大大提高了知识收集和组织的效率，同时扩大了高校图书馆的知识覆盖范围，进一步丰富了高校图书馆的知识资源。

此外，大数据技术在知识的检索环节也显示出强大的能力。传统的关键词检索方式在处理复杂和个性化需求时，往往显得力不从心。大数据技术，如语义分析、用户行为分析等，可以理解和挖掘用户的真实需求，从而提供更精准和个性化的知识检索服务。例如，高校图书馆可以根据用户的搜索历史和行为模式，推荐与用户兴趣和需求相关的知识。

在知识的存储和利用环节，大数据技术同样发挥了重要的作用。大数据存储技术能够有效地处理和存储海量的知识数据，保证数据的安全性和可用性。

在知识的使用方面，大数据分析技术可以帮助高校图书馆从海量的知识数据中提取有价值的信息，以供用户查询和利用。

（四）使高校图书馆更关注数据治理和数据安全

在大数据时代，数据成为一种重要资源，而如何管理和保护这些数据成为高校图书馆面临的重要任务。对于高校图书馆来说，建立和完善数据治理体系，制定合理的数据收集、存储、使用和保护政策，以及防止数据泄露和滥用，都是高校图书馆在数据治理和数据安全方面需要关注和处理的问题。

1. 高校图书馆需建立全面的数据治理体系

在大数据环境下，高校图书馆对数据的质量、一致性、安全性和合规性的管理要求变得尤为重要。也就是说，建立一套全面的数据治理体系以应对管理上的挑战是至关重要的。数据治理体系应涵盖数据质量管理、数据一致性管理，以及数据生命周期管理等多个核心部分。

数据质量管理主要关注数据的准确性、完整性、及时性和相关性。在大数据环境下，数据的来源多样化，格式和类型各异，使数据质量管理变得更加复杂。数据清洗、数据校验、数据整合等技术可以被用于消除数据的错误、缺失和不一致，以保证数据的准确性和完整性。此外，通过实时数据采集和处理，可以确保数据的及时性。相关性则是通过数据挖掘和分析，找出数据之间的关联性，从而获得更有价值的信息。

数据一致性管理是为了确保数据在各个系统和业务流程中的一致性，需要建立一套标准化的数据模型和数据标准，以实现数据的一致性。例如，高校图书馆可以制定统一的数据命名规则、数据格式规则等，以减少因数据不一致造成的混淆和错误。同时，通过元数据管理，高校图书馆可以对数据的定义、结构、位置等进行统一管理，进一步保证数据的一致性。

数据生命周期管理关注的是数据从产生到销毁的全过程，包括数据的收集、存储、使用、归档和销毁等环节。在数据收集阶段，高校图书馆需要遵循相关的法律和政策，合法合规地收集数据。在数据存储阶段，高校图书馆需要考虑数据的安全性、可访问性和持久性，选择合适的存储方式和存储介质。在数据使用阶段，高校图书馆需要制定合理的数据使用规则，保证数据的安全和合规使用。在数据归档和销毁阶段，高校图书馆需要遵循数据保留政策和数据销毁政策，合理处理过期或不再需要的数据。

2. 高校图书馆需做好数据安全

在大数据时代，数据安全工作成为高校图书馆的重要工作。数据安全的目标通常涵盖了数据的保密性、完整性和可用性三个核心领域，以确保数据不会被未经授权访问、修改、删除，或在需要时无法访问。

保密性是防止未经授权的用户和系统访问数据。为了保证数据的保密性，高校图书馆需要采用多种手段，如用户身份验证和访问控制，以确保只有经过授权的用户和系统才能访问数据。此外，数据加密也是保护数据的有效手段。通过对敏感数据进行加密，即使数据被窃取，也无法被直接解读，从而落实了数据的保密性。同时，高校图书馆还需要建立严格的数据共享和传输策略，以防止数据在共享和传输过程中发生泄露。

完整性涉及保护数据不被未经授权地修改、删除。保护数据的完整性，需要通过数据备份和数据审计等手段实现。数据备份可以保证在数据意外丢失或损坏时，从备份中恢复数据。数据审计则可以通过记录和审查数据的操作历史，发现和防止未经授权的数据被修改和删除。同时，高校图书馆还需要实施严格的数据修改和删除策略，定义谁可以在何种情况下对数据进行修改或删除。

数据的可用性是指确保数据在需要时能够被合理访问和使用。为了保证数据的可用性，高校图书馆需要采用数据备份和数据恢复等手段。数据备份不仅可以用于恢复丢失或损坏的数据，而且可以在系统发生故障或灾难情况下，保证数据的可用性。数据恢复则是在数据丢失或损坏后，通过从备份中恢复数据，保证数据的可用性。此外，高校图书馆需要建立高可用性的数据存储和处理系统，以减少因系统故障导致数据不可用的情况。

在实现了数据的保密性、完整性和可用性后，高校图书馆还需要注意数据的合规性。这涉及数据的收集、存储和使用是否符合相关的法律法规和政策。高校图书馆需要遵循《中华人民共和国数据安全法》《中华人民共和国个人信息保护法》等相关法律法规，以及学校的内部政策和规定，合法合规地进行数据的收集、存储和使用。

二、大数据时代高校图书馆服务功能的转变

（一）信息检索服务功能的转变

在大数据时代，高校图书馆的信息检索服务功能正在经历一场意义深远的变革。传统的信息检索方法，如人工分类、索引等，显然已无法满足现代图书馆对大量复杂信息的处理需求。此时，大数据技术的引入，成为解决这一问题的关键。

大数据技术如数据挖掘和机器学习等，为高校图书馆提供了处理海量信息的新工具。数据挖掘技术可以自动分析并挖掘数据中的规律和模

式，从而发现有价值的信息；机器学习技术可以通过对大量数据的学习和训练，提高信息检索的精准度和效率。这些技术的应用，使高校图书馆的信息检索服务可以实现从人工驱动向自动化、智能化的转变。

随着用户需求的日益多元化和个性化，高校图书馆的信息检索服务也需要进行适应性的转变。这就需要高校图书馆从静态的信息检索模式转向动态的信息检索模式。所谓静态信息检索，即根据已有的分类、索引等信息资源进行查询检索；而动态信息检索，则是根据用户的实时需求，进行实时的信息检索和推荐。这种转变的实现，离不开用户画像的建立和优化。用户画像，即通过收集和分析用户行为数据，形成对用户需求、偏好的深入理解和准确刻画。利用用户画像，高校图书馆可以提供更个性化、更精准的信息检索服务。此外，信息检索服务的转变，也需要高校图书馆提升其数据处理和分析能力。这不仅涉及对大量数据的收集、存储和管理，还包括如何从这些数据中提取有价值的信息。这就需要高校图书馆不断引进或研发新的数据处理和分析工具，如基于人工智能的数据分析工具、基于云计算的数据存储和管理系统。

（二）参考服务功能的转变

在大数据时代，高校图书馆的参考服务功能要完成从传统的人工参考服务到现代的智能化参考服务的转变，这种转变不仅涉及服务的形式和方法，还涉及服务的内容和质量。传统的参考服务主要依赖图书馆工作人员的专业知识和经验，由图书馆工作人员对用户提出的问题进行解答或提供查找信息的指导。这种服务虽然能满足基本的信息需求，但在处理复杂问题或大量需求时往往效率低下，且难以实现个性化服务。在大数据时代，高校图书馆借助新的技术手段，可以通过大数据和人工智能技术，实现参考服务的智能化。

人工智能技术，特别是机器学习技术，为高校图书馆提供了新的参考服务工具。通过机器学习模型，高校图书馆可以自动地理解和回答用户的问题，大大提高了参考服务的效率和质量。例如，基于深度学习的自然语言处理技术，可以理解用户的自然语言问题，然后在海量数据中查找相关的答案或信息。这种技术不仅可以实现快速的问题解答，还可以根据用户的历史行为和偏好，进行个性化的推荐和引导。

大数据技术也为高校图书馆提供了新的参考服务内容。通过收集和分析大量数据，高校图书馆可以提供更丰富、深入的参考服务。例如，高校图书馆可以提供数据分析服务，帮助用户理解和解决复杂的研究问题；可以提供数据可视化服务，帮助用户直观地理解和探索数据；还可以提供数据挖掘服务，帮助用户发现数据中的隐藏知识和模式。

此外，高校图书馆还需要在大数据时代提升其参考服务能力。首先，高校图书馆需要建立和完善数据驱动的参考服务策略，以满足用户的多元化和个性化需求。其次，高校图书馆需要提升其数据分析和数据处理能力，以适应大数据的挑战，这包括对大数据技术的研究和掌握，以及对数据敏感度和数据伦理等问题的认识和处理。

（三）知识管理服务功能的转变

大数据时代，高校图书馆的知识管理服务功能面临着新的挑战，主要体现在三个方面：知识管理系统的建设和完善、知识管理方式的转变，以及知识的深度挖掘和智能化管理。

首先，在知识管理系统的建设和完善方面，大数据时代给高校图书馆带来了新的任务和机遇。传统的知识管理系统主要针对文本、图像等结构化数据，而大数据时代的知识管理系统则需要处理和管理各种类型的数据，包括结构化数据和非结构化数据，如社交媒体数据、网络日志数据、传感器数据等。这些数据包含了丰富的信息，但也给数据收集、存储、处理和分析带来了新的挑战。因此，高校图书馆需要建立和完善大数据的知识管理系统，确保对收集到的海量数据进行有效的管理和利用。

其次，在知识管理方式的转变方面，大数据时代要求高校图书馆从传统的以文档为中心的知识管理转向以数据为中心的知识管理。以文档为中心的知识管理主要依赖于人工的阅读、理解和整理，而以数据为中心的知识管理则侧重于数据的自动化分析和处理。这种转变不仅可以提高知识管理的效率，还可以通过数据挖掘和机器学习等技术，发现隐藏在数据中的知识和模式，从而提升图书馆的知识创新和传播能力。

最后，在知识的深度挖掘和智能化管理方面，大数据技术给高校图书馆知识管理提供了新的工具和手段。例如，语义分析技术可以理解和解析文本数据的含义，从而实现对知识的深度挖掘；知识图谱技术则可以将复杂的知识和信息以图形的方式展现出来，实现对知识的视觉化管理。这些技术的应用，不仅可以提升图书馆的知识管理能力，还可以为用户提供更好的知识检索和学习体验。

（四）用户体验服务功能的转变

大数据时代，高校图书馆的用户体验服务功能正在经历深刻的转变，主要体现在两个主要方面：一是通过大数据优化服务以满足用户需求，二是利用先进的技术提供丰富和互动的用户体验。

大数据为优化用户体验服务提供了强有力的工具。在大数据的帮助下，高校图书馆能够收集和分析大量的用户行为数据，这些数据包括用户的查询历史、借阅记录、在线活动等。通过对这些数据的深入分析，高校图书馆能够了解用户的信息需求、使用习惯和偏好。例如，高校图书馆可以通过分析用户的查询历史，发现用户的信息需求和搜索习惯；通过分析用户的借阅记录，了解用户的阅读偏好和学习需求；通过分析用户的在线活动，了解用户的信息行为和互动模式。基于这些了解，高校图书馆可以优化其服务流程，如提供更精准的信息推荐、更便捷的服务流程、更个性化的服务内容等，从而提升用户体验效果。

大数据和人工智能技术使高校图书馆能够提供更丰富、更互动的用户体验。例如，虚拟现实（VR）和增强现实（AR）技术可以提供沉浸式的学习和阅读体验。用户可以在虚拟环境中参观图书馆、浏览书籍、进行学习，这不仅会增加用户的参与感和互动性，而且能极大地丰富用户的体验。此外，大数据和人工智能技术可以提供更人性化的服务。例如，自然语言处理技术可以让机器理解用户的自然语言查询，从而提供更准确的信息检索；语音识别技术可以让用户通过语音进行操作，提供更便捷的使用体验；推荐系统可以根据用户的历史行为和偏好，提供个性化的信息推荐。

第二节　大数据时代高校图书馆服务功能体现

一、大数据在高校图书馆文献资源管理中的应用

（一）文献资源采购与评估

在大数据时代，高校图书馆面临着大量的文献资源采购和管理任务。大数据分析技术能够为高校图书馆提供重要支持，使其能够更加精确地进行文献资源的采购和评估。

1. 大数据分析在文献需求分析方面发挥着重要作用

通过收集和分析大量用户的借阅、检索、下载等行为数据，高校图书馆可以了解用户对不同类型文献的需求和偏好。通过挖掘这些数据，高校图书馆可以发现用户的学科偏好、研究热点和阅读习惯等信息。例如，通过分析用户的检索关键词和借阅记录，高校图书馆可以了解用户对于某一学科领域的关注程度，从而在采购时更加关注相关文献资源的丰富程度和质量。此外，大数据分析还可以帮助高校图书馆识别出特定学科领域的

研究趋势，从而有针对性地采购相关文献资源，满足用户的需求。

2．大数据分析在采购策略优化方面具有重要意义

通过分析大量的文献使用数据和用户反馈意见，高校图书馆可以对文献采购策略进行优化。例如，通过分析不同类型文献的使用频次和借阅持续时间等数据，高校图书馆可以调整不同类型文献的采购比例，更加精确地满足用户的需求。此外，大数据分析还可以帮助高校图书馆确定采购时间和数量等细节问题，避免过多或过少地采购文献资源，使得高校图书馆可以更加高效地利用有限的采购预算，提高文献资源的利用效率。

3．大数据分析在文献资源评估方面发挥着重要作用

通过分析大量的文献使用数据和用户反馈意见，高校图书馆可以评估已有文献资源的使用价值和效果。例如，通过分析文献的借阅率、下载量和引用情况等数据，高校图书馆可以判断某一文献资源的受欢迎程度和学术影响力，进而决定是否继续订购或续订该资源。此外，大数据分析还可以帮助高校图书馆评估文献资源的更新需求，及时剔除不再受欢迎或过时的资源，以保持文献馆藏的时效性和质量。

（二）元数据管理

在大数据时代，高校图书馆面临着庞大的文献资源管理任务。元数据管理作为文献资源管理的重要组成部分，起着关键作用。大数据分析技术能够为高校图书馆的元数据管理提供有效支持，提高文献资源的组织和检索效率。

1．大数据分析能够帮助图书馆发现文献之间的关联性和相关性

通过对大量文献数据进行分析，高校图书馆可以挖掘文献之间的关联，包括引用关系、主题相关性等。这些关联性的发现可以帮助图书馆构

建更加准确和全面的主题词表和分类体系。例如，通过分析文献的引用关系可以建立引文网络，帮助用户发现相关研究领域的前沿文献。通过分析文献的主题相关性，可以建立更加精确的主题词表，提供更好的主题检索服务。基于此，高校图书馆可以通过大数据分析优化元数据管理，提高文献资源的组织结构和检索效果。

2. 大数据分析能够帮助图书馆构建更加精确和全面的元数据

元数据是描述文献资源的关键信息，包括作者、标题、摘要、关键词等。通过大数据分析技术，高校图书馆可以分析文献数据中的文本信息，提取并生成更加精确和全面的元数据。例如，通过文本挖掘技术可以自动提取文献中的关键词和主题，帮助用户更方便地进行主题检索；通过实体识别技术可以自动识别文献中的作者和机构信息，为用户提供更全面的作者和机构检索服务。这样一来，大数据分析为高校图书馆提供了更好的元数据管理手段，提高文献资源的组织和检索效率。

3. 大数据分析能够帮助图书馆进行用户行为分析，优化元数据管理

通过分析用户的检索行为、借阅记录和阅读偏好等数据，高校图书馆可以了解用户的信息需求和行为模式。高校图书馆可以根据用户行为数据调整元数据的展示方式，提供更符合用户期望的检索结果。例如，通过分析用户的检索关键词，可以为用户提供相关主题的推荐，帮助用户发现更多相关文献；通过分析用户的阅读偏好和借阅记录，可以为用户提供个性化的文献推荐服务。大数据分析能够为高校图书馆提供更好的用户行为数据支持，优化元数据管理，以提供更好的用户体验。

（三）文献推荐与引用分析

在大数据时代，高校图书馆能够利用大数据分析技术为用户提供个

性化的文献推荐服务，并通过引用分析帮助用户了解文献的引用情况和影响力。

1. 大数据分析可用于个性化的文献推荐服务

通过分析用户的阅读历史、检索行为、借阅记录等数据，高校图书馆可以深入了解用户的兴趣偏好和学术需求。基于这些数据，高校图书馆可以利用推荐算法和机器学习技术，为用户提供个性化的文献推荐。例如，通过分析用户的阅读历史和检索行为，可以发现用户的研究领域和关注点，从而为其推荐相关领域的文献资源。此外，高校图书馆还可以利用协同过滤和内容推荐等方法，根据用户的兴趣相似性和文献相关性，为其推荐可能感兴趣的文献。通过大数据分析，高校图书馆能够提供更加个性化和精准的文献推荐服务，满足用户的个性化学术需求。

2. 大数据分析可以帮助用户了解文献的引用情况和影响力

通过分析文献的引用关系和引用频次等数据，高校图书馆可以为用户提供文献的引用分析服务。引用分析可以帮助用户了解一篇文献在学术界的引用情况和影响力，评估其学术价值。例如，通过分析一篇文献被引用的次数和被引用的学术机构，可以了解该文献在学术界的重要性和被认可程度。此外，引用分析还可以帮助用户探索与特定文献相关的其他研究成果，进一步拓展研究方向和研究领域。通过大数据分析，高校图书馆能够提供文献的引用分析结果，帮助用户更全面地了解文献的学术影响和引用关系。

（四）数据开放与共享

在大数据时代，高校图书馆可以通过将文献数据进行开放与共享促进学术交流和合作。大数据技术为高校图书馆提供了开放与共享机会，通过对文献数据的挖掘和分析，提取有价值的信息，并以开放的形式提供给研究人员，推动学术研究的发展。

1. 数据开放与共享使研究人员能够更广泛地访问和利用图书馆的文献数据

高校图书馆将文献数据以开放的方式提供给研究人员，可以极大地拓宽研究人员的资源获取范围，促进学术交流和合作。研究人员可以在不受时间和空间限制的情况下，自由访问和利用高校图书馆的文献数据，从中获取研究素材、验证假设、开展新的研究等。

2. 数据开放与共享为研究人员带来了更多的创新和发展机会

数据开放与共享可以使研究人员获取更多的文献数据，从而激发自身的创新思维和研究潜力。研究人员可以通过对文献数据的再分析、整合和挖掘，发现新的研究问题和视角，从而推动学术研究的发展。此外，数据开放与共享还为研究人员提供了共同合作的基础。研究人员可以在共享数据平台上进行数据交流、协作和共同研究，促进学术界的合作和交流，推动学科发展。

3. 数据开放与共享具有透明度和可重复性的优势

通过开放文献数据，研究人员能够更加透明地了解研究数据的来源、处理过程和分析方法。这为研究成果的评估和验证提供了更多的依据和可能性。研究人员可以对已开放的数据进行再分析和复现，验证研究结果的可靠性和稳定性，可重复性有利于保证学术研究的质量和可信度。

二、大数据在高校图书馆用户服务中的应用

（一）个性化推荐服务

个性化推荐服务在高校图书馆中的应用是基于大数据分析的一项重

要功能——通过对用户的借阅记录、检索历史和阅读偏好等数据进行分析，为用户提供个性化的图书推荐和信息推送服务。这种服务能够提高用户的阅读体验，帮助用户更有效地发现符合其兴趣和需求的资源，进而促进他们的学习和研究活动。

第一，个性化推荐服务依赖于对用户的借阅记录进行分析。高校图书馆可以收集用户借阅的图书、期刊、学术论文等信息，并通过大数据技术对这些数据进行整理和分析。一是通过分析用户的借阅记录，高校图书馆可以了解用户的学科偏好、研究领域，以及关注的主题。借助推荐算法和机器学习模型，高校图书馆可以根据用户的借阅记录，向用户推荐与其兴趣相关的图书和学术资源。这些推荐可以基于协同过滤算法，通过比较用户之间的兴趣相似性，推荐其他用户喜欢的资源；也可以基于内容过滤算法，根据资源的特征和标签，向用户推荐与其借阅历史相匹配的资源。此外，个性化推荐服务还依赖于对用户的检索历史和阅读偏好进行分析。高校图书馆可以记录用户的检索关键词、点击行为，以及阅读记录等信息，并通过大数据分析来挖掘用户的信息需求和阅读习惯。二是通过分析用户的搜索行为和阅读偏好，高校图书馆可以了解用户感兴趣的领域、研究热点和相关资源的特征。基于这些分析结果，高校图书馆可以向用户推荐相关资源，满足用户的信息需求。此外，通过对用户的借阅历史和阅读行为进行长期跟踪和分析，高校图书馆可以预测用户兴趣的演化趋势，提前为其推荐可能感兴趣的资源。

第二，个性化推荐服务的实现需要结合大数据技术和推荐算法。大数据技术可以帮助高校图书馆高效地收集、存储和处理用户的借阅记录、检索历史和阅读偏好等数据。推荐算法可以通过对这些数据的分析和模型训练，为用户提供个性化的推荐结果。例如，协同过滤算法可以根据用户之间的相似性，将一个用户的兴趣扩展到其他用户可能感兴趣的资源上；内容过滤算法可以根据资源的特征和用户的喜好，将相关资源推荐给用户。随着大数据技术的不断发展，个性化推荐服务在高校图书馆中的应用也将进一步完善。高校图书馆可以不断优化推荐算法和模型，提高个性化推荐的准确性和效果。同时，高校图书馆可以考虑引入更多的数据源，如社交媒体数据、学术网络数据等来丰富个性化推荐的内容和范围。总之，高校图书馆个性化推荐服务通过充分利用大数据分析，为用户提供个性化的图书推荐和信息服务，能够提升用户体验和满意度，推动学术研究和学习活动的发展。

（二）在线学习与培训

在高校图书馆中，大数据技术可以支持在线学习与培训服务，通过对用户学习行为和学习成果的数据分析，为用户提供个性化的学习支持和资源推荐。

高校图书馆可以通过收集和分析用户在学习平台上的行为数据来了解他们的学习情况，这些数据包括学习时间、浏览内容、答题情况等。通过对这些数据的分析，高校图书馆可以评估学生的学习进度和学习效果，并识别出他们可能遇到的问题和难点。基于这些分析结果，高校图书馆可以提供个性化的学习建议和辅导，帮助学生解决学习中的困惑，并指导他们制订有效的学习计划。此外，大数据技术还可以帮助高校图书馆挖掘学生的学习模式和学科偏好。通过分析学生的学习行为和学科选择，高校图书馆可以了解学生的学习习惯、喜好和潜在兴趣。基于这些分析结果，高校图书馆可以为学生推荐适合他们的学术培训课程和学习资源，帮助他们提升学习能力和专业素养。

为了实现在线学习与培训服务，高校图书馆需要建立学习行为数据的收集和分析系统，用来收集学生在学习平台上的行为数据，并对这些数据进行存储、整理和分析。同时，高校图书馆需要结合学习评估模型和推荐算法，对学生的学习行为和学习成果进行评估和分析，为他们提供个性化的学习支持和资源推荐。此外，通过不断优化和更新分析模型和推荐算法，高校图书馆可以提供更准确和更实用的学习建议和资源推荐，提高学生的满意度和学习体验。

（三）问答与咨询服务

在高校图书馆中，大数据分析在问答与咨询服务中发挥着重要作用。通过对用户提问和咨询内容的分析，高校图书馆可以构建问答知识库和智能咨询系统，为用户提供高效、准确的解答和指导。

高校图书馆可以利用大数据技术将用户提问和咨询的内容进行整理和归纳，构建起知识库。知识库可以涵盖常见问题解答、学术咨询、文献查询等多个领域的知识和信息。通过对大量问题和咨询内容进行分类、整理和标注，高校图书馆可以建立起丰富的知识库，为用户提供基于过往问题和咨询的解答。

此外，高校图书馆还可以利用自然语言处理技术和机器学习技术，构建智能咨询系统。通过对用户提问的语义分析和匹配，系统可以自动理解用户的问题，并从知识库中检索相关信息，提供准确的答案和解决方案，可以帮助高校图书馆提供即时、精准的解答，为用户节省时间和精力。

高校图书馆通过对用户提问和咨询内容的分析，可以识别出常见问题和热点领域，进一步优化知识库和智能咨询系统的内容。此外，高校图书馆还可以通过分析用户对解答的评价和反馈，评估咨询服务的质量和效果，并进行改进和优化。

（四）社交化服务平台

高校图书馆可以借助大数据技术建立社交化的服务平台，以促进用户之间的交流和互动，从而打造一个学术交流和合作的平台。

基于大数据分析的社交化服务平台可以建立用户之间的联系和交流渠道。一是高校图书馆可以创建论坛、博客或社交媒体群组等平台，让用户在这些平台上分享学术资讯、讨论学术问题，甚至进行合作研究。通过这样的社交化服务，高校图书馆可以帮助用户扩展社交网络，促进学术交流和合作，增强用户的学术参与感和归属感。二是高校图书馆可以利用大数据分析技术挖掘用户的社交行为和兴趣。通过分析用户在社交媒体、论坛或博客等平台上的活动，高校图书馆可以了解用户的社交偏好、交流需求，以及兴趣领域。这些分析结果可以帮助高校图书馆了解用户的学术兴趣和专业领域，为用户提供更加个性化和针对性的社交化服务。此外，大数据分析还可以用于推荐相关的学术活动、讲座和研讨会。通过分析用户的兴趣和专业领域，高校图书馆可以向用户推荐符合其兴趣的学术活动，帮助他们获取最新的学术资讯并参与相关的学术讨论。这种个性化的推荐服务能够提高用户的参与度和满意度，为他们提供更加有针对性的学术交流机会。

要实现社交化服务平台，高校图书馆需要结合大数据分析和社交网络分析技术。大数据分析技术可以处理和分析用户的社交行为数据，挖掘用户之间的关系和兴趣，从而构建用户社交网络的模型。社交网络分析技术可以基于这些模型，对用户的社交网络结构和用户间的交互关系进行深入分析，为高校图书馆提供更多洞察用户社交需求和推动学术交流的机会。

三、大数据在高校图书馆管理决策中的应用

（一）预测与规划

在高校图书馆管理决策中，可以通过对大量历史数据的分析来进行需求预测和资源规划。通过对借阅数据、学术课程安排等信息进行分析，高校图书馆可以预测不同时间段和不同学科领域的资源需求，从而合理规划资源采购和布局。

通过对借阅数据进行分析，高校图书馆可以了解不同学科领域的借阅量、借阅频率及借阅趋势。借阅数据包括学生、教师等借阅人借阅的图

书、期刊等信息，可以通过时间、学科、类别等维度进行分析。例如，通过分析历史借阅数据，高校图书馆可以发现某一学科的借阅量在某个时间段的变化趋势，从而预测该学科在未来可能的资源需求。高校图书馆将借阅数据与学术课程安排等信息结合，可以较为准确地预测不同时间段的资源需求。学术课程安排可以提供关于教学计划和学生选课情况的信息，通过学术课程安排与借阅数据的关联分析，高校图书馆可以确定某一学科在特定时间段的资源需求，以及该学科与其他学科之间的关联性。这些信息可以帮助高校图书馆在采购图书、期刊和数据库等资源时进行有针对性的规划，以满足学术课程和研究的需求。

此外，大数据分析可以帮助高校图书馆进行空间布局规划。通过对用户在图书馆内的行为轨迹数据进行分析，高校图书馆工作人员可以了解不同区域的使用情况和热点区域。例如，通过分析用户的行为数据，可以确定哪些区域经常被用户使用，哪些区域很少被使用。基于这些信息，高校图书馆工作人员可以重新规划空间布局，将资源更合理地分配到需求较大的区域，提高资源利用效率。

（二）绩效评估与优化

大数据分析在高校图书馆管理决策中的另一个应用是绩效评估与优化。通过对高校图书馆的服务数据、用户满意度调查数据和资源利用数据进行分析，高校图书馆可以评估服务的效果和质量，并找出改进的空间，制定相应的优化措施。

首先，通过分析高校图书馆的服务数据，可以评估不同服务项目的效果和使用情况。服务数据包括用户的咨询和借阅行为、图书馆活动的参与情况、电子资源的访问量等。通过对这些数据的分析，图书馆工作人员可以了解用户对不同服务项目的态度和满意度。例如，通过分析用户的咨询数据，图书馆工作人员可以评估咨询服务的效果和质量，确定是否需要改进对咨询人员的培训或提供更多的咨询渠道。

其次，高校图书馆可以通过用户满意度调查来获取用户的反馈意见，并结合大数据分析进行绩效评估。用户满意度调查可以通过问卷调查、在线反馈等方式进行。通过收集和分析这些数据，高校图书馆可以了解用户对不同方面的满意度，包括图书馆的服务质量、资源的可用性、设施的舒适度等。借助大数据分析，高校图书馆可以对满意度调查数据进行综合分析，发现用户满意度的关键影响因素，并提出改进策略。

最后，大数据分析可以帮助高校图书馆评估资源的利用情况，发现资源利用效率低下的问题，并予以改进。通过分析资源利用数据，高校图书馆可以了解不同资源的使用频率，发现资源的闲置和浪费情况。例如，通过分析电子资源的访问量和下载次数，高校图书馆可以确定哪些资源较少被使用，是否需要重新评估订购和续订。通过优化资源的采购和管理，高校图书馆可以提高资源利用效率，提供更符合用户需求的服务。

绩效评估与优化需要建立合适的指标体系，并借助大数据分析工具进行数据处理和分析。高校图书馆可以结合机器学习和数据挖掘技术，建立预测模型、分类模型等方法，对绩效评估数据进行分析和预测，从而提供决策支持和优化建议。

（三）风险管理与安全保障

大数据分析在高校图书馆管理决策中的一个重要应用是风险管理与安全保障。通过分析网络安全日志和用户行为数据，高校图书馆可以识别和预测潜在的安全风险，并采取相应的安全保障措施，保障图书馆系统和用户信息的安全。

通过分析网络安全日志和用户行为数据，高校图书馆可以识别异常行为和安全威胁。网络安全日志包括网络访问记录、系统日志等信息，用户行为数据包括用户的登录、查询和下载等操作数据。通过对这些数据的分析，高校图书馆可以建立安全模型，识别出不正常的行为模式和潜在的攻击行为。例如，通过分析登录数据，高校图书馆可以发现异常的登录活动，如频繁尝试登录、非法访问等，从而及时采取相应的措施，防止系统被入侵。

大数据分析可以帮助高校图书馆预测安全风险。通过对历史安全事件和攻击数据的分析，高校图书馆可以发现攻击的模式和趋势，从而预测未来可能出现的安全威胁。例如，通过分析恶意软件的传播路径和特征，高校图书馆可以预测潜在的恶意软件传播风险，并采取防范措施，提高系统的安全性。

大数据分析还可以帮助高校图书馆对用户隐私进行保护。通过分析用户的个人信息和行为数据，高校图书馆可以识别敏感信息的泄露风险，并采取相应的保护措施。例如，通过分析用户的查询记录和下载行为，高校图书馆可以发现用户的研究方向和个人兴趣，从而加强对用户隐私的保护，避免信息泄露和滥用。

（四）创新与发展

大数据分析为高校图书馆的创新和发展提供了思路和方向。通过对大数据的挖掘和分析，高校图书馆可以发现用户需求的新发展趋势和关注热点，为创新服务和新业务的开展提供支持。大数据分析还可以帮助高校图书馆评估新技术和服务模式的可行性，促进高校图书馆的发展与转型。

通过分析大数据，高校图书馆可以了解用户需求。大数据分析可以帮助高校图书馆发现用户的兴趣偏好、信息需求和学术研究动向。例如，通过分析用户的查询数据和下载行为，高校图书馆可以了解用户对不同学科和不同主题的关注程度，发现新兴研究领域和热门话题。这些信息可以为高校图书馆提供决策依据，推出符合用户需求的新服务和资源。

大数据分析可以帮助高校图书馆评估新技术和服务模式的可行性。随着科技的不断发展，新技术和服务模式不断涌现，如人工智能、虚拟现实、自助借还系统等。高校图书馆可以利用大数据分析，评估这些新技术和服务模式在高校图书馆中的应用潜力和效果。通过对大数据的挖掘和分析，高校图书馆可以了解用户对新技术的接受度和使用情况，评估其对高校图书馆服务的影响和价值。

大数据分析可以帮助高校图书馆进行业务优化和转型。通过对大数据的分析，高校图书馆可以发现服务瓶颈和改进空间，从而优化现有的服务流程和用户体验。

大数据分析还可以帮助高校图书馆发现潜在的合作机会和创新模式，促进图书馆与其他机构或部门合作，提供更多元化的服务和资源。

第三节　大数据时代强化高校图书馆服务功能的措施

一、加强数字化资源建设

（一）加强数据库建设

在大数据时代，高校图书馆应当加大对数据库的建设和拓展力度。其主要措施包括两个方面：一是订购和开发各类学术数据库，如期刊、学位论文、报纸、电子书等，为师生提供丰富的电子资源；二是注重数据库的更新和维护，及时更新学术成果和研究进展，以满足用户的知识需求。

1. 期刊数据库

期刊数据库是高校图书馆不可或缺的重要资源，对于学术研究具有重要价值。在数据库建设方面，高校图书馆可以与出版商合作，订购具有高影响因子和学术声誉的期刊数据库，如 ScienceDirect、IEEE Xplore、JSTOR 等，这些数据库涵盖了广泛的学科领域，能够为师生提供大量的学术期刊文章。高校图书馆还可以通过与学术社区合作，开发和建设特定领域的期刊数据库，以满足特定学科的需求。此外，为了确保数据库的更新和维护，高校图书馆应当与出版商保持密切合作，及时获取最新的期刊内容，并及时更新数据库。同时，高校图书馆应采用先进的技术手段，如数据挖掘和自然语言处理技术等，对期刊文章进行内容分析并分类，以提供精准的检索和推荐服务。高校图书馆还应鼓励学术界的研究人员积极投稿并发表论文，以丰富数据库的内容。

2．学位论文数据库

学位论文是高校研究生培养的重要成果，对于学术研究和学科发展具有重要意义。高校图书馆应当建设学位论文数据库，收录本校和其他高校的学位论文。通过与其他高校图书馆的合作，可以实现学位论文资源的共享和互相借阅，提供更广泛的学术资源。为了拓展学位论文数据库，高校图书馆可以与其他高校合作，建立统一的学位论文管理平台，该平台应支持学位论文的在线提交、审核和检索，并提供全文下载的服务。此外，高校图书馆还应加强学位论文的质量管理，确保学位论文的学术水平。对于已获得学位的学生，可以鼓励他们将学位论文授权开放获取，以促进学术资源的共享和交流。

3．报纸数据库

报纸是了解社会和时事的重要信息源，对于新闻报道、社会分析和历史研究具有重要价值。高校图书馆可以订购和建设报纸数据库，收录国内外重要报纸的电子版。通过数字化技术，可以实现报纸资源的全文检索和浏览，方便师生查阅相关新闻报道和评论。在报纸数据库建设中，高校图书馆应注重跨文化、多语种的报纸资源，以满足不同学科和学生群体的需求。此外，应定期更新报纸数据库的内容，及时收录最新报纸和新闻报道。高校图书馆还可以与新闻机构合作，开展数字化报纸资源的保护和保存工作，确保报纸资源的可持续利用。

4. 电子书数据库

电子书是数字化时代不可或缺的重要学术资源，为师生提供了便捷的阅读方式和丰富的学术内容。高校图书馆应加大对电子书数据库的建设和拓展力度，订购和提供广泛的电子书资源，涵盖各学科领域和多种语言。电子书数据库应支持多种阅读设备和格式，以便师生在不同终端进行阅读。在电子书数据库建设中，高校图书馆应关注学科专业和课程需求，优先选购与教学和研究密切相关的电子书资源。同时，高校图书馆应注意电子书的版权保护，确保合法获取和使用电子书资源。高校图书馆还可以与出版商合作，推动开放获取电子书的发展，为师生提供更多免费学术资源。

（二）推广开放获取资源

开放获取资源的推广能够促进学术交流和创新，加速科学研究进展，并提高学术成果的可见性和影响力。高校图书馆应积极推广和支持开放获取资源的利用其主要措施包括三方面：一是通过与学术机构、出版社合作，推动开放获取期刊和学术论文的发展，为师生提供更多免费获取的学术资源；二是加强对开放获取政策的宣传和培训，提高师生对开放获取资源的认知和利用水平；三是推动开放获取资源的可持续发展。

1. 与学术机构、出版社合作推动开放获取资源的发展和利用

高校图书馆应积极与学术机构和出版社合作，共同推动开放获取资源的发展和利用。与学术机构合作可以建立机构知识库或学术档案馆，实现学术资源（包括本校师生的研究成果）的共享与传播。与出版社合作可以倡导和支持开放获取期刊的发展，鼓励学术期刊转向开放获取模式，以提供更多免费获取的学术论文和研究成果。

（1）与学术机构合作。①建立机构知识库或学术档案馆。高校图书

馆可以与学术机构合作，共同建立机构知识库或学术档案馆。通过建设统一的知识库平台，可以实现学术资源（包括本校师生的研究成果）的共享与传播，提高知识的可及性和可见性。这样的合作能够促进学术交流和跨学科合作，加强学术研究的整体水平和影响力。②实施机构知识管理计划。高校图书馆可以与学术机构合作，共同制订和实施机构知识管理计划，包括学术研究成果的收集、整理、保存和传播等。通过合作，可以确保学术研究成果得到规范的管理和有效的利用，推动知识的持续创新和学术资源的可持续发展。③加强学术合作与交流。高校图书馆与学术机构合作可以加强学术合作与交流，如通过组织学术研讨会、学术讲座和专题研究等活动，促进学术界的学术交流和合作。这样的合作能够促进知识的共享和传播，拓宽学术研究的视野和领域，提高学术成果的质量和影响力。

（2）与出版社合作。①推动开放获取期刊的发展。通过与出版社合作，高校图书馆可以倡导学术期刊转向开放获取模式，鼓励出版社推出更多开放获取期刊，这样的合作能够提供更多免费获取的学术论文和研究成果，为广大师生提供更广泛的学术资源。②支持开放获取图书的出版。高校图书馆与出版社合作可以支持开放获取图书的出版。通过与出版社合作，高校图书馆可以鼓励学术界的研究人员将其研究成果以开放获取的形式出版，以促进学术资源的共享和传播。这样的合作能够提高学术图书的可及性和可见性，加速学术研究的进展。③联合组织学术出版论坛和研讨会。高校图书馆可以与出版社合作联合组织学术出版论坛和研讨会，探讨学术出版的最新趋势和发展方向。通过这样的合作，可以促进学术界和出版界的对话与合作，推动学术出版的创新和改革，还可以提高学术出版的质量和效益，为师生提供前沿信息和学术资源。

2．加强开放获取政策的宣传与培训

高校图书馆应加强对开放获取政策的宣传和培训，提高师生对开放获取资源的认知和利用水平。高校图书馆可以组织学术讲座、研讨会和培训课程，介绍开放获取的概念、政策背景和资源平台；可以邀请相关领域的专家、学者进行分享和讨论，促进师生对开放获取的深入了解。培训课程则可以涵盖如何搜索和利用开放获取资源、如何选择高质量的开放获取期刊、如何发表开放获取论文等方面。通过培训，师生将了解到开放获取资源的优势、搜索技巧和合法使用的注意事项，提高他们的信息素养和学术研究能力。

3．推动开放获取资源的可持续发展

为了保障开放获取资源的可持续发展，高校图书馆应支持开放获取出版模式的创新和改革。高校图书馆可以支持开放获取期刊的运营和维护，鼓励学术界的研究人员积极投稿并发表开放获取论文。同时，高校图书馆可以与学术社区合作，建立开放获取资源的评价指标和质量控制体系，确保开放获取资源的学术可信度和质量。此外，高校图书馆可以与其他高校图书馆和相关机构合作，共同构建开放获取资源联盟和共享平台。通过资源共享和合作，高校图书馆能够提供更广泛和多样化的开放获取资源，增强资源的可及性和使用效益。

（三）加强数字化馆藏建设

高校图书馆应加大对馆藏资源的数字化处理力度，其主要措施包括两方面：一是通过数字化技术，将纸质文献、特藏珍本等有价值的文献资源进行数字化转换，以便用户能够通过网络进行访问和利用；二是注重数字化馆藏的管理和保存，确保数字化资源的安全性和可持续性。

1．应用数字化转换技术，进行工作流程优化

高校图书馆应采用先进的数字化转换技术，包括扫描、文字识别、图像处理等，以实现纸质文献的数字化转换。通过扫描设备将纸质文献转换为数字图像，再通过文字识别技术将图像中的文字转换为可编辑的文

本，从而实现数字化资源的创建和存储。

同时，高校图书馆应制定合理的数字化工作流程，包括资源选取、扫描设备配置、质量控制、文字识别处理、元数据添加等环节。通过优化工作流程，提高数字化转换的效率和质量，确保数字化馆藏资源的准确性和完整性。

2. 注重数字化馆藏资源的管理与保存

首先，高校图书馆应建立数字化资源管理系统，对数字化馆藏资源进行统一管理。该系统可以包括数字图书馆平台、资源元数据数据库等组成部分，以便及时对数字资源进行管理。

其次，高校图书馆应对数字化馆藏资源进行元数据的添加和维护工作。通过为每个数字化资源添加适当的元数据，包括题名、作者、出版信息、主题词等，以提供准确的资源描述和检索功能，方便用户查找和利用。

最后，高校图书馆应制定科学合理的数字化资源存储和保护策略。数字化资源的存储可以采用云存储技术，确保资源的安全性和可持续性。同时，高校图书馆应建立灾备措施，即灾难恢复（Disaster Recovery）措施，确保数字化资源的备份和恢复，防止意外数据丢失。

（四）建设虚拟图书馆

在大数据时代，高校图书馆可以通过建设虚拟图书馆为师生提供更便捷的服务。虚拟图书馆利用信息技术和网络平台，实现了无时空限制的图书馆服务。

1. 在线门户网站

高校图书馆可以建立在线门户网站作为虚拟图书馆的入口。网站应提供图书馆资源的详细介绍、检索功能、用户个人账户管理等服务。师生可以通过网站浏览图书馆的藏书情况、了解馆内的学术活动和服务信息。网站还应提供相关的学术指导、使用指南和帮助文档，帮助用户更好地利用图书馆资源。

2.在线查询和预约服务

虚拟图书馆可以提供在线查询和预约服务，使用户能够方便地搜索所需图书、期刊和其他资源，并进行预约或在线借阅。通过在线查询系统，用户可以根据书名、作者、主题等关键词进行检索，并获取到相关资源的详细信息。在线预约系统则可以帮助用户预约所需资源的借阅时间和方式，提高资源的利用率。

3.远程借阅服务

虚拟图书馆可以提供远程借阅服务，使用户能够在不同时间、不同地点进行图书的借阅和归还。用户可以远程登录在线借阅平台，查询所需图书的可借状态，并进行在线借阅申请。图书馆可以通过邮寄、快递等方式将图书送达用户手中，同时提供相应的归还渠道。这样的远程借阅服务既方便了用户，又提高了图书馆资源的利用率。

4.数字化资源访问和利用服务

虚拟图书馆可以提供数字化资源的访问和利用服务。通过数字化转换技术，将纸质文献、特藏珍本等有价值的文献资源进行数字化转换，并提供在线阅读和下载服务。用户可以通过虚拟图书馆平台访问和阅读数字化资源，提高了资源的可及性和可见性。

5.在线学术支持和培训服务

虚拟图书馆可以提供在线学术支持服务，包括学术咨询、文献传递和学术培训等。用户可以通过在线聊天、电子邮件等方式向图书馆咨询学术问题，获取相关文献的传递和提供方式。此外，图书馆可以开展在线学术培训，帮助用户提升信息检索、学术写作和研究方法等方面的能力。

通过以上方式，虚拟图书馆为师生提供了便捷的图书馆服务。用户可以通过在线门户网站浏览资源并进行查询和预约，利用远程借阅服务进行图书借阅和归还，访问和利用数字化资源，同时获得在线学术支持和培训。这样的虚拟图书馆建设使高校图书馆服务不再受时空限制，能够满足用户的个性化和灵活化需求，促进学术研究和教学的发展。

二、应用智能化服务工具

（一）图书馆自助服务设备

高校图书馆可以引入智能化自助服务设备，例如自助借还书机、自动还书柜等，进而提高服务效率和用户体验。这些设备可以实现 24 小时自助服务，减轻工作人员负担，同时提供更灵活的借还书时间和地点。

1. 自助借还书机

自助借还书机是一种智能化设备，用户可以通过自助操作完成图书的借阅和归还。这种设备通常配备有触摸屏、扫描器和电子支付功能，用户可以通过扫描图书条码进行借阅和归还操作，并通过电子支付完成相关费用的结算。自助借还书机的引入可以大大提高借还书的效率，用户无须排队等待工作人员的服务，就可以在较为方便的时间和地点进行借还书操作。自助借还书机还提供了多语言界面和操作指导，方便国际学生和外语读者使用。同时，通过数字化技术的支持，高校图书馆可以实时监测借还书情况，准确掌握馆藏资源的流通状况，从而更好地做好图书采购和馆藏管理工作。

2. 自动还书柜

自动还书柜是一种智能化设备，用户可以将借阅的图书放入柜内，系统会自动识别图书信息并完成还书操作。自动还书柜通常具备图书的归还、排架和质检等功能，大大减轻工作人员的负担。自动还书柜的引入可以提供更灵活的还书时间和地点，用户不再受限于高校图书馆的开放时间，可以自由选择时间将图书放入自动还书柜归还。自动还书柜还能够自动进行图书的排架和质检，提高高校图书馆的工作效率和资源利用率。

3. 智能自助服务终端

除了自助借还书机和自动还书柜，高校图书馆还可以引入其他智能化的自助服务终端，如查询终端、预约终端和导航终端等。这些终端可以提供图书馆资源的查询、预约和导航等服务，帮助用户更快速地获取所需信息和资源。智能自助服务终端的引入能够减轻高校图书馆工作人员的负担，提高服务效率和用户体验。有的服务终端还可以根据用户的需求提供个性化的推荐和导航服务，提供更精准的信息支持。

（二）智能问答系统

在大数据时代，引入智能问答系统是高校图书馆提供快速、准确图书馆咨询和参考咨询服务的一项重要举措。智能问答系统基于自然语言处理技术和机器学习技术，能够自动分析用户的问题，理解其意图，并给出相应的回答。

1. 自然语言处理技术

智能问答系统利用自然语言处理技术来处理和理解用户的问题。自然语言处理技术，旨在使计算机能够理解、处理和生成自然语言文本。在智能问答系统中，自然语言处理技术被应用于问题分析、语义理解和回答生成等环节。

在问题分析阶段，自然语言处理技术帮助系统对用户提出的问题进行词法分析、语法分析和语义解析，以提取问题的关键信息、确定问题的类型和意图。通过词法分析，系统能够识别出问题中的关键词和实体，从而确定问题的主题和相关领域。语法分析和语义解析则有助于系统理解问题的结构和语义关系，进一步提取问题的含义和目的。在语义理解阶段，自然语言处理技术被用于将用户问题转化为计算机可理解的形式，包括识别问题中的实体、关系和属性，并将其映射到知识库或语料库中的相应概念。通过语义理解，系统能够将用户问题与图书馆资源的相关信息进行关联，为后续的回答生成和资源推荐提供基础。在回答生成阶段，自然语言处理技术帮助系统根据用户问题和相关资源，生成准确、可理解的回答，这涉及自然语言生成、信息检索和推荐算法等方面。系统可以通过自然语言生成技术将知识库或语料库中的信息转化为自然语言文本，以回答用户问题。信息检索技术可以根据问题和相关资源的匹配程度，从数据库或资源库中检索相关信息，并将其转化为回答。推荐算法则能够根据用户的偏好和历史数据，推荐相关的图书、期刊、学术论文等资源。

2．机器学习技术

智能问答系统借助机器学习技术来训练和优化系统的问答模型。机器学习技术通过构建和训练算法模型，使计算机能够从数据中学习和提取知识，从而自动完成特定任务。在智能问答系统中，机器学习技术被应用于问题分类、问题解析、回答生成和资源推荐等环节。

在问题分类阶段，机器学习技术可以通过训练分类器模型，将用户提出的问题归类到不同的问题类型中。这需要构建训练集，其中包含已标注问题类型的样本数据。通过对训练集进行特征提取和模型训练，系统可以学习到问题类型的特征模式，从而对新问题进行准确分类。在问题解析阶段，机器学习技术帮助系统从用户提出的问题中提取关键信息，并将其转化为计算机可理解的形式，这涉及实体识别、关系抽取和语义解析等任务。通过训练相关的模型，系统能够识别问题中的实体和关系，并将其映射到图书馆资源的相应概念上，以便后续的回答生成和资源推荐。在回答生成阶段，机器学习技术可以通过训练生成模型，根据用户问题和相关资源生成准确、流畅的回答，这涉及自然语言生成和信息检索等任务。通过训练生成模型，系统能够学习到回答的语言模式和表达方式，从而能够根据问题生成符合语法和语义要求的回答。信息检索技术可以根据问题和相关资源的匹配程度，从数据库或资源库中检索相关信息，并将其转化为回答。在资源推荐阶段，机器学习技术可以根据用户的偏好和历史数据，利用推荐算法为用户提供个性化的资源推荐。通过分析用户的查询历史、阅读偏好和反馈数据，系统能够建立用户模型，并根据该模型推荐相关的图书、期刊、学术论文等资源。推荐算法可以利用协同过滤、内容推荐和深度学习等方法，从大量数据中挖掘出用户的兴趣和需求，以提供更符合用户需求的推荐结果。

3.常见问题回答

智能问答系统能够回答一些常见问题，如高校图书馆的开放时间、借阅规则、馆内设施等。这些问题通常是用户在使用高校图书馆服务过程中经常遇到的，其答案在高校图书馆的常规信息中得到了明确的描述。通过事先准备好的常见问题库和对应的回答，智能问答系统能够快速、准确地为用户提供解答。

在回答常见问题的过程中，智能问答系统首先需要建立一个常见问题库，其中包含用户经常提出的问题以及对应的标准答案。这个过程可以通过人工整理和归类常见问题来构建，也可以通过自动抽取和分类用户查询日志来构建。常见问题库中的问题应该具有充分的覆盖范围，以涵盖用户可能遇到的各种问题。智能问答系统在回答常见问题时，首先对用户提出的问题进行文本匹配或语义匹配，以确定用户问题与常见问题库中哪个问题最相似，然后系统可以直接提取匹配问题对应的标准答案，或者利用机器学习技术通过训练和推理生成相应的回答。也就是说，这些回答可以是预先设定好的模板，也可以是根据问题和上下文动态生成的。为了提高系统的准确性和可靠性，智能问答系统需要不断更新和维护常见问题库。高校图书馆可以通过分析用户查询日志、收集用户反馈和评价等方式，持续优化常见问题库，确保其中的问题和答案能够准确地反映用户的需求和图书馆的实际情况。

此外，智能问答系统还可以利用自然语言处理技术和机器学习技术进行意图识别和多轮对话处理。当用户的问题无法在常见问题库中找到精确匹配的答案时，系统可以通过意图识别技术确定用户问题的意图，并采取相应的应答策略。如果用户的问题涉及多个轮次的对话，系统可以利用对话管理和上下文理解技术，将用户问题与之前的对话内容进行关联，以提供更连贯、更准确的回答。

4. 查询结果和资源推荐

智能问答系统不仅可以回答用户的问题，还可以根据用户的需求和偏好提供相关的查询结果和资源推荐。通过分析用户的查询意图和上下文信息，智能问答系统能够从图书馆数据库中检索相关信息，并将其转化为用户可理解的形式。

在查询结果和资源推荐过程中，智能问答系统首先需要对用户的查询进行理解和分析。通过自然语言处理技术和机器学习技术，系统可以识别用户查询中的关键词和实体，并理解其查询意图，包括问题分类、语义解析、实体识别和关系抽取等任务。通过对用户查询的理解，系统能够更准确地匹配和检索相关资源。在查询结果的生成阶段，智能问答系统可以根据用户的查询意图和上下文信息，从高校图书馆数据库中检索相关的图书、期刊、学术论文等信息。通过利用信息检索技术，如向量空间模型、倒排索引和相似度计算等，系统能够将用户查询与资源的关键词、摘要和元数据进行匹配和比较，以找到最相关的结果。在资源推荐阶段，智能问答系统可以根据用户的偏好和历史数据，通过推荐算法为用户提供个性化的资源推荐。通过分析用户的查询历史、阅读行为和反馈数据，系统能够建立用户模型，并根据该模型推荐与用户兴趣和需求相匹配的资源。推荐算法可以利用协同过滤、内容推荐和深度学习等方法，从大量数据中挖掘出用户的潜在需求，以提供更符合用户兴趣的推荐结果。

智能问答系统需要不断优化和更新其检索算法和推荐模型，以提高查询结果和资源推荐的准确性和个性化程度。高校图书馆可以通过分析用户行为数据、收集用户反馈和评价等方式，持续改进系统的推荐效果。此外，智能问答系统还可以与高校图书馆的知识图谱和学科分类体系等资源进行整合，以提供更全面、更精确的查询结果和推荐。

（三）数据分析与个性化推荐

在大数据时代，高校图书馆可以利用数据分析技术深入了解师生的阅读兴趣和需求，并为其提供个性化推荐服务。通过对借阅记录、检索行为和用户反馈等数据进行分析和挖掘，高校图书馆可以获取关于用户的丰富信息，如兴趣偏好、学科领域、阅读习惯等，从而实现精准的个性化推荐。

1. 数据采集与整合

数据采集与整合是高校图书馆强化服务功能的关键步骤，通过采取和整合多样化的数据，高校图书馆可以深入了解用户的需求和行为，为用户提供个性化的服务和资源推荐。在进行数据采集前，高校图书馆应制定明确的数据采集策略，包括确定要采集的数据类型、来源和频率。借阅记录、检索记录和用户行为数据是重要的数据类型，可通过图书馆管理系统和在线数据库平台获取。此外，可将这些数据与学校的学生信息系统、教师信息系统等相关系统进行数据整合，获得更全面的用户数据。高校图书馆应根据自身的具体需求，制定适当的数据采集频率，以保证数据的及时性和准确性。

高校图书馆可以利用各种技术手段采集和整合数据。例如，借助应用程序接口和数据抓取工具，可以从相关系统中获取数据，并通过提取、转换和加载流程将数据整合到图书馆的数据仓库或数据库。同时，数据清洗和处理也是必要的步骤，以确保数据的质量和一致性。

在进行数据采集与整合时，高校图书馆应重视数据隐私与安全保护。合规的数据处理和存储措施应被采用，以确保用户个人信息和敏感数据的安全。高校图书馆应遵守相关法律法规和隐私政策，采取必要的技术和组织措施，如数据加密、访问控制和用户授权，以保护数据的隐私和完整性。

此外，数据质量是数据采集与整合的关键。高校图书馆应制定数据质量标准和清洗规则，对采集到的数据进行验证、清洗和修复。数据质量标准包括数据的完整性、一致性、准确性和可靠性等方面的要求。清洗过程涉及去重、缺失值处理、异常值检测等操作，以确保数据的可用性和可信度。

采集和整合的数据可以用于用户行为分析、信息检索改进、资源推荐等方面。高校图书馆可以利用数据分析技术，如统计分析、数据挖掘和机器学习，对数据进行挖掘和分析，发现用户的借阅偏好、阅读习惯和需求特征。基于数据分析的结果，高校图书馆可以制定个性化的服务策略，提供更精准的资源推荐和满足用户需求的服务。

2. 数据预处理与特征提取

在进行数据分析之前，需要对原始数据进行预处理和特征提取。预处理包括数据清洗、去噪、缺失值处理等，以确保数据的质量和完整性。特征提取涉及将原始数据转化为可供分析和建模的特征表示，如用户的借阅频率、检索关键词、阅读时长等。

　　数据清洗是数据预处理的首要任务，它旨在处理数据中存在的噪声、异常值、缺失值和重复数据等问题。数据噪声可能来自数据采集过程中的错误或干扰，异常值是与其他观测值明显不符的数据点，而缺失值是指数据集中缺少某些观测值的情况。数据清洗的目标是识别和处理这些问题，以确保数据的质量和准确性。

　　数据去噪是指识别和剔除数据中的异常值和噪声，以减少对数据分析和模型建立的干扰。去噪方法可以基于统计学或机器学习技术，如使用均值、中位数或回归模型进行异常值的替换或剔除。去噪过程可以提高数据的可靠性和一致性，使后续的分析结果更加准确、可靠。

　　缺失值处理是处理数据集中存在的缺失观测值的过程。缺失值可能对后续的数据分析和建模产生影响，因此需要采取适当的处理策略。常见的缺失值处理方法包括删除缺失值、插补缺失值和使用特定值进行填充。其中，插补方法可以基于统计学原理或机器学习算法，利用其他相关特征或观测值的信息来估计缺失值。

　　特征提取是将原始数据转化为可供分析和建模的特征表示的过程。在数据分析中，特征是用于描述样本的属性或指标。通过合适的特征提取和转换方法，可以提取出与目标任务相关的有效特征，提高模型的性能和预测能力。特征提取方法包括统计特征、文本特征、时间序列特征、频域特征等。同时，特征转换方法如主成分分析、离散小波变换等可以对特征进行降维和变换，以减少特征维度，捕获数据中的潜在结构破坏。

　　特征选择是从大量特征中选择最具相关性和重要性的特征，以减少数据分析的复杂性，提高模型的可解释性。常用的特征选择方法包括过滤式方法、包裹式方法和嵌入式方法。此外，特征降维方法可以通过降低特征维度减少冗余和噪声，如主成分分析和线性判别分析等。

　　通过数据预处理和特征提取可以清洗和净化原始数据，处理数据中的异常和缺失，转化为适合分析和建模的特征表示。这有助于提高数据分析的准确性、可靠性和可解释性，为后续的数据挖掘、机器学习和模型构建提供有用的数据基础。同时，需要根据具体应用场景和数据特征，选择合适的数据预处理和特征提取方法，以最大程度地提升数据分析的效果和结果质量。

3．数据分析与挖掘

利用数据分析和挖掘技术，高校图书馆可以从大量数据中提取有价值的信息和知识。数据分析工具包括统计分析、机器学习、数据挖掘和文本挖掘等。通过这些方法，高校图书馆可以发现用户的阅读偏好、学科领域、知识关联等方面的特征，并为个性化推荐提供依据。

4．个性化推荐模型与算法

基于数据分析的结果，高校图书馆可以构建个性化推荐模型和算法。个性化推荐模型可以利用协同过滤、内容推荐和深度学习等技术，根据用户的兴趣和历史行为，推荐符合其需求的图书、期刊和数据库资源。这些模型可以考虑多种因素，如用户的借阅记录、浏览历史、评分和评价等，以提供精准的推荐结果。

（四）移动端应用开发

开发适用于移动端的高校图书馆应用程序，能够方便师生随时随地获取图书馆资源。移动应用可以提供图书馆资讯、借阅、续借、书目查询、预约座位、参加活动等功能，增强用户的互动性和参与度。

1．功能与操作设计

在移动应用开发过程中，高校图书馆应根据用户需求和使用习惯设计合适的功能模块，以提供用户所需的服务和功能。常见的功能包括图书借阅与归还、书目搜索、个人账户管理、预约座位、参与活动等。同时，高校图书馆应注重用户体验，通过简洁直观的界面设计、快速响应的操作和个性化的推荐，提高用户的满意度和使用体验。

2. 跨平台兼容性

为了覆盖更多的用户群体，高校图书馆的移动应用应考虑跨平台兼容性，支持不同操作系统（如 iOS、Android）的设备。通过采用跨平台开发技术，可以减少开发成本和维护工作，提高应用的可访问性和用户覆盖率。

3. 数据安全与隐私保护

在移动应用开发中，数据安全与隐私保护是至关重要的。高校图书馆应采取必要的措施，确保用户数据的安全和隐私不泄露或被滥用。这包括使用加密技术保护数据传输和存储、进行访问控制和身份验证、明确用户数据的使用目的和范围，并遵守相关的法律法规和隐私政策等。

4. 系统集成

移动应用应与高校图书馆管理系统和其他关键系统进行集成，以实现实时数据的同步和交互。例如，移动应用与图书馆管理系统集成，实现借阅和续借的功能；与文献检索系统集成，提供文献的搜索和查看功能；与座位预约系统集成，提供座位预约和管理功能；等等。通过系统集成，可以实现更多功能并提供更全面的服务。

5. 用户反馈与改进

移动应用应设有用户反馈渠道，以收集用户的意见和建议。高校图书馆可以根据用户的反馈和需求，不断改进和优化应用的功能和性能。用户反馈可以帮助高校图书馆了解用户的需求和问题，及时解决用户遇到的问题，提升用户体验和满意度。

三、构建与科技融合的环境

（一）虚拟现实与增强现实技术应用

在大数据时代，虚拟现实与增强现实技术成为高校图书馆创新科技融合的重要组成部分。虚拟现实技术通过创造出沉浸式的虚拟环境，使用户可以与数字内容进行互动。增强现实技术则将虚拟信息叠加在现实世界中，增强用户对现实环境的感知和理解。

虚拟现实技术为高校图书馆提供了创造沉浸式学习与研究环境的能力。通过虚拟现实技术，高校图书馆可以创建虚拟的学习空间，使用户能够远程参观图书馆、浏览书籍和资料，并与其他用户进行交流和协作。用户可以通过头戴式显示设备或其他交互装置与虚拟环境进行互动，获得逼真的学习和研究体验。例如，学生可以通过虚拟现实技术参观远在他们所在地之外的著名图书馆，接触到更广泛的学术资源。此外，高校图书馆还可以利用虚拟现实技术创造虚拟实验室环境，让学生在安全控制的条件下进行实验操作，提高其实践能力和学科理解能力。

增强现实技术可以为高校图书馆提供丰富的导航和信息检索体验。增强现实技术将虚拟信息叠加在现实世界中，增强用户对现实环境的感知和理解。通过使用增强现实应用程序，用户可以通过手机或其他设备扫描书籍或图书馆空间，获取相关的数字信息和互动内容。例如，当用户在图书馆中扫描一本书时，增强现实技术可以为用户提供该书的摘要、评论或相关链接，以及与其他读者的互动。这样的应用不仅能够提高用户的检索效率，而且能够提供丰富和个性化的学习资源。

此外，虚拟现实和增强现实技术还可以为高校图书馆的教育培训和展览活动提供支持。高校图书馆可以开发虚拟现实/增强现实应用程序，提供虚拟导览和展览体验，帮助用户深入了解图书馆的藏书和文化。通过虚拟现实技术，用户可以参观远程图书馆的特别展览或文物收藏，并进行互动和学习。增强现实技术可以用于图书馆内部的展览活动，如通过扫描展品标签，用户可以获取与展品相关的详细信息、视频解说或在线互动。这样的技术应用会使学习和研究更加生动、直观，激发用户的兴趣和参与热情。

（二）协作与交互式学习空间设计

在大数据时代，高校图书馆的协作与交互式学习空间设计对于促进知识共享和合作学习至关重要。

高校图书馆可以设计灵活的学习空间，以满足不同学习风格和需求的用户。这些学习空间可以包括个人学习区域、小组讨论区域和沙龙式的交流空间。个人学习区域可以提供安静、独立的环境，以满足那些喜欢独自思考和学习学生的需求。小组讨论区域则可以提供舒适的座位和合适的工具，鼓励学生进行小组合作和互动。沙龙式的交流空间可以提供开放、非正式的环境，鼓励学生进行跨学科交流和合作。

高校图书馆可以配置移动设备和多媒体设备，为学生提供各种工具和资源来支持学习和研究。移动设备如笔记本电脑、平板电脑等，可以让学生自由地选择合适的设备进行学习。多媒体设备如大屏幕显示器、投影仪和音频设备等，可以帮助学生展示和分享他们的学习成果。这些设备的配置应该方便学生的使用，并且要有相关的技术支持和培训，以提高学生对这些技术的熟练程度。同时，高校图书馆可以利用信息技术和网络平台搭建在线协作与交互环境，如学习管理系统、协作工具和社交媒体等平台，使学生实现远程协作和交流，共享学习资源和研究成果。学习管理系统可以提供在线课程和学习材料的管理，支持学生之间的互动和教师的指导。协作工具如在线文档编辑、共享白板和即时通信工具等，可以促进学生之间的实时协作和讨论。社交媒体平台则可以提供广泛的交流和分享机会，使学生能够参与更大的讨论。

协作与交互式学习空间的设计可以促进学生之间的互动和合作，培养其创新思维和团队合作能力。通过小组讨论区域和在线协作平台，学生可以共同解决问题、分享想法和协同创作。这种协作与交互的学习环境不仅能够提高学生的学术表现，还能够培养学生的沟通技巧、领导能力和团队合作精神。

（三）开放创客空间与实验室建设

开放创客空间与实验室建设是大数据时代高校图书馆创新科技融合的重要方向，能够为学生提供实践、创新和研究的机会，培养学生的实践能力和创新精神。

开放创客空间是创新科技融合的核心环境之一。这样的空间通常配备各种先进的工具和设备，如 3D 打印机、激光切割机、电子元件等，以支持学生进行原型设计和制作。学生可以通过开放创客空间的资源和指导，实现他们的创意和想法，将理论知识转化为实际成果。高校图书馆作为提供这些创客设施和支持的场所，可以为学生提供培训和指导，帮助他们掌握相关技术和工具的使用方法。

实验室建设是创新科技研究的重要支撑。高校图书馆可以与学院和研究中心合作，建立跨学科的实验室，为师生和研究人员提供开展研究项目的场所和资源。实验室应当配备专业的实验环境和设备，以满足不同研究领域的需求。例如，高性能计算机和数据存储设备可以支持大数据处理和分析，为研究提供强大的技术支持。此外，实验室还应当提供必要的安全措施和管理机制，确保师生和研究人员在实验过程中的安全性和合规性。

开放创客空间和实验室建设的目标是培养学生的实践能力、创新思维和科学研究能力。通过参与创客空间和实验室活动，学生可以通过实践和实验探索知识，将理论与实际相结合，培养其问题解决能力和创新意识。同时，学生还可以通过与同行和导师的合作，加强团队合作能力和跨学科交流，为解决实际问题和推动科学研究做出贡献。

（四）数据可视化与研究支持工具

在大数据时代，高校图书馆可以提供数据可视化和研究支持工具，帮助用户处理和分析海量数据，发现数据中的规律和洞见。

数据可视化是将复杂的数据以图、表等可视化方式进行展示，帮助用户更好地理解数据的含义和关系。高校图书馆可以提供各种数据可视化软件和工具，以满足不同用户的需求。通过使用这些工具，用户可以将数据转化为可视化形式，使数据更加直观和易于理解。数据可视化工具可以帮助用户在数据中发现模式、趋势和关联，支持他们进行学术研究和决策制定。同时，数据可视化还可以帮助用户有效传达和展示数据的结果，提升研究成果的可视化呈现和沟通效果。

高校图书馆的研究支持工具具有文献检索、引文分析、数据管理等功能，可以帮助用户开展科学研究。高校图书馆可以订购各类学术数据库和电子期刊，为用户提供广泛的文献资源。通过这些工具，用户可以进行文献检索和阅读，了解最新的研究进展和学术成果。研究支持工具还可以提供引文分析功能，帮助用户了解研究领域内的学术交流和引文关系，评估研究成果的影响力和引用情况。另外，高校图书馆还可以提供数据管理平台和工具，帮助用户管理、存储和共享研究数据。这些平台可以帮助用户组织和整理数据，确保数据的可靠性和可重复性。同时，数据管理平台和工具还可以支持数据的安全存储、备份和共享，促进研究合作和数据共享。

第三章 大数据时代高校图书馆的知识服务

第一节 大数据时代高校图书馆知识服务的应用分析

一、高校图书馆知识服务的相关概念

（一）知识与知识服务

知识是人们对现实世界的认识和经验总结，是人们经过深思熟虑、经验积累和学习获得的。知识包括事实、观念、原则、理论等各种形式。知识的传播和共享是知识发展和社会进步的重要驱动力。通过交流、教学、出版、研究等途径，人们可以将自己的知识传递给他人，也可以从他人那里获取新的知识。知识的共享促进了人们的学习和创新，推动着社会的发展和进步。

知识服务是帮助用户获取和利用知识的服务，它包括帮助用户获取和组织知识资源、提供知识检索与查询、开展知识传授与培训、支持知识创新与学术研究等方面的服务。知识服务旨在满足用户对知识的需求，提供便捷的途径和工具，促进知识的流动和应用，促进用户的学习、研究和创新。下面对知识服务的几个主要方面进行介绍。

（1）知识获取和组织。知识服务提供者致力于收集、整理和组织各种形式的知识资源，包括文献、研究成果、数据库、电子书籍、多媒体内容等。他们通过分类、标签、索引等方式将知识资源进行组织和归档，以便用户能够方便查找和获取所需的知识。

（2）知识检索与查询。知识服务提供检索和查询工具，帮助用户在大量的知识资源中准确地找到所需信息。这些工具包括搜索引擎、知识库、目录索引等，用户可以使用关键词、分类、标签等方式进行检索，以快速获取相关知识。

（3）知识传授与培训。知识服务不仅提供知识的获取，还可以通过教育和培训来传授知识。知识传授与培训包括在线课程、培训工作坊、讲座、研讨会等形式，帮助用户系统地学习和掌握特定领域的知识和技能。

（4）知识创新与学术研究支持。知识服务可以提供支持和资源，促进学术研究和知识创新。它包括为研究人员提供研究资金、实验设备、数据分析工具、文献检索服务等，以帮助他们开展高质量的学术研究和知识创新活动。

（5）知识共享与协作。知识服务可以通过在线平台、社交网络、合作项目等方式，鼓励用户共享自己的知识和经验，与他人进行交流和合作，有助于知识的传播和应用，促进跨领域的合作和创新。

（6）知识评估和质量控制。知识服务可以提供评估和质量控制机制，帮助用户评估和选择高质量的知识资源，包括学术期刊的同行评审机制、知识库的审核和认证等，以确保用户获取的知识具有可靠性和可信度。

（二）高校图书馆知识服务

高校图书馆知识服务是指高校图书馆为高校师生及其他研究人员提供的全方位、多层次的知识获取、整理、传播和利用服务。它是高校图书馆的核心功能之一，旨在满足用户的学习、教学、研究和创新需求，促进学术进步和知识创造。

高校图书馆知识服务的核心是提供信息资源。图书馆通过多种渠道和方式，采购、订阅各类学术图书、期刊、报纸、电子资源等，构建起庞大而丰富的资源库，为用户提供广泛的学术知识和信息。这些资源涵盖了多个学科领域的研究成果、学术著作、专业参考资料等，为用户提供了丰富的素材和参考资料，为他们的学习和研究工作提供支持。

高校图书馆知识服务还包括对信息资源的组织与管理。图书馆通过对所收集到的信息资源进行分类、编目、索引和标引等工作，构建起规范的知识组织体系和检索系统，便于用户查找到所需的信息。这种组织与管理工作使海量信息资源能够有序地存储和呈现，提高了用户获取信息的效率和准确性。

高校图书馆知识服务提供了强大的检索与引用服务。高校图书馆建设有先进的检索系统和数据库，为用户提供高效的检索工具和技术支持。用户可以通过关键词、主题、作者等方式进行检索，快速定位所需的信息资源。此外，高校图书馆还提供文献引用和参考文献管理等服务，帮助用户在学术写作和研究中准确引用和管理文献，提高学术成果的质量和学术声誉。

除了信息资源的获取和利用，高校图书馆知识服务还包括学术咨询与指导。图书馆拥有专业的图书馆馆员和学科专家团队，他们具备丰富的学科知识和信息检索技能，能够为用户提供学术咨询和指导。如用户可以咨询图书馆馆员关于学术研究、文献阅读和信息利用等方面的问题，获得专业的建议和解决方案。这种个性化的服务能够帮助用户解决学术困惑和研究难题。

二、大数据时代高校图书馆开展知识服务的必要性与可行性

（一）大数据时代高校图书馆开展知识服务的必要性

在大数据时代，信息呈现出多样化、数量大、传播速度快的特征。高校图书馆在这个环境中扮演着极为重要的角色：一方面，高校图书馆是知识和信息宝库，提供给高校师生和研究人员大量的学术资源；另一方面，高校图书馆是连接学术界和高校师生的桥梁，将最新的研究成果和知识传递给高校师生。

面对互联网和大数据的快速发展，传统的高校图书馆服务模式无法满足高校师生和科研人员的需求。过去的信息检索方式，本质上是线性和单一的，如今已经转变为多维度、高效的检索。大数据时代的信息爆炸式增长，使人们对高校图书馆提出更高效、准确的信息筛选和整合服务的需求。

大数据为高校图书馆提供了更多进行知识服务的机会。通过收集和分析用户的使用数据，高校图书馆能更深入地理解用户的需求，从而提供更为个性化的服务。例如，根据用户的搜索历史和阅读习惯，高校图书馆可以推荐相关的学术资源，帮助用户尽快找到所需的信息。这是一个动态的、基于数据驱动的过程，它突破了传统图书馆服务的局限性，以更符合时代发展的方式服务于用户。

（二）大数据时代高校图书馆开展知识服务的可行性

高校图书馆在大数据时代开展知识服务不仅是必要的，而且是可行的。数据收集和处理技术的发展、信息技术的应用，以及用户需求的多样性都为高校图书馆提供了在大数据时代提供知识服务的可能性和机会。未

来，随着科技的进一步发展和用户需求的进一步提升，高校图书馆的知识服务将会变得更加智能化、个性化和多元化。

1. 数据收集和处理技术的发展

云计算和人工智能等技术的发展极大地提升了大数据的收集和处理能力。云计算平台能够提供庞大的存储空间和超强的计算能力，使大规模的数据存储和处理成为可能。同时，分布式计算技术也允许在数以千计的服务器上并行处理数据，大大提高了数据处理的速度。人工智能和机器学习技术的应用使高校图书馆能够从大数据中挖掘出有价值的信息。例如，机器学习算法可以自动识别数据中的模式和规律，从而生成有价值的知识。在高校图书馆这一场景中，主要表现为通过用户的阅读和搜索历史来预测他们的兴趣和需求，或者通过分析文本内容自动分类和标签书籍。因此，数据收集和处理技术的发展使高校图书馆在大数据时代提供知识服务成为可能，也有利于提高知识服务的效率和质量。

2. 信息技术的应用

信息技术的应用在高校图书馆的知识服务中起着至关重要的作用。一方面，电子书籍和在线数据库使用户能够随时随地访问图书馆资源，突破了空间和时间的限制。这意味着用户可以在任何地方、任何时间获取所需信息，大大提高了信息获取的便捷性。另一方面，人工智能和机器学习技术的应用可以帮助图书馆提供更精确的信息检索和推荐服务。例如，信息检索系统可以通过自然语言处理技术和机器学习技术，理解用户的查询意图，提供更准确的搜索结果；推荐系统可以通过分析用户的行为和喜好，提供个性化的书籍和学术资源推荐。因此，信息技术的应用不仅使高校图书馆能够在大数据时代提供知识服务，而且提高了服务的用户体验。

3.用户需求的多样化

高校师生和研究人员有着多样化的信息需求，他们不仅需要获取信息，而且需要对信息进行深度挖掘和理解，这就要求高校图书馆提供多元化的知识服务，以满足不同用户的需求。例如，对于需要进行深度研究的用户，图书馆可以提供数据挖掘和分析服务，帮助他们从海量数据中提取有价值的信息；对于需要获取最新研究动态的用户，图书馆可以提供实时的学术动态推送服务；对于需要进行跨学科研究的用户，图书馆可以提供跨学科的资源整合和推荐服务。

第二节　大数据时代高校图书馆
知识服务模式的实施要素

一、服务主体

（一）大数据分析支持部门

在高校图书馆的组织结构中，一般部门设置是根据"采编、典藏、借阅和技术支持"的工作流程展开的，设有采编部、流通阅览部、技术支持部、参考咨询部和行政办公室等。根据研究支持和特殊馆藏特色等实际情况，有的高校图书馆也会设立一些特别部门。例如，北京大学图书馆设置有文献计量学研究室和数字图书馆技术研究中心；武汉大学图书馆设置有学科服务部等研究支持部门；中国人民大学图书馆和华中师范大学图书馆由于自身丰富的古籍资源，设有古籍特藏部。在大数据背景下，高校图书馆还应建立大数据分析支持部门，让大数据成为图书馆资源采购的依据、资源知识组织的有力工具、用户信息需求的主动采集器，以及提供个性化知识服务的强大引擎和手段。

在大数据背景下，高校图书馆应设立大数据分析支持部门，并使之独立于技术支持部门，成为联系图书馆各部门的核心桥梁。传统技术支持部门的职责主要在于网络硬件和应用软件的维护，而大数据分析支持部门则更为核心，对内构建资源知识网络，对外主动感知用户需求，为图书馆各职能部门的日常工作和决策提供重要依据。这种结构能够避免主观臆断式的决策方式，让各部门工作决策和为用户服务的依据更加科学和合理。

大数据分析支持部门应担负以下职能：

第一，主动定期地为业务部门提供相应的数据分析报告，以便相关业务部门了解部门业务的动态和成效；或接受业务部门的委托，为业务部门推出相关服务提供数据支持。

第二，主动感知和分析用户的各种信息行为，包括用户的借阅、点击、搜索、停留时间、访问时间和地点、收藏、点评等，构建和维护用户信息需求知识库。重点分析信息行为与用户喜好的相关性，分析信息行为与资源内容的相关性，分析信息行为间的相关性，以便更精确、灵活地感知用户需求。

第三，配合采编部门，对大量馆藏资源的特征进行分析，尤其是馆藏资源的各类非结构化文本信息。构建基于内容的同主题网络、相关关系网络、引文网络等各类知识网络，同时不断采集热点事件和社会热点，不断扩展外部资源和数字资源，以丰富馆藏资源库，满足用户日益丰富和复杂的信息需求。

（二）既懂业务又了解大数据的高素质馆员

大数据时代的高校图书馆馆员应是深入理解图书馆业务、了解大数据技术、具备数据分析能力、遵守数据隐私和职业道德的专业人员，这样的馆员将在大数据驱动的图书馆中发挥出更大的价值，为高校图书馆知识服务的质量和水平提升做出重要贡献。

1. 馆员需要具备敏锐的数据意识

在信息时代，数据已经成为获取知识、进行决策的关键要素。高校图书馆馆员在处理日常工作、面对问题和做出决策时，需要有大数据支撑的意识，理解并认可数据背后所蕴含的价值。馆员需要将数据应用到实际工作中，如资源采购决策、用户行为分析、馆藏资源管理等。

2. 馆员需要了解大数据，具备数据分析能力

馆员需要了解大数据处理和分析的相关工具和技术，如数据库管理、数据挖掘、数据可视化等，能够看懂数据分析报告。

馆员要有较强的数据分析能力，掌握数学、统计学、计算机基础等知识，能够利用有效的数据分析工具对结构化数据和非结构化数据进行分析，能在大量数据中选择有效数据并通过数学建模的方式表达出来，将数据中蕴含的信息分析为显性信息，为学术研究和决策服务。

3. 馆员需要具备高度的隐私数据保护职业道德

由于大数据涉及用户的各类信息行为，势必会触及用户的隐私，因此，馆员在处理用户数据时，必须严格遵守职业道德，尊重并保护用户的隐私。馆员要了解相关的隐私保护政策和法律法规，合法、合规地收集、使用和存储用户数据。

二、服务客体

（一）学生群体

学生群体作为高校图书馆的主要用户，他们的需求多种多样，不仅包括教材和参考书籍，还包括学术指导和研究方法指导。对于这一类客体，高校图书馆既要提供丰富的学术资源，又要提供相关的学习工具。学

习工具不仅能帮助学生完成学术研究，还能提升他们的技能，帮助他们为未来的职业生涯做好准备。

在现代社会，信息技术的发展如火如荼，大数据技术在其中扮演着重要角色。大数据不仅改变了人们处理信息的方式，也对学术研究方法产生了深远影响。因此，高校图书馆在提供学术资源的同时，也需要提供大数据相关的学习工具和技能训练，以满足学生群体在信息时代的学习需求。

学习工具包括数据分析工具、数据挖掘工具、数据可视化工具等。通过使用这些工具，学生能够获得更深入、全面的数据理解，提升自己处理大数据问题的能力。而这种能力不仅对学术研究有益，而且有助于他们未来在职场上展现自身价值，满足自身行业对于数据分析能力的需求。同时，学生群体也需要针对学术研究方法的指导，不仅包括传统的文献查找、论文写作等技能，还包括如何利用大数据进行学术研究的方法。高校图书馆可以提供各类研究方法的讲座、工作坊等，引导学生掌握和运用正确的学术研究方法，提升研究能力。

（二）教师和研究人员

教师和研究人员作为高校图书馆的重要服务对象，他们的需求往往聚焦于更加专业化和精细化的领域，主要体现在他们对专业文献和学术研究资源的需求上。由于他们的工作特性，他们对高校图书馆的需求并不仅仅停留在传统借阅服务上，更期待高校图书馆能提供更高级别的研究服务支持。

首先，教师和研究人员对专业文献和学术研究资源的需求凸显了高校图书馆服务的专业性。这种专业性体现在两个方面：一方面是高校图书馆需要收藏广泛而深入的专业文献，包括各类期刊、专著、会议论文等；另一方面，高校图书馆需要提供高效、便捷的检索系统，以帮助教师和研究人员快速找到所需要的资料。其次，教师和研究人员由于工作性质的特殊性，对高级研究服务的需求也更加强烈，包括数据管理、研究数据可视化以及出版支持等服务。在这些服务中，数据管理服务可以帮助他们有效地收集、存储、管理和使用研究数据，提高研究工作效率；研究数据可视化服务则可以帮助他们将复杂的数据以图形、表格等形式直观地呈现出来，进一步提升数据分析的准确性和效率；出版支持服务可以为他们提供关于学术出版的咨询和帮助，如出版策略的建议、版权问题的咨询等。

三、服务方法

（一）资源推荐服务

在大数据时代，高校图书馆的资源推荐服务正经历着一场革命性的变革。传统资源推荐服务依赖于图书馆馆员的专业知识和经验，现在越来越依赖于大数据和人工智能技术。尤其是对于大规模、多元化和动态化的高校图书馆资源来说，这种基于大数据的推荐服务显得尤为重要和必要。

基于大数据的资源推荐服务可以有效地帮助用户发现和获取所需的信息。通过收集和分析用户的检索历史和阅读行为，高校图书馆可以了解用户的信息需求和兴趣偏好，从而提供具有针对性的资源推荐。这种个性化的推荐方式不仅可以满足用户的个性化需求，还可以提高用户的信息获取效率，节省其检索和阅读的时间和精力。资源推荐服务还可以帮助用户提升信息素养和知识创新能力。通过反馈用户的信息利用情况和知识学习过程，高校图书馆可以为用户提供信息素养教育和知识导航，提供有针对性的学习和研究建议。同时，资源推荐服务还可以激发用户的知识探索和创新欲望，促进其深度学习和自主学习。

此外，资源推荐服务有助于提升高校图书馆的服务质量和信息利用率。通过定期更新和优化推荐算法，图书馆可以不断改进推荐效果，提高服务满意度。通过推荐合适的资源，高校图书馆可以提高信息资源的使用效率，促进知识资源的最大化利用。

（二）知识推送服务

知识推送服务是大数据时代高校图书馆知识服务模式中一种重要模式。与资源推荐服务相比，推送服务更加主动，更加强调个性化和时效性。在大数据背景下，高校图书馆可以通过自动化工具和算法，根据用户的行为和喜好，定期或实时向其推送相关的知识信息和知识资源。这种方式旨在满足用户的个性化需求，提供即时的知识服务，增强用户的满意度和黏性。同时，知识推送服务还可以帮助高校图书馆发现新的知识需求，进一步改进和优化服务质量。

（三）嵌入式学科知识服务

嵌入式学科知识服务是基于特定学科领域，将知识服务深度融入学科教学和研究的一种新型服务模式。在大数据时代，高校图书馆可以利用数据挖掘和学科分析技术，提供深度定制的学科知识服务，如主题分析、文献评述、知识图谱构建等。这种服务模式旨在提升用户的学科知识和研究能力，促进学科的创新发展。同时，嵌入式学科知识服务还能帮助高校图书馆建立更紧密的学科合作关系，增强其在学术交流和知识传播中的作用。可以说，在大数据背景下，发展嵌入式学科知识服务对于高校图书馆来说具有重要的战略意义。

四、服务内容

（一）针对科研过程提供针对性、集成化的知识服务

在研究过程中，获取针对性、集成化的知识服务是研究人员的需求。研究过程大体可以划分为项目选定、项目申请、项目实施和项目结题四个阶段（如图 3-1 所示）。这些阶段所需的信息类型与内容各异，因此需要高校图书馆提供相应的知识服务。

在项目选定阶段，研究人员的需求集中在科技政策、学科热点与前沿信息方面，用以确定研究方向与课题。在此阶段，高校图书馆可利用大数据技术进行用户信息行为的主动感知，及时了解并满足研究用户的信息需求，为其提供针对性的专题资源。此外，高校图书馆也可以根据用户的定制委托，运用大数据技术对馆内外信息资源进行处理，向用户推送政策类、学科热点和前沿知识网络专题，辅助用户确定研究课题。在项目申请阶段，研究人员需要进行科技查新，以及撰写研究报告。此时，高校图书馆应利用大数据技术对资源进行内容揭示，为研究用户追踪和拓展相关专题的发展演化路径，帮助其编写详尽的项目申请报告。进入项目实施阶段，研究人员面临的主要挑战是对收集的或实验数据进行处理和分析，以得到相关结论。在此阶段，高校图书馆的大数据分析支持部门可为研究用户提供技术协助，对海量数据进行相关性分析，使用可视化工具将分析结果多维度呈现，以便研究人员清晰明了地了解分析结果。在项目结题阶段，研究人员需要对研究成果进行系统总结并提交结题报告。此时，高校图书馆可以利用大数据技术对内容进行深入揭示和标引，关联和回溯相关数据和知识，将其融入馆藏资源知识网络中，以此来推广研究成果，最大化研究成果的价值。

项目选定

> 任务：确立研究方向
> 需求：科技发展政策与战略信息，学科热点和前沿知识
>
> 大数据支持：主动感知用户需求，主动推送针对性、集成化专题

项目申请

> 任务：科技查新和撰写申请报告
> 需求：全面而深入的文献查询服务
>
> 大数据支持：对资源知识网络进行内容扩展和追踪相关专题发展演化路径

项目结题

> 任务：各阶段研究结果系统总结，提交结题报告
> 需求：数据和知识的关联和回溯，研究成果推广
>
> 大数据支持：协助数据和知识进行关联和回溯，融入馆藏资源知识网络来推广

项目实施

> 任务：按照既定路线和计划执行，进行数据处理和结果分析，得出结论
> 需求：海量数据处理技术协助，结果可视化，专业学科咨询服务
>
> 大数据支持：海量数据协助处理并可视化呈现，同时学科咨询库可提供支持

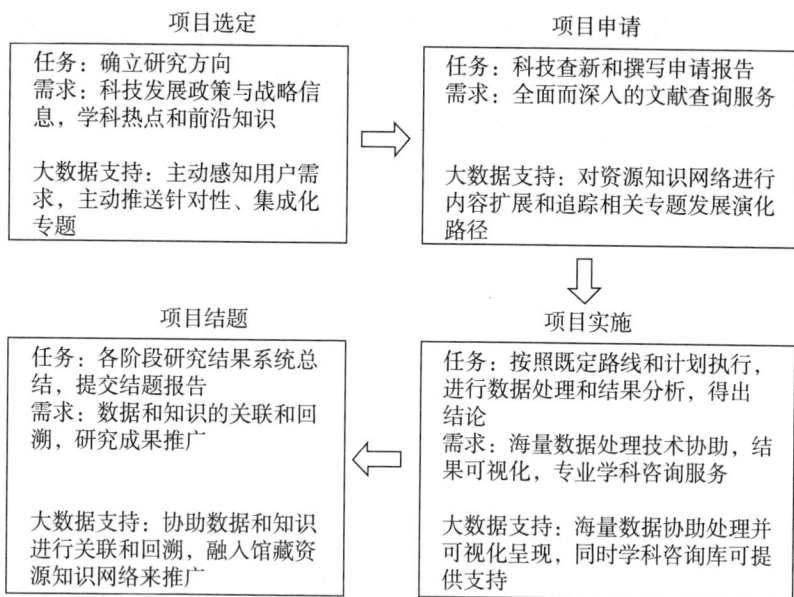

图 3-1　研究过程及相应的大数据支持

（二）针对教学提供专业课辅导及文化素养服务

在现代高等教育体系中，高校图书馆的功能并不仅限于为研究工作提供支持和构建资源库，它在教学环节中的职责也不容忽视。

在大数据时代背景下，高校图书馆可充分利用网络教学平台，一方面丰富教学资源，另一方面拓宽服务对象，以更好地发挥其在教学中的作用。高校图书馆可以借助大数据技术将整理和组织的资源知识网络嵌入网络教学平台中，使用户在学习过程中能便捷地获取相关馆藏资源，实时扩大知识面。在大数据技术的助力下，学科馆员有能力及时挖掘并组织相关专题，进而将这些专题主动推送给有需求的用户。同时，网络环境中存在大量优质的学习资源，如各类公开课等，高校图书馆可以借助大数据技术对采集到的大量学习资源进行分类整理，建立相应的专题网站，并进行知识导航和关联网络的构建。此外，高校图书馆需要努力提升馆员与用户、

用户与用户、用户与资源之间的互动。利用大数据技术提供优质、针对性的知识服务能够提升用户对高校图书馆的信任感。鼓励用户对馆藏资源进行评价，如星级评价、文本评价、标签标引等，有助于收集更多的用户和资源数据。利用大数据技术分析用户的偏好，为用户匹配相似或互补用户，能够提高用户间的互动，进一步促进信息和知识的流动，增强用户的活跃度。

（三）针对社会服务提供多元化的数字资源

在大数据时代，高校图书馆的知识服务模式需要不断适应社会需求，提供多元化的数字资源。

高校图书馆应该建立广泛的数字资源库，包括电子图书、期刊、论文。这些数字资源应当具备较高的学术性和可信度，并且与学校的研究方向和教学需求相匹配。通过与学科专家、出版商、学术机构等建立合作关系，高校图书馆可以获取到最新的数字资源，确保学校师生在多个学科领域都能够获得权威的研究成果和学术信息。

高校图书馆应该提供多样化的数字学习资源，以满足不同学习需求和学习风格的学生，此类学习资料包括在线课程、学术讲座、教学视频等形式。通过与学校教务部门和教师合作，高校图书馆可以获取到学校各个学科的教学资源，并将其数字化内容提供给学生。同时，高校图书馆可以利用大数据分析技术，根据学生的学习行为和学习习惯个性化地推荐学习资源，提供针对性的学术辅导和学习建议。

高校图书馆还应该扩展社会服务范围，面向校外群体提供知识服务，包括为社会公众提供开放获取的数字资源，举办学术讲座和文化活动等形式的公众教育活动。通过与公共图书馆、社区机构等合作，高校图书馆可以将学术知识和文化资源推广到社会各个领域，提升社会的知识水平和文化素质。

第三节　基于大数据的高校图书馆
知识服务模式构建

一、基于大数据的高校图书馆知识服务模式的特征

（一）深度特征

大数据的引入，将高校图书馆的角色从传统的信息存储和检索服务提供者转变为深度知识服务的提供者，从而更好地满足用户的深度学习需求。

1．深度挖掘

在大数据环境下，高校图书馆能够利用先进的数据分析技术（如数据挖掘、机器学习等）对庞大的知识资源进行深度挖掘。这种深度挖掘的目的不只是获取更丰富的知识信息，而是为了更好地理解和满足用户的需求。例如，通过分析用户的在线行为数据，高校图书馆可以发现用户的阅读习惯、学习兴趣，进而以此为依据，提供更深度、精准的知识服务。

2．深度知识结构

传统的高校图书馆知识结构往往仅基于单一的分类体系，如杜威十进分类法或国际图书馆分类法。在大数据环境下，高校图书馆可以利用数据挖掘技术和人工智能技术，构建更复杂的知识结构。例如，高校图书馆可以建立知识图谱，这是一种基于实体和关系的复杂知识结构，可以为用户提供更深度的知识探索路径。此外，通过主题地图的构建，可以让用户在探索某一主题时，得到与该主题相关的各种知识信息，进一步满足他们的深度学习需求。

3．深度服务的提供

除传统的借阅、咨询等服务，高校图书馆还可以提供如知识发现、知识推荐、在线学习等深度服务。例如，高校图书馆可以利用推荐算法，根据用户的阅读历史和行为模式推荐他们可能感兴趣的知识资源，提高服务的精准性和有效性。

（二）广度特征

基于大数据的高校图书馆知识服务模式的广度特征，不仅体现在扩大知识服务的覆盖范围方面，还体现在拓宽用户的学习视野，使高校图书馆的知识服务更具包容性和实用性方面。同时，这也有助于提升高校图书馆的影响力。

1．数据多元化

大数据来源多样，不仅包括传统的图书和期刊，还包括各类新型数据源，如社交媒体、网络新闻、学术数据库、用户生成内容等。这些数据源的融合为高校图书馆提供了丰富多元的知识资源，极大地扩展了高校图书馆的知识服务范围。例如，通过分析社交媒体数据，高校图书馆可以获取到最新的热点信息和用户的实时反馈，以此为基础提供及时、相关的知识服务。

2．知识网络化

大数据涵盖了各个学科领域，它可以汇聚各学科的知识，形成一个交叉学科的知识网络，这个知识网络可以帮助高校图书馆跨越学科界限，提供跨学科的知识服务。例如，高校图书馆可以利用机器学习等技术，从大数据中挖掘出各学科间的关联，为用户提供多元化、跨学科的知识服务。

3．服务广泛化

基于大数据的广度特征，高校图书馆可以提供更广泛的知识服务。除提供各学科的专业知识服务，还可以提供如数据科学、创新思维等跨学科的知识服务。此外，高校图书馆可以利用大数据的实时性，提供实时的知识服务，如新闻讲座、在线研讨会等。

（三）个性化特征

大数据的精准性和实时性使高校图书馆有能力提供个性化的知识服务，满足用户的独特需求。这种个性化服务不仅能够提升用户的满意度和忠诚度，而且有助于提升高校图书馆的服务效率和效果。同时，这种个性化服务的实施也为高校图书馆的服务创新提供了思路和方向。

1．用户需求的精准把握

大数据可以精确地反映每一位用户的行为模式和需求。通过大数据分析，高校图书馆可以深入理解用户的阅读习惯、学习兴趣和知识需求，从而提供精准的个性化服务。例如，通过分析用户的搜索历史和阅读行为，高校图书馆可以为用户推荐符合其兴趣的知识资源，提高服务的个性化程度。

2．个性化服务的提供

基于用户需求的精准把握，高校图书馆可以为每一位用户提供个性化服务，这种个性化服务不仅体现在知识资源的选择上，还体现在服务方式方面。例如，高校图书馆可以根据用户的使用习惯优化用户界面，提升用户体验。同时，高校图书馆还可以提供如个性化的阅读计划、个性化的学习建议等服务，进一步满足用户的个性化需求。

3．实时性与交互性的加强

大数据的实时性使高校图书馆可以提供实时的个性化服务。例如，高校图书馆可以根据用户的实时反馈，及时调整服务策略，提供更符合用户需求的服务。同时，大数据还增强了高校图书馆与用户的交互性，使高校图书馆可以及时收集用户的反馈信息，进而及时优化服务内容，提高服务质量。

二、基于大数据的高校图书馆知识服务模式的具体构建

（一）知识服务模式的总体框架

在高校图书馆领域，大数据的利用提供了极具潜力的知识服务模式。这种模式在馆藏资源中深入挖掘和揭示知识，通过多重关联和聚类方式对这些资源进行再次梳理。同时，借助用户信息和行为数据，它具备预测用户需求的能力，能有效地进行需求扩展，通过信息推送和推荐以满足用户的个性化需求。这种模式的总体结构由六个层面构成：知识服务应用层、可视化互动层、服务层、知识库集成层、大数据资源层和支撑环境层，如图 3-2 所示。

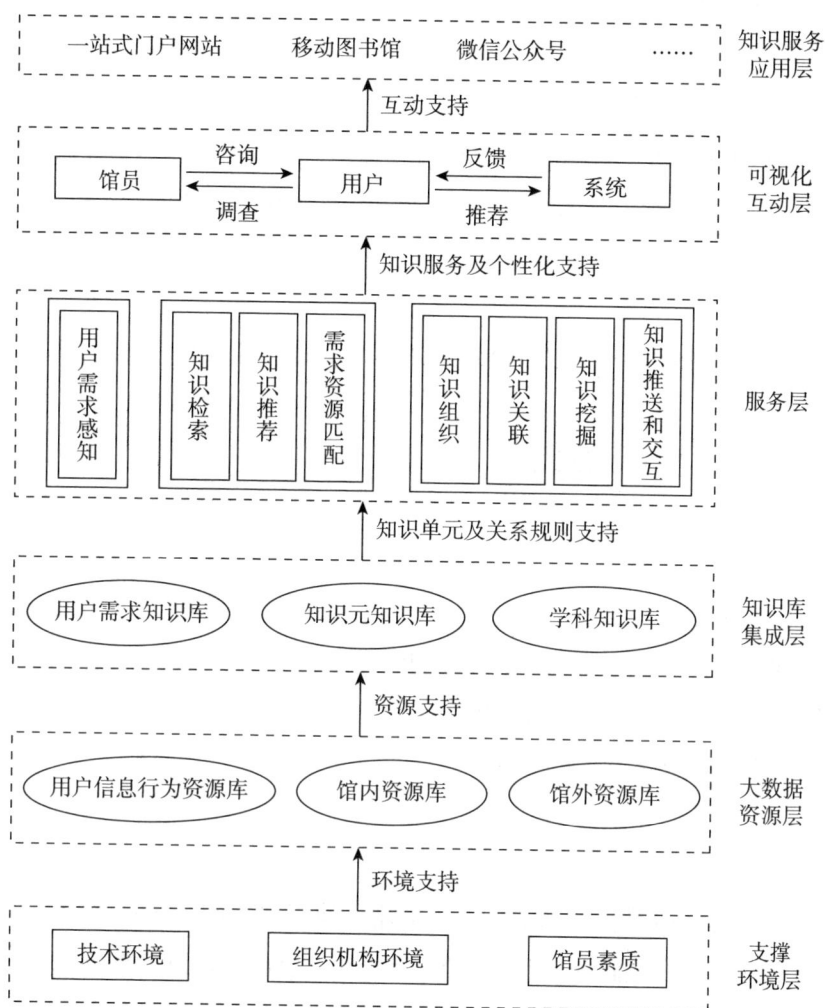

图 3-2 基于大数据的高校图书馆知识服务模式的总体框架

1．支撑环境层

支撑环境层包括大数据技术环境、组织机构环境和馆员素质。大数据的应用需要高级的技术环境、强大的处理引擎和存储设备；需要良好的组织结构，能有效支持大数据运转；需要馆员具备大数据意识，有良好的数据分析能力和职业道德。

2．大数据资源层

大数据资源层包括用户信息行为资源库、馆内资源库和馆外资源库，其中，用户信息行为资源库为用户需求知识库提供了重要的样本资源。

3．知识库集成层

知识库集成层由资源知识库和用户需求知识库两部分组成。资源知识库包括学科知识库和独立的知识元知识库，用户需求知识库则是通过分析大量用户信息行为得到的。

4．服务层

服务层是在知识库集成层的基础上提供的核心服务模块，包括知识检索和推荐、馆藏资源的知识组织和挖掘、用户需求感知、需求资源匹配、知识关联、知识推送和交互。服务层利用大数据技术和云计算技术为用户提供高效的处理和匹配能力。

5．可视化互动层

可视化互动层将互动功能嵌入应用，使用户之间、用户与馆员，以及用户与推荐系统能够进行实时交互和反馈，以促进知识流通和获取用户喜好。此外，整合资源检索系统、资源推荐系统和互动交流系统，为用户提供更全面的服务体验。

6．知识服务应用层

知识服务应用层为用户提供多样的知识服务应用，其中包含移动图书馆、一站式门户网站、微信公众号等网络应用，实现了知识的透明检索、个性化推荐及跨库知识集成。

（二）资源组织

要实现深入且全面的高校图书馆知识服务，依赖于知识库的有效构建。在高校图书馆知识服务模式中，可以创建一个三层知识库结构：以资源库为基础，以学科知识库为重点，以知识元知识库为中心。

首先，对于高校图书馆中的各种图书、报纸、期刊等资源，应运用图文识别等技术进行数字化处理，这样可以构建出一个包含纸质资源（如书籍、报纸、杂志等）、电子资源，以及网络信息资源的全面的数字资源库。并且，通过发掘资源间的关联，可以实现资源的整合。

其次，根据学科的知识体系建立学科知识库。在这个过程中，学科的基本概念和概念间的关系被提取出来，并被储存在学科知识库。这样有助于提供规则，以便于对资源库进行大数据处理和分析时，提供学科知识服务。

最后，基于学科知识库，将不受学科限制的概念、事实和数值等知识元素单独提取出来，构建知识元知识库。知识元知识库中的知识单元可作为大数据分析和处理的基本单元，并且知识元能够打破学科界限，从而提供跨学科的扩展和检索服务。

这三层知识库构成了一个从具体到抽象的过程。其中，资源库是基础，它既是知识服务处理的对象，也是用户使用的对象，因此，资源库的完整性，以及对资源库有效的知识组织显得非常重要。学科知识库在提供学科知识服务时，提供关系的推理规则，是保证学科知识服务质量和水平的关键。知识元知识库则是对学科知识库的进一步抽象，为知识服务处理提供最核心的知识单元，而且由于知识元作为各学科的共性知识单元，也可以借助知识元知识库提供跨学科的知识服务。

（三）知识服务模式的运行模式

大数据驱动的高校图书馆知识服务运行模式主要包括以下几个要素：

用户、高校图书馆、基于大数据的知识服务平台，以及在大数据技术支持下构建的用户需求知识库、资源知识库和资源库。这些组成部分之间的关系及其运行模式如图 3-3 所示。

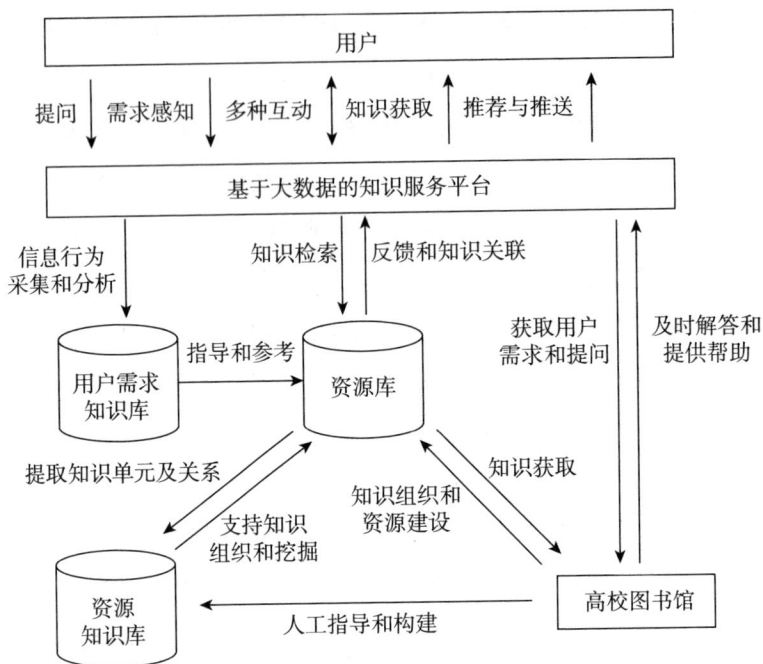

图 3-3　基于大数据的高校图书馆知识服务运行模式

在此服务模式中，基于大数据的知识服务平台占据中心地位，负责面向用户接收问题和感知需求，同时提供用户之间、用户与图书馆馆员之间，以及用户与系统之间的互动桥梁，并对用户知识需求的反馈和主动推送。

用户需求知识库的建设则依赖于知识服务平台对用户的大量信息行为进行采集、分析和分类，形成用户需求知识库。这个需求知识库在指导馆藏资源的采集和组织、提供个性化的知识服务方面发挥着重要作用。

资源知识库的构建一方面在学科专家的指导下进行，另一方面利用大数据技术发现新兴的热点知识，通过人工审核后，能及时补充和扩展资源知识库。

资源库是在馆藏资源数字化的基础上，通过知识挖掘、知识组织和知识关联构建出的知识网络，以作为知识服务的资源基础。

在这个框架中，高校图书馆通过知识服务平台能够及时感知用户的需求和问题，并在资源知识库、资源库的支持下为用户提供及时的解答和帮助；同时，也能在用户需求知识库的分析数据基础上，做出科学、合理的服务决策。

（四）知识服务模式的服务模块

在大数据背景下，高校图书馆用户期望得到综合性和个性化的知识服务，以便支持其研究和教学活动，避免在信息筛选和预处理阶段耗费过多的时间和精力。为了充分发挥高校图书馆在研究支持和教学支持中的职责，高校图书馆应利用大数据的强大分析和处理能力，开展大数据支持的个性化知识服务、研究支持服务和教学辅助服务等多种类型的知识服务。

1. 个性化知识服务

个性化知识服务旨在为用户提供满足其信息需求的知识信息，同时以主动或接受用户定制的方式，不断为用户提供个性化的知识信息。为了实现这一目标，高校图书馆可以在检索功能方面引入知识检索，突破传统的按标题、作者、关键词等字段检索的限制，以便根据馆藏资源的内容特征进行检索，从而获得更多、更全面的检索结果。具体的知识检索功能包括知识导航、知识关联图、跨库知识检索和图片搜索等。个性化知识服务还包括知识推荐和推送功能，通过对用户信息需求的大数据分析结果，帮助用户适度扩展需求，并主动为用户提供知识化的专题服务。其中，基于内容的相关性推荐、检索扩展和热点推送是具体的推荐功能。另外，将学术交流平台融入高校图书馆借阅系统中，可以让用户在检索和借阅图书的同时进行及时互动。这种互动能够使用户之间、用户与系统之间、用户与馆员之间进行及时的交流和互动，从而使高校图书馆更加了解用户需求。如图 3-4 所示为基于大数据的高校图书馆个性化知识服务功能模块。

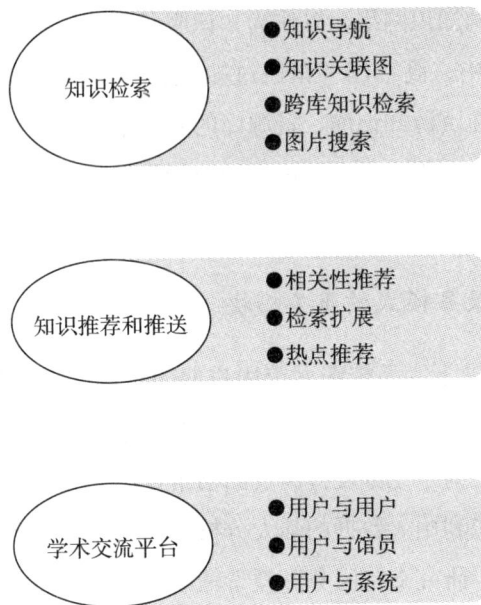

知识检索
- ●知识导航
- ●知识关联图
- ●跨库知识检索
- ●图片搜索

知识推荐和推送
- ●相关性推荐
- ●检索扩展
- ●热点推荐

学术交流平台
- ●用户与用户
- ●用户与馆员
- ●用户与系统

图 3-4 个性化知识服务模块

2. 研究支持服务

研究支持服务旨在协助研究人员追踪国内外的研究热点，并为他们提供研究环境和必要支持。在大数据支持下，学科知识服务可以主动分析学科的热点和趋势，并进行跟踪。大数据下的学科知识服务还提供各种研究统计分析工具，以数据支持学科知识服务，使结果更加客观、准确。此外，查新检索和专利分析及跟踪功能是研究立项的前提，在大数据深入分析的基础上，可以使科研人员更准确地了解最新研究成果的动态。为方便研究人员，基于大数据的高校图书馆知识服务还可以推出一系列研究助手服务，如翻译助手、术语规范、常用工具书、研究指导、投稿助手等工具，以满足研究人员的需求。这些辅助服务旨在提升研究人员的工作效率，并为他们的研究过程提供支持。如图 3-5 所示为基于大数据的高校图书馆研究支持服务功能模块。

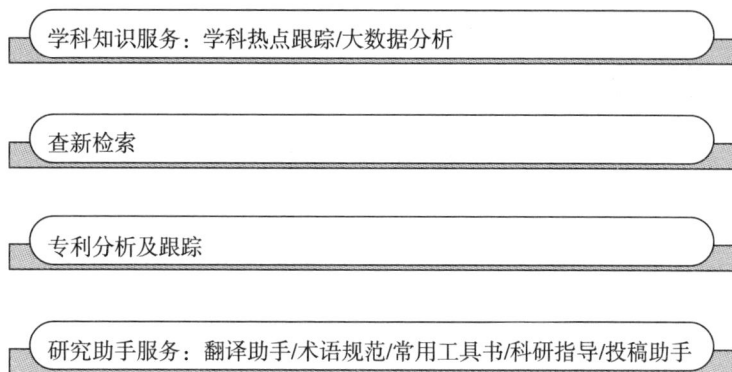

学科知识服务：学科热点跟踪/大数据分析

查新检索

专利分析及跟踪

研究助手服务：翻译助手/术语规范/常用工具书/科研指导/投稿助手

图 3-5 基于大数据的高校图书馆支持服务功能模块

3．教学辅助服务

教学辅助服务旨在充分发挥高校图书馆在教学方面的职能，为学生提供课后的专业指导，并开展各类满足学生需求的文化素养和信息素养活动。在这方面，大数据的支持起到了关键作用，可以对馆藏资源和采集到的网络信息资源进行知识组织和关联，形成专题知识网站，为学生提供学科相关的知识。通过分析馆藏资源和文献引用关系，可以揭示学科或专业发展脉络，为学生提供有针对性的专业学习指导帮助学生更好地理解和掌握专业知识，提升学习效果。

此外，高校图书馆还可以开展文化素养和信息素养类的专题活动，以帮助学生拓宽视野，提高信息素质。这些活动的目的是培养学生的独立思考能力和信息获取能力，使他们能够自主学习并学以致用。教学辅助服务利用大数据技术对资源进行整合和分析，为学生提供专业指导和丰富的教学资源，以满足他们的学术需求和个人发展，其服务的目标是培养学生的综合素养，使他们能够在学术和职业发展中取得更好的成就。如图 3-6

所示为基于大数据的高校图书馆教学辅助服务功能模块。

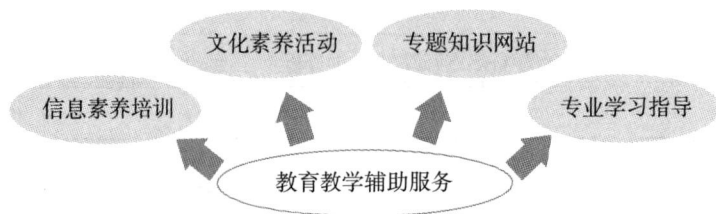

图 3-6　基于大数据的高校图书馆教学辅助服务功能模块

第四章 大数据时代高校图书馆的信息服务

第一节 大数据对高校图书馆信息服务的影响

一、技术方面的影响

（一）数据存储

数据存储作为信息服务的基础设施，其重要性不言而喻。在大数据时代，高校图书馆信息服务的数据存储面临着前所未有的挑战与机遇。单一的纸质媒介存储方式显然难以满足需求，大数据技术的发展为信息服务的数据存储带来了新的解决方案。

纸质媒介的存储方式在大数据时代显得尤为有限，其容量较小，无法容纳大数据时代的海量信息，检索效率低下，无法满足信息查询服务对于快速响应的需求。因此，新存储方式的需求显得尤为迫切。此外，大数据技术催生了新的存储方式，如分布式存储系统，这种系统基于多台计算机的分布式环境，可以通过网络将数据分散存储在不同的物理位置。这种存储方式具有超高的可扩展性，可以根据信息服务的需求快速扩大或缩小储存容量。此外，分布式存储系统还能提供高效的数据检索和分析能力，满足信息查询服务对于数据的即时处理需求。

与此同时，新型数据存储方式也带来了一些新的问题。首先，数据的完整性和一致性成了一个重要的问题。在分布式环境中，如何保证数据的完整性和一致性是一个重要的问题。其次，如何保证数据的安全性也是一个重要的问题。在大数据环境中，数据量大，数据类型多样，如何保证数据的安全存储成了一个重要的问题。因此，高校图书馆在面对大数据时代的数据存储问题时，既要看到新型存储方式带来的机遇，也要看到其中的挑战，同时需要针对这些挑战制定相应的解决策略。例如，为了保证数据的完整性和一致性，可以采用一些先进的数据一致性算法，如 Paxos 算法、Raft 算法等，这些算法可以保证分布式环境中数据的一致性；为了保证数据的安全性，可以采用一些先进的数据加密技术，如公钥加密技术、哈希加密技术等，这些技术可以保证数据在传输和存储过程中的安全性。

（二）数据处理

大数据时代数据量大增，已经远超传统的数据处理方式所能应对的范围，这对传统高校图书馆信息服务的数据处理提出了新的挑战和机遇。当前，信息服务需要处理的数据类型变得越来越复杂，不仅包括了图书馆的馆藏信息，还涵盖了用户行为数据、社交媒体数据等多种类型的数据，因此高校图书馆应采用先进的数据处理工具和方法，以应对数据量和复杂性的双重挑战。例如，数据挖掘技术可以帮助高校图书馆从大量数据中提取出有价值的信息，以便于提供高效的信息服务；机器学习和人工智能技术则可以用于理解和预测用户行为，从而提供个性化的信息服务。

在处理大量和多样化的数据时，保证数据的质量和完整性是一个重要的问题。如何从海量数据中准确提取出有价值的信息，需要复杂的数据处理和分析技术。同时，数据的隐私保护也是一个重要的问题。如何在保护用户隐私的同时，利用用户数据提供个性化的信息服务，是一个亟待解决的问题。面对这些挑战，高校图书馆需要采取一系列措施，可以采用高效的数据清洗和整理技术，以保证数据的质量和完整性，采用高级的数据分析技术，如数据挖掘和机器学习，以从大量数据中提取有价值的信息。高校图书馆还需要采取有效的隐私保护措施，如数据脱敏和匿名化，以保护用户的隐私。此外，高校图书馆需要考虑如何将数据处理的结果有效地应用于信息服务。这可能涉及信息服务的设计和实现，例如，如何设计用户界面，以便用户可以方便地访问和使用数据处理的结果。也可能涉及信息服务的运营和管理，例如，如何根据数据处理的结果，调整信息服务的策略和方案。

（三）信息安全

信息安全在大数据时代高校图书馆的信息服务中具有至关重要的地位。由于数据量的急剧增长和数据类型的多样性，信息安全问题的复杂性和严重性也随之增加。高校图书馆的信息安全不仅包含数据的安全性，而且包括信息系统的安全性，以及用户隐私的保护。

对于数据的安全性来说，高校图书馆需要保护数据不被不当访问或泄露。大数据时代带来的海量数据和多样化的数据类型使数据安全保护更为复杂。因此，高校图书馆需要采用先进的安全技术，如加密技术、身份认证技术等，以保护数据的安全性。此外，高校图书馆需要建立完善的信息安全策略，包括数据备份策略、数据恢复策略、数据安全审核策略等，以防止数据丢失或泄露。

对于信息系统的安全性来说，高校图书馆需要保证系统不受恶意攻击，防止系统崩溃或数据丢失。高校图书馆需要采用有效的系统安全防护措施，如防火墙、入侵检测系统、安全扫描等，以防止外部攻击。同时，高校图书馆需要建立完善的系统安全管理策略，包括系统权限管理、系统安全审计、系统安全维护等，以保证系统的稳定运行。

对于用户隐私的保护来说，高校图书馆需要保护用户的个人信息不被泄露。在大数据时代，用户的行为数据、个人偏好数据等都成了信息服务的重要来源，但也涉及用户的隐私问题。因此，高校图书馆需要采用隐私保护技术，如数据脱敏、数据匿名化等，以保护用户的隐私。此外，高校图书馆需要增强用户的信息安全意识，通过教育、培训等方式，促使用户正确、安全地使用信息服务。

以上三方面的信息安全问题是相互关联的。数据的安全性、系统的安全性和用户隐私的保护是信息安全的三个重要方面，任何一个方面的安全问题都可能影响其他两个方面。因此，高校图书馆在保证信息安全时，需要采取全面、系统的视角，协调处理各个方面的安全问题。

二、环境方面的影响

（一）数字化环境的改变

在大数据时代，高校图书馆的数字化环境发生了显著变化。作为一种新兴的信息技术手段，大数据通过对大规模、异构、高速、价值密度低的数据进行分析处理，为高校图书馆提供了新的信息服务手段。随着各种电子信息资源的日益丰富，海量的数据来源要求高校图书馆构建更为高效的电子资源管理和检索系统。

一方面，大数据时代下的高校图书馆馆藏向电子化、网络化发展。电子化馆藏不仅可以减少对物理空间的依赖，方便读者随时随地获取信息，而且可以通过大数据技术分析，提供个性化、精准化的服务。网络化则意味着高校图书馆的信息服务从传统的单点服务转向全方位、无时间和空间限制的服务，信息的获取效率大大提高。另一方面，大数据时代的高校图书馆需要建立一个多源数据整合的电子资源管理系统，以整合各类电子资源，如电子图书、电子期刊、数据库等，为读者提供全面的信息服务。同时，高校图书馆还需要建立一个高效的检索系统，以帮助读者快速找到需要的信息，减少信息检索时间。

（二）空间布局的调整

在大数据时代，高校图书馆的信息服务环境正经历着深刻的变化。其中，空间布局的调整是一个重要的改变。新的数据和信息流动模式不仅影响了高校图书馆的物理布局，还使虚拟空间布局有了创新。

1．物理空间布局的调整

从物理空间角度来看，新的数据和信息流动模式给高校图书馆的物理空间布局带来了显著影响。传统的高校图书馆空间布局往往侧重于纸质书籍和其他物理媒介的存储和展示。随着数字化和电子资源的广泛应用，这种物理空间布局已经不能满足现代高校图书馆的需求。为了适应大数据时代的要求，许多高校图书馆开始将重心转向创造更多的电子学习空间，如电脑工作站、数字化阅览室、多媒体展示区等，以便高校师生能够更方便地访问和利用海量数字信息资源。

2．虚拟空间布局的创新

新的数据和信息流动模式影响着高校图书馆的虚拟空间布局。传统高校图书馆的虚拟空间往往局限于网站和一些基本的在线服务。随着大数据技术的发展，高校图书馆能够创建更复杂、更具个性化的虚拟空间，以满足用户的信息需求。例如，高校图书馆可以使用数据挖掘技术来分析用户的搜索和浏览行为，以提供更精准的个性化推荐服务。此外，高校图书馆可以通过构建云存储和计算平台为用户提供海量数据的存储和处理空间。

3．图书馆空间布局与用户需求的匹配

大数据的应用强调图书馆空间布局与用户需求的紧密结合。在过去，高校图书馆的空间布局往往是静态的，且主要基于图书馆自身的管理和服务需要。而在大数据时代，用户需求和行为数据可以通过各种工具和技术实现实时的收集和分析，从而使高校图书馆能够根据用户需求动态调整其空间布局。

三、服务模式方面的影响

（一）建立交互式共享平台

在大数据时代，建立交互式共享平台是高校图书馆服务模式转变的重要一环。这种平台不仅能够使读者更有效地获取、使用和共享信息资源，还能增强高校图书馆服务的交互性和用户体验。

交互式共享平台强调高校图书馆服务的交互性和用户体验。在过去，高校图书馆的服务模式通常是单向的——图书馆提供信息资源，用户获取和使用这些资源。随着社交媒体和网络技术的发展，今天的用户已经习惯了交互性强、个性化突出的在线服务。因此，高校图书馆也需要构建交互式共享平台，让用户能够参与到信息服务的全过程，包括信息获取、评价、推荐和分享等。此外，交互式共享平台还能提供更为丰富和多元的用户体验，如视觉、听觉、触觉等多媒体体验，以及社区交流、学习支持等社交体验。

交互式共享平台有利于提升信息资源的可获取性和利用效率。传统高校图书馆的信息资源通常是分散的，用户需要通过复杂的搜索和检索过程才能找到所需的资源。在大数据环境下，交互式共享平台能够整合高校图书馆的所有信息资源，通过搜索引擎优化、信息分类和推荐算法等技术手段，帮助用户更容易找到和使用他们需要的信息。

交互式共享平台支持信息资源的协同创新和知识共享，可以收集和分析用户的行为数据，了解他们的阅读兴趣和信息需求，以提供个性化的推荐服务。同时，这种平台也支持用户之间的交互和信息共享，如用户评价、论坛讨论、共享标注等，不仅能够增强用户的体验，还能够促进高校图书馆社区的形成和发展。

交互式共享平台能够推动高校图书馆的智能化和社会化发展。随着大数据、人工智能和云计算等技术的应用，高校图书馆可以实现对海量信息资源的智能管理和服务，如自动化编目、分类和索引、智能检索和推荐、在线问答和咨询等。同时，交互式共享平台也能够让高校图书馆更好地融入社会，与各种社区、机构和个人进行深度的信息交流和协作，从而提升高校图书馆的社会价值和影响力。

（二）信息资源组织的转变

在大数据时代，传统高校图书馆的信息服务模式正在经历深刻的变革，其中，信息资源组织的转变被视为一项关键任务，主要体现在两个方面：一是从以物为中心到以用户为中心的转变；二是从手工编目到智能化信息管理的转变。

以用户为中心的信息资源组织方式成为大数据时代的重要产物。传统高校图书馆的信息资源组织方式通常以物为中心，即以图书馆的藏书和其他物质资源为主导，用户的需求和行为则往往被忽视或边缘化。在大数据时代，用户的信息需求和搜索习惯已经变得更加复杂和多元，因此，高校图书馆需要调整其信息资源组织方式，从以物为中心转向以用户为中心，使高校图书馆可以更好地理解和满足用户的需求，提供更加个性化和精准化的信息服务。

智能化信息管理正在替代传统的手工编目方式，成为大数据时代信息资源组织新模式。在传统的高校图书馆服务模式中，图书馆馆员通常需要通过手工编目和分类的方式来组织信息资源。然而，随着信息量的爆炸式增长和多元化发展，这种方式已经无法满足用户的需求。在大数据时代，高校图书馆可以使用数据挖掘、机器学习等先进技术，对信息资源进行自动化的编目、分类和索引，从而大大提高信息管理的效率和准确性。智能化信息管理不仅可以处理大量的信息资源，还可以提供更复杂和更精细的信息服务，如情境化搜索、个性化推荐、语义分析等。

在这两个转变中，数据和技术是关键的驱动力。大数据收集和分析技术可以收集和分析大量的用户行为数据，从而帮助高校图书馆了解用户的需求和行为，优化信息资源的组织方式。大数据处理技术则可以实现信息资源的智能化管理，提升高校图书馆的服务质量和效率。

第二节　大数据给高校图书馆信息服务带来的转变

一、信息资源处理上的转变

（一）资源存储技术的转变

在大数据时代，由于数据结构复杂、种类繁多且数据量不断增长，高校图书馆面临着存储容量的巨大挑战，只有不断提升数据处理和计算能力，才能满足大数据要求。因此，对于高校图书馆来说，大数据的出现既是机遇也是一个新的挑战。可以说，大数据对高校图书馆信息资源基础建设的发展产生了重要影响，同时推动了高校图书馆信息资源存储技术的进步。

目前，高校图书馆通常采用直接附加存储（DAS）、网络附加存储（NAS）和存储区域网络（SAN）三种存储技术来处理大数据。这些技术各具特点，适用于不同的存储需求和应用场景。直接附加存储是指直接将存储设备连接到服务器或主机上，实现直接附加存储。它的优点是传输速度快、延迟低，适用于对数据响应要求较高的场景。直接附加存储常用于小规模存储和个人计算机中，可以通过扩展硬盘容量或添加外部存储设备来满足数据存储需求。网络附加存储是指通过网络连接存储设备，可以为多台计算机提供共享存储。系统将存储设备作为网络上的文件服务器，通过网络协议提供文件级别的存储访问。网络附加存储具有易于管理和扩展的优势，适用于多用户共享数据、共享和备份文件等。存储区域网络是指将存储设备与计算机系统通过高速专用网络连接起来，可以提供块级别的存储访问，适用于对数据传输速度和可靠性要求较高的应用场景，如数据库管理系统、虚拟化环境和大规模数据存储等。存储区域网络通过光纤通道或以太网等传输协议实现高速数据传输，并具备灵活的管理和扩展能力。

在21世纪信息爆炸的时代背景下，大数据无疑成为当下社会的重要组成部分。大数据的出现与发展，使信息资源的存储与管理面临前所未有的挑战。在此背景下，高校图书馆作为知识信息的主要承载者和传递者，信息资源的存储技术也必然随之升级。近年来，高校图书馆逐步引入并应用了一些新兴的存储技术和架构，包括对象存储、分布式文件系统和云存储等，极大地提升了高校图书馆信息资源的存储效率和使用效能。

对象存储技术是一种非常有前景的存储技术，它将数据以对象的形式存储，为每个对象分配一个唯一的标识符。由于对象存储没有层级结构，因此可以轻松扩展到极大规模，同时具备较高的容错性和数据冗余性，这使得对象存储非常适合存储大规模的非结构化数据，如图像、音频和视频等。在高校图书馆领域，对象存储可以有效解决高校图书馆长期以来面临的非结构化数据存储问题。分布式文件系统采用了分布式存储架构，将数据分散存储在多个节点上，从而极大地提高了存储容量和性能。分布式文件系统能够解决传统集中式存储系统的瓶颈问题，具有较高的扩展性和容错性，同时支持多种存储设备和文件格式。在高校图书馆领域，分布式文件系统可以有效应对信息资源量的快速增长，保证信息资源的高效存储和读取。云存储则是一种将数据存储在远程服务器上，通过网络进行访问的存储方式。云存储提供了灵活的存储服务和弹性扩展能力，可以根据用户的需要随时增加或减少存储空间，节省了硬件投资和维护成本。此外，云存储还具有数据备份和灾难恢复等功能，大大提高了数据的安全性和可用性。在高校图书馆领域，云存储可以有效解决传统存储方式的空间限制问题，同时还可以支持多地点、多用户的并发访问。

在硬件技术方面，随着固态硬盘和闪存技术的应用，存储设备的读写速度得到了显著提升，这使得大量数据的读写和访问更加高效，也大大降低了能源消耗。此外，大数据时代下的高校图书馆还可以利用数据压缩和数据归档等技术，优化存储空间的利用效率，降低存储成本，这些技术的应用，无疑对高校图书馆的信息资源管理带来了深远影响。

（二）云计算作为数据处理平台

随着云计算技术的发展和应用，高校图书馆的数据处理和管理方式正在发生着深刻的变化。通过使用云计算平台，高校图书馆可以提升其数据处理能力，提供更优质的服务，实现更高的运营效率。

传统高校图书馆系统依赖数据库作为主要的数据处理和管理平台，在处理非结构化数据方面的能力有限。相比之下，云计算不仅能高效处理大规模的数据，而且能更好地处理和分析非结构化数据。数据库一直以来都被认为是一种处理和管理数据的有效方式。然而，数据库所具有的数据处理能力有限，通常只能处理简单的数据单元和关联数据。当涉及非结构化数据时，如文本、图像、音频和视频等，数据库无法提供有效的处理和分析手段。云计算作为一种新兴的信息处理技术，不仅提供了对大规模数据的存储和管理能力，而且能处理非结构化数据。云计算将处理和存储任务分散到多个分布式节点上，以实现并行计算，大幅提升了处理能力和效率。同时，云计算还提供了数据挖掘和分析工具，使人们能对数据进行深入的探索和研究。

云计算架构通常可以划分为物理资源层、资源池层、管理中间层和面向服务的架构层四个层次。物理资源层是最基础的硬件层，包括服务器、存储设备和网络设备等。资源池层负责对物理资源进行抽象和虚拟化，创建出可以供多个用户共享的资源池。管理中间层是云计算的核心，负责管理和调度资源池中的资源。面向服务的架构层则提供了面向服务的应用程序接口，使用户可以方便使用云计算资源。采用云计算平台，高校图书馆可以更有效地利用资源空间处理大规模的数据。通过数据挖掘和分析，高校图书馆可以了解用户的需求和行为，从而提供更好的服务。同时，云计算也提供了对非结构化数据的可视化分析工具，这是传统数据库技术无法做到的。

相比传统的服务器布局方式，基于分布式计算和并行计算的云计算方式更具优势。这种方式不仅可以提高数据处理的速度，还可以有效降低计算和存储成本。因此，对于大规模的非结构化数据处理任务来说，云计算是更优的选择。

虚拟化技术、分布式存储技术和数据管理技术是云计算平台的三大关键技术。通过这些技术，云计算平台能够提供强大、灵活和高效的数据处理能力，满足高校图书馆在大数据时代的需求。

1. 虚拟化技术

在大数据时代，高校图书馆的数据量大幅度增长，数据类型更加多样化，包括图书信息、用户借阅记录、在线资源、用户反馈等多种形式的数据。处理这些数据时，不仅需要大量的存储空间，而且需要强大的处理能力和灵活的管理手段。

虚拟化技术作为云计算的核心技术，可以实现硬件资源的最大化利用和优化分配。虚拟化技术将物理硬件抽象为一系列的虚拟资源，如虚拟服务器、虚拟存储空间、虚拟网络等。这些虚拟资源可以根据需要进行动态调整，具有高度的灵活性和扩展性。例如，高校图书馆可以根据数据量的变化，动态调整虚拟存储空间的大小，避免了资源的闲置和浪费。此外，虚拟化技术可以提升高校图书馆的数据处理能力。通过虚拟机的并行运行，可以同时处理多个任务，大大提高了处理效率。同时，虚拟化技术还提供了数据快速访问和高效分析的可能，对于高校图书馆进行的数据挖掘、用户行为分析等高级数据处理任务具有重要意义。在资源管理方面，虚拟化技术也带来了显著优势。虚拟资源的管理可以通过软件自动完成，大大减轻了人工操作的负担，提高了管理效率。同时，虚拟资源的隔离性，使其可以保护系统的安全，防止故障和攻击的传播。

从长远来看，虚拟化技术的应用将推动高校图书馆向智能化、网络化的方向发展。例如，通过虚拟化技术，高校图书馆可以实现在线服务的自动化，提供 24 小时不间断服务；通过数据的深度分析，高校图书馆可以了解用户的需求和习惯，提供个性化服务。

2. 分布式存储技术

分布式存储技术将数据分散存储在多个物理节点上，通过网络将这些节点链接起来，形成一个逻辑上的统一存储空间。每个节点都可以进行读写操作，从而大大提高了数据处理效率。此外，由于数据被多节点备份，即使某个节点发生故障，也能从其他节点恢复数据，极大增强了数据的可靠性。

在大数据处理中，分布式存储技术尤其适合于高校图书馆使用。首先，分布式存储技术能够扩展存储空间，满足高校图书馆大规模数据的存储需求。随着数据量的增长，可以通过增加节点来扩大存储空间，而无须更换硬件设备，大大降低了成本。其次，分布式存储技术支持并行访问，可以大幅度提高数据的读写速度，满足高性能需求，这对于高校图书馆进行大数据分析，如用户行为分析、资源使用统计等，具有极大的优势。再次，分布式存储技术能够提高数据管理的灵活性和便利性。数据分布在多个节点，可以根据需要调整数据的存储位置和备份策略，提供灵活的数据服务。最后，分布式存储技术简化了数据的管理和维护流程，节省了人力资源。

分布式存储技术将推动高校图书馆实现数据驱动的服务模式。通过深度挖掘和分析大数据，高校图书馆可以获得更深入的用户洞见，提供更个性化和更精准的服务。

3. 数据管理技术

云计算平台的数据管理技术为高校图书馆的数据处理提供了重要的支持。通过这些技术，高校图书馆可以有效管理大规模、复杂和多样化的数据，提高数据处理效率，深化数据分析和预测，从而提升服务质量和用户满意度。

云计算平台的数据管理技术包括数据的存储、处理、查询和分析等功能。基于这些功能，高校图书馆可以实现对大规模、复杂和多样化数据的有效管理。高效的数据处理算法和模型，如 MapReduce、Spark 和 Hadoop 等可以支持并行处理和分布式计算，大大提高了数据处理效率。例如，MapReduce 模型可以将大规模的数据处理任务划分为多个小任务，分发到多个计算节点上并行执行，从而大大提高了处理速度。又如，Hadoop 实现的分布式文件系统可以提供大规模数据的存储和访问服务，适应大数据的存储需求。

在查询和分析方面，云计算平台提供了多种工具和语言，如结构化查询语言等，方便访问和操作数据。通过这些工具和语言，高校图书馆可以快速获取所需的数据，进行用户行为分析、资源使用统计等任务。此外，数据挖掘和机器学习等技术也在数据管理中发挥了重要作用。通过这些技术，高校图书馆可以发现数据中的模式和规律，从而进行更深入的分析和预测。例如，通过对用户行为数据的挖掘，高校图书馆可以了解用户的需求和习惯，进一步优化服务；通过对资源使用数据的挖掘，高校图书馆可以了解资源的热度和趋势，从而进行合理的资源配置。

二、信息服务方式上的转变

（一）转变为一站式资源服务

在信息化、网络化的大数据时代，高校图书馆已经不再只是一个提供实体图书的场所，而成为一个全面、深入、高效的一站式资源服务中心这种转变标志着高校图书馆信息服务方式的一次重大革新。

一站式资源服务以用户需求为导向，能够为用户提供一个统一的信息获取和检索平台。在这个平台上，用户不仅可以借阅实体图书，还可以访问电子图书、数据库、专业杂志、研究报告，以及其他各种类型的资源。这种服务方式充分利用了大数据技术的优势，将分散在各个平台的资源进行整合，提高了信息的检索效率，大大节省了用户寻找信息的时间和精力。更重要的是，一站式资源服务还包括了个性化的服务。例如，根据用户的借阅历史和搜索行为，高校图书馆可以提供个性化的阅读推荐，以满足不同用户的阅读和学习需求。此外，一站式资源服务还可以提供学习和研究的辅助工具，如引文管理工具、学习路径推荐等，有助于提高用户的学习和研究效率。

然而，目前很多高校图书馆在信息服务方式上还存在一定的局限性，主要侧重于实体图书的借阅和电子资源的提供，而这些资源往往分散在不同的平台上，用户在寻找信息时需要在多个平台之间切换，这不仅增加了信息获取的难度，而且提高了时间成本。此外，目前很多高校图书馆的个性化服务和辅助工具通常较为有限，无法充分满足用户的个性化需求和学习需求。

一站式资源服务的实施，能够使高校图书馆更好地服务于学习和研究，提供更为全面、深入和高效的信息服务。相比之下，现有高校图书馆在信息服务方式上还需要进一步改进和创新，以适应大数据时代的发展趋势和用户需求的变化。

（二）转变为主动推送和个性化服务

在大数据时代，高校图书馆的学科知识服务发生了重大转变。与传统的知识存储和被动提供相比，现代高校图书馆更注重主动推送学科知识，以满足用户的个性化需求，这种转变彰显了大数据技术在高校图书馆信息服务中的重要作用。

借助大数据技术，高校图书馆可以对用户的浏览历史、搜索习惯、学习需求等进行深入分析，从而推送与用户需求高度相关的学科知识。这种方式不仅提高了信息服务的精准性，而且提升了用户的学习效率。例如，通过分析用户在一段时间内的搜索行为，高校图书馆可以发现用户的学习重点和疑点，从而为用户提供相关的学科知识。基于大数据的学科知识服务还具有较高的灵活性。根据用户需求的变化，高校图书馆可以及时调整学科知识的推送内容和方式，从而保证服务的实时性和有效性。例如，高校图书馆可以通过实时监测热门搜索词和热门话题等途径，及时推送相关的学科知识，满足用户对最新知识的需求。

目前，很多高校图书馆在学科知识服务上存在一定的局限性。服务方式仍然较为被动，主要依赖于用户自行搜索和查询。虽然有一些高校图书馆开始尝试使用推荐系统，但这些系统往往只关注用户的搜索行为，忽视了用户的学习需求和学习难点，因此推荐的效果并不理想。此外，现有高校图书馆在学科知识服务的个性化方面还有待提升。由于缺乏深入的用户行为分析和个性化推送机制，很多高校图书馆无法满足不同用户的个性化需求，用户在寻找学科知识时还需要花费大量的时间和精力。

大数据时代的高校图书馆在学科知识服务上实现了主动推送和个性化服务，这不仅能够提升服务的精准性和效率，而且能够提供更好的用户体验。现有高校图书馆在这方面还需要进一步的改进和创新，以提升服务的质量和满足用户的需求。

（三）提供信息可视化服务

信息可视化服务是大数据时代高校图书馆的一种重要信息服务方式。通过信息可视化技术，高校图书馆能够以直观、易于理解的方式呈现复杂的数据和信息，使用户在获取和理解信息的过程中更加轻松。这种方式特别适用于处理大量数据和复杂信息，对于提升用户的信息素养和研究能力具有重要作用。

信息可视化是指将数据和信息转化为可视化的图、表等形式，以便用户更好地理解和分析。通过可视化图表的呈现，用户可以更直观地把握数据的规律、趋势和关联，从而做出更准确的决策和研究分析。信息可视化服务在高校图书馆中有多种应用，如用于文献分析、数据挖掘、学术合作网络分析等。在文献分析方面，信息可视化可以帮助用户深入了解特定主题或领域的研究热点、关键作者和引文网络。通过可视化展示文献的关系和引用情况，用户可以更清晰地了解研究领域的发展动态，快速定位相关研究成果，并发现潜在的合作机会。例如，通过词云图可以直观地展示关键词的使用频率和关联程度，通过节点链接图可以展示作者之间的合作网络。在数据挖掘方面，信息可视化可以帮助用户从庞大的数据中集中提取有价值的信息。通过可视化展示数据的分布、趋势和异常情况，用户可以更好地理解数据的特征和规律。例如，通过散点图可以展示两个变量之间的关系，通过热力图可以展示数据的密度和聚类情况，通过时间轴图可以展示数据的演化过程。在学术合作网络分析方面，信息可视化可以帮助用户探索学术界的合作网络和研究群体。通过可视化展示作者之间的合作关系、研究机构之间的合作关系，以及研究领域的结构，用户可以更清晰地了解学术界的合作格局和研究动态。例如，通过合作网络图可以展示作者之间的合作强度和合作频率，通过社区检测算法可以识别研究群体和研究热点。

目前很多高校图书馆在信息可视化服务方面仍处于初级阶段。尽管一些高校图书馆已经开始尝试使用信息可视化技术，但这些尝试往往局限于特定领域，且应用水平有待提高。

三、用户信息需求上的转变

（一）用户信息需求集成化和个性化

传统高校图书馆的信息服务主要集中于提供图书、期刊等文献资源的检索和获取方面，用户需求相对单一。在大数据时代，用户对信息的需求变得更加综合和多样化。用户希望能够从一个平台或系统中获取包括文献资源、数据集、多媒体资料等各种类型的信息资源，并且能够通过一个搜索接口进行综合检索。因此，高校图书馆需要通过整合各类信息资源和数据源，提供集成化的信息服务，满足用户获取多样化信息的需求。

在传统高校图书馆服务中，用户需要分别访问不同的数据库或平台来获取不同类型的信息资源，导致信息获取过程烦琐而不方便。在大数据时代，高校图书馆需要整合各类信息资源和数据源，构建一个统一的信息服务平台，使用户能够在同一个界面上访问和检索各类资源，实现用户需求的集成化。在大数据时代，用户对信息的需求更为综合和复杂，希望通过一次检索即可获取相关的文献、数据、多媒体等资源。高校图书馆可以通过整合不同类型的资源和数据，构建一个统一的检索引擎，使用户能够通过一个搜索接口进行综合检索，满足用户对信息的集成化需求。

此外，在大数据时代，用户还希望通过个性化设置和推荐系统获取定制化的信息服务。大数据时代的用户需求更加多样化和个性化，用户对信息的兴趣和偏好各不相同。高校图书馆可以利用大数据技术和个性化推荐算法，根据用户的浏览历史、检索记录、兴趣标签等信息，为用户提供定制化的信息推荐和服务，实现用户需求的集成化和个性化。

（二）用户信息需求系统化和实用化

传统高校图书馆的信息服务主要关注信息资源的存储和传递，用户主要通过检索获取相关文献。在大数据时代，用户对信息的需求不仅仅是获取，更加注重对信息的理解和应用，希望获取更加深入的领域知识，了解研究趋势和前沿动态，以支持自己的学术研究和创新。因此，高校图书馆需要提供更加智能化的信息服务，通过信息可视化等手段，帮助用户深入理解信息，获取领域知识，提升用户的研究能力和创新能力。

传统高校图书馆的信息服务主要提供文献资源的索引和获取，用户在阅读文献时需要进行自我解读和理解。在大数据时代，信息的复杂性和多样性给用户带来了更高的知识获取难度。用户希望通过图书馆的信息服务获取更深入、系统的领域知识，以支持自己的学术研究和创新。为满足这一需求，高校图书馆可以通过引入知识图谱、主题模型等技术手段，将文献资源和领域知识进行关联，为用户提供更全面的知识获取和理解支持。在传统高校图书馆中，用户主要通过阅读文献来了解领域的研究成果和进展，获取和跟踪大量研究成果进展较为困难。在大数据时代，学术研究的更新速度加快，用户需要及时了解研究趋势和前沿动态，以保持自己的学术竞争力。高校图书馆可以通过科学合作网络分析等方法，分析和展示领域研究的热点、趋势和合作关系，为用户提供即时的研究动态和前沿信息。在传统高校图书馆中，用户主要关注信息的获取和理解，而获得应用和实践方面的支持相对较弱。在大数据时代，用户需要将所获取的信息和知识应用于实际研究和创新中。高校图书馆可以通过信息可视化技术、数据分析工具等手段，帮助用户分析和解释复杂的数据和信息，提供实践指导和工具支持，促进用户研究能力和创新能力的提升。

（三）用户信息需求自主化和开放化

传统高校图书馆的信息服务主要由图书馆工作人员提供，用户需要通过图书馆的帮助来满足自己的信息需求。在大数据时代，用户希望更加自主地获取和管理信息，希望通过自己的选择和配置来获取感兴趣的信息资源，同时希望通过社交媒体、博客等平台与其他研究者进行交流和合作。因此，高校图书馆需要提供更加开放和灵活的信息服务模式，支持用户自主选择和获取信息资源，并提供社交化的平台，促进用户之间的互动和合作。

传统高校图书馆的信息服务往往是基于图书馆的资源和专业知识进行的，用户需要通过图书馆的检索系统或咨询服务来获取所需信息。在大数据时代，用户希望根据个人需求和偏好，自主选择和获取感兴趣的信息资源。高校图书馆可以提供更加开放和灵活的信息服务模式，如开放获取资源、合作共享平台等，使用户能够根据自己的需求和兴趣获取所需的信息资源。传统高校图书馆的信息服务主要注重资源的获取和传递，用户之间的交流和合作相对有限。在大数据时代，用户希望通过社交化的平台与其他研究者进行互动和合作，分享研究成果，讨论学术问题。高校图书馆可以通过建设学术社交平台、支持学术博客和在线讨论等方式，促进用户之间的交流和合作，激发创新意识，达到知识共享。传统高校图书馆的信息服务主要注重资源的提供，用户需要采用自己的方法和工具来管理和整理所获取的信息。在大数据时代，用户需要更加高效地管理和组织海量的信息资源，高校图书馆可以提供智能化的信息管理工具和平台，如个人知识管理系统、文献管理软件等，帮助用户更好地管理和利用所获取的信息资源，提高工作效率和研究质量。

四、服务人员素质要求上的转变

（一）具备数据技能与数据驱动思维

在大数据时代，高校图书馆信息服务人员需要具备一定的数据技能和数据驱动思维。传统高校图书馆的信息服务主要关注文献资源的存储和传递，而大数据时代的高校图书馆信息服务更加注重对海量数据的处理和分析。因此，信息服务人员需要具备数据收集、清洗、分析和可视化等技能，以便更好地帮助用户理解和应用大数据。

数据收集是数据技能的重要组成部分。高校图书馆信息服务人员需要掌握各种数据收集方法，包括文献数据库的检索、数据采集工具的应用、数据爬取等。他们需要了解不同数据源的特点和获取方式，能够有效地收集和整合各种类型的数据，以满足用户的需求。数据清洗是保证数据质量和可靠性的关键步骤。信息服务人员需要具备数据清洗的技能，能够识别和处理数据中的噪声、缺失值、异常值等，需要运用数据清洗工具和技术，对数据进行预处理和清洗，以确保数据的准确性和一致性。数据分析是信息服务人员需掌握的核心能力之一，他们应该熟悉常用的数据分析方法和工具，如统计分析、数据挖掘、机器学习等。通过数据分析，信息服务人员可以从大量数据中提取有用的信息和知识，帮助用户理解和应用数据。他们还需要具备数据可视化能力，将复杂的数据以图、表等形式呈现，使用户更加直观地理解数据。此外，信息服务人员需要具备数据驱动思维，即能够从数据中发现问题、提取见解，并基于数据进行决策和改进。他们应该习惯基于数据进行分析和决策，而不是凭主观经验或猜测。通过数据驱动思维，信息服务人员能够更客观地评估用户需求、优化服务流程，并持续改进信息服务的质量和效率。

在培养高校图书馆信息服务人员的数据技能和数据驱动思维方面，高校图书馆可以提供相关培训和学习资源，如数据分析和可视化工具的培训、数据科学的课程等。同时，信息服务人员应当积极参与相关的学习和培训，跟踪数据科学领域的最新发展动态，不断提升自身的数据技能和数据驱动思维能力。

（二）具备技术素养与信息技术应用能力

在大数据时代，高校图书馆信息服务人员需要具备良好的技术素养和信息技术应用能力，以适应信息服务的变革并满足用户的需求。传统高校图书馆信息服务人员主要侧重于图书馆系统和检索工具的使用，而大数据时代下的信息服务涉及更多的技术领域，如数据分析、信息可视化、数据挖掘等。信息服务人员需要具备较高的信息技术素养，能够灵活应用信息技术工具，以提供智能化、个性化的信息服务。

第一，信息服务人员需要具备数据分析的技术素养。数据分析是大数据环境下信息服务的重要组成部分，信息服务人员需要熟悉常用的数据分析方法和工具，如统计分析、数据挖掘、机器学习等。他们应具备数据预处理、特征提取、模型构建和评估等技能，以从海量数据中提取有用的信息和知识。通过数据分析，信息服务人员可以发现隐藏在数据中的模式和趋势，为用户提供更准确、更深入的信息服务。

第二，信息服务人员需要具备信息可视化的技术素养。信息可视化是将数据和信息以视觉化形式展示的过程，能够帮助用户更直观地理解和探索数据。信息服务人员需要熟悉常用的信息可视化工具和技术，如图表绘制、交互式可视化、虚拟现实等。他们应具备设计美观、易于理解的可视化图表和界面的能力，以提供直观、易于交互的信息展示和分析工具，使用户能够更好地理解和利用数据。

第三，信息服务人员还需要具备数据库管理和信息检索的技术素养。数据库管理涉及数据库设计、数据存储和查询优化等方面的知识和技能。信息服务人员需要了解常见的数据库管理系统和查询语言，能够有效管理和利用数据库资源。同时，他们还需要掌握信息检索的原理和技术，以帮助用户快速、准确地检索到所需的信息资源。

信息服务人员的技术素养与信息技术应用能力不仅包括对具体技术工具和方法的掌握，还包括对其信息技术的更新能力和应用能力的培养。高校图书馆可以提供相关培训和学习资源，如技术培训课程、在线学习平台等，以帮助信息服务人员不断更新和提升自身的技术素养和应用能力。此外，信息服务人员应当积极参与相关的学术和行业活动，与同行进行交流和分享，以了解最新的信息技术发展和应用实践。

（三）具备学科知识与跨学科能力

传统高校图书馆信息服务人员的专业要求主要侧重于图书馆学科的知识和专业背景。在大数据时代，高校图书馆的信息服务不再局限于传统的文献资源，涉及更广泛的学科领域和跨学科知识。因此，信息服务人员需要具备跨学科能力，能够理解和应用多学科领域的知识，以满足用户多样化的信息需求。此外，信息服务人员需要持续学习和更新自己的学科知识，以跟上学科发展步伐。

首先，信息服务人员需要具备广泛的学科知识。大数据环境下的信息服务不再局限于传统的文献资源，涵盖了更多类型的信息资源。信息服务人员需要了解各学科领域的基本概念、研究方法和前沿动态，以便更好地理解和解释用户的信息需求。他们需要了解学科的基本理论和方法，以便能够帮助用户进行学术研究、创新和决策。其次，信息服务人员需要具备跨学科的能力。大数据环境下的信息服务往往涉及多学科交叉，需要将不同学科领域的知识进行整合和应用。信息服务人员需要具备跨学科的思维和能力，能够理解和应用不同学科领域的知识，以解决复杂的问题并满足用户的跨学科需求。他们需要了解各学科之间的交叉点和互补关系，掌握协调不同学科的方法和概念，为用户提供综合性的信息服务和解决方案。最后，信息服务人员需要持续学习和更新自己的学科知识，以跟上学科发展的脚步。学科知识在不断演进和更新，信息服务人员需要通过学习和专业培训，不断充实和更新自己的学科知识，以提高专业竞争力并为用户提供最新的学科信息和服务。

高校图书馆可以通过提供学科相关的培训和学习资源，如学术讲座、研讨会、学科数据库的使用指导等，帮助信息服务人员增强学科知识和跨学科能力。同时，信息服务人员应当积极参与学术和行业的交流与合作，与学科专家和其他信息服务人员进行沟通和合作，以拓宽自己的学科视野和知识深度。

（四）具备创新思维与问题解决能力

大数据环境下的信息服务对信息服务人员提出了更高的创新思维和问题解决能力要求。传统高校图书馆信息服务主要注重信息资源的获取和传递，而大数据环境下的信息服务涉及更复杂的问题和需求。信息服务人员需要具备创新思维，能够探索和应用新的信息技术、方法和工具，以提供优质、高效的信息服务。此外，信息服务人员需要具备问题解决能力，能够从用户需求出发，理解问题的本质，提供切实可行的解决方案。

创新思维是指对问题和挑战进行创造性思考并予以解决的能力。在大数据时代，信息服务人员需要不断探索和应用新的技术、方法和工具，以提供优质、高效的信息服务。他们需要关注新兴的技术和趋势，如人工智能、机器学习、区块链等，思考如何将这些新技术应用于信息服务中，提升服务的质量和效果。同时，信息服务人员需要积极主动地提出创新的想法和方案，推动信息服务的发展和改进。大数据环境下的信息服务涉及的问题和需求比较复杂，信息服务人员需要从用户需求出发，理解问题本质，提供切实可行的解决方案。他们需要具备分析问题、整合资源、提出解决方案的能力。同时，他们还需要具备项目管理和团队合作能力，能够组织和协调相关人员和资源，有效解决复杂的问题。

为培养信息服务人员的创新思维和问题解决能力，高校图书馆可以采取一系列的措施。首先，提供培训和学习资源，如创新方法和工具的培训、创新管理的课程等，以帮助信息服务人员了解和应用创新思维和方法。其次，鼓励信息服务人员参与创新项目和团队合作，提供创新实践的机会和平台。最后，建立创新文化和氛围，鼓励信息服务人员提出创新想法和方案，并提供支持和资源。

第三节 基于大数据开展高校图书馆信息服务

一、基于用户需求的信息服务

（一）个性化推荐信息服务

高校图书馆可以利用大数据分析技术，分析用户的借阅历史、搜索记录和兴趣偏好，为用户提供个性化的信息推荐服务。通过理解用户的需求，高校图书馆可以更好地满足用户的信息需求，提高信息服务的效果和用户满意度。

个性化推荐信息服务依赖于大数据分析技术，高校图书馆可以通过收集和分析用户的借阅历史、搜索记录和兴趣偏好等数据，建立起丰富的用户行为数据集。这些数据包括用户的借阅频率、阅读偏好、搜索关键词、点击行为等多维度信息。通过对这些数据进行挖掘和分析，可以获取用户的行为模式和兴趣特征，为后续的个性化推荐奠定基础。用户画像的构建是个性化推荐信息服务的核心环节。用户画像是对用户兴趣、偏好和特征的抽象描述，包括用户的学科领域偏好、阅读习惯、社交关系等信息。通过分析用户行为数据，可以将用户划分为不同的群体，构建用户画像。通过用户画像，可以更准确地理解用户的需求和偏好，从而提供个性化的推荐服务。在推荐算法方面，个性化推荐信息服务可以采用多种推荐算法。协同过滤算法是一种常用的个性化推荐算法，通过分析用户的历史行为和其他用户的行为模式，发现相似行为用户之间的共同兴趣，并推荐相似用户感兴趣的信息。基于内容的推荐算法则是根据信息的特征和用户的兴趣匹配度，推荐与用户兴趣相符的信息。此外，可以使用深度学习算法，通过构建深层神经网络模型，挖掘信息与用户之间的复杂关系，实现更精准的个性化推荐。

（二）预测分析信息服务

通过对用户数据的挖掘和分析，高校图书馆可以预测用户的需求和行为。例如，通过分析学生的学习计划和课程安排，高校图书馆可以提前准备相关的图书，以满足学生的需求。这种预测性的信息服务可以提高用户满意度，并实现资源的有效利用。

预测分析信息服务通过对用户数据的挖掘和分析，能够帮助高校图书馆准确地预测用户的需求和行为。高校图书馆积累了大量的用户数据，包括用户的借阅记录、搜索记录等。通过对这些数据进行整合分析，可以发现用户的阅读兴趣、学术需求和信息获取偏好。例如，通过分析学生的学习计划和课程安排，高校图书馆可以预测到学生可能需要借阅的相关图书，从而提前准备来满足他们的需求。这种个性化的预测分析信息服务可以帮助学生高效地获取所需的学术资源。

预测分析信息服务可以提高高校图书馆的用户满意度。一方面，当用户能够在图书馆快速找到所需资源时，他们的满意度将得到提升；另一方面，个性化和定制化的服务将提升用户的满意度。通过对用户需求的准确预测，高校图书馆可以提供个性化的服务，如推荐相关的书籍、期刊文章或研究报告，帮助用户更好地开展学术研究和学习。此外，预测分析信息服务还可以通过提供定制化的推送服务，向用户推荐最新的学术资源和研究动态，使用户能够及时获取最新的信息，提高其学术竞争力和研究水平。这些个性化的服务和定制化的推送将显著提升用户对图书馆的满意度，增强用户对图书馆的认可和依赖。

预测分析信息服务还可以有效地利用高校图书馆的资源。高校图书馆作为知识资源的宝库，拥有丰富的图书、期刊、数据库等学术资源。然而，如何合理利用这些资源并满足用户需求是一个挑战。通过预测分析信息服务，高校图书馆可以更好地了解用户的需求和行为，进而优化资源配置。例如，通过分析用户的借阅记录和搜索偏好，图书馆可以对资源进行分类和排名，将最受用户欢迎的资源放置在更易访问的位置，提高其利用率。此外，预测分析信息服务还可以帮助高校图书馆识别冷门资源和低使用率资源，并提供相应的推广措施，以提高这些资源的可见度和利用率。而通过有效利用资源，高校图书馆可以提供更加丰富和高质量的学术资源，满足用户的多样化需求，提升图书馆的服务价值和影响力。

（三）社交化信息服务

社交化信息服务是大数据环境下高校图书馆信息服务的内容之一。传统的高校图书馆主要提供图书等资源的借阅和检索服务，用户获取信息的途径相对单一。然而，随着社交媒体的兴起和用户需求的变化，用户对于信息获取和交流的期望也发生了变化。社交化信息服务通过构建用户社交平台，为用户提供了一个交流和分享的空间，满足了用户的社交需求，并丰富了用户的信息获取途径。

利用大数据技术，高校图书馆可以收集和整合多种数据源，包括用户行为数据、社交媒体数据、图书馆资源数据等，这些数据经过预处理和清洗后，可以被用于进行内容分析和情感分析——从用户的文本数据中提取关键词、主题，分析其情感倾向和情绪，了解用户对图书等资源的评价和反馈。同时，通过分析用户的行为和偏好数据，可以建立用户兴趣模型，实现个性化的资源推荐。

社交网络分析是社交化信息服务的重要组成部分。通过分析用户之间的社交关系和网络结构，可以识别影响力用户、发现专家和意见领袖、促进学术合作和知识传播。基于这些分析结果，高校图书馆可以设计个性化的用户界面和功能，鼓励用户参与讨论、分享资源和交流经验，从而提升用户的参与度和满意度。

社交化信息服务的实施需要考虑数据的隐私和安全问题。高校图书馆应建立健全数据管理和隐私保护机制，确保用户数据的合法使用和保护。同时，数据的采集和使用等需要遵循相关的法律法规和政策，保障用户隐私和数据安全。

通过社交化信息服务，高校图书馆可以拓展其影响力并加强社区建设。用户之间的互动和合作能够促进知识的共享和传播，增强用户对图书馆的认同感和参与度。同时，通过社交平台，用户可以找到与自己研究领域相关的专家和同行，建立学术关系，共同开展研究项目和合作论文，促进学术合作和创新。

二、移动端口信息服务

（一）智慧化移动客户端订制

智慧化移动客户端订制是适应大数据时代和移动通信技术发展的需求，为高校图书馆提供智能和智慧移动信息服务的新模式。在智慧化移动客户端订制中，大数据挖掘与整合是主要应用的技术手段，旨在突破阅读模式、移动设备、用户位置、网络性能和服务策略等方面的限制，确保高校图书馆智慧化服务具有科学性和前瞻性。

智慧化移动客户端订制需要建立高效的智能管理系统。在该模式中，通过大数据分析、预测和智能决策等技术，构建具有高校图书馆特色的移动信息服务体系，预测用户需求，洞悉图书馆移动信息服务和用户需求，并实现图书馆内基础设施的互联、融合和共享。

智慧化参考咨询是图书馆移动信息服务中的重要组成部分。在大数据背景下，高校图书馆应该提供在线的智慧化参考咨询服务，实现用户与馆员之间的智能交互。这种参考咨询模式不受时间和空间的限制，通过文本、音频和视频等多种方式提供参考咨询服务，使用户能够随时与图书馆馆员互动，并通过建立视频呼叫中心来扩展参考咨询方式，使咨询服务更加智能和便捷。

智慧化移动信息服务客户端不仅提供传统的高校图书馆信息服务，还应该推广移动功能并通过智能化服务满足用户需求，如在线阅读、学科知识服务和特色资源等。通过整合高校图书馆的信息资源并应用数据挖掘、相关性分析和社会网络分析等方法，可以实现知识增值产品的创造。同时，结合物联网、云计算等新兴信息技术，大数据知识服务体系可以实现全方位的接入和全生命周期的智能感知。

（二）用户知识获取推荐

用户知识获取推荐是根据用户的检索动因和行为模式分析，预测并推荐用户所需的信息。高校图书馆可以建立以用户为中心的大智慧服务模式，提供创新阅读、远程阅读和推荐阅读等个性化智慧服务。在这个模式下，大数据挖掘与整合的过程应以用户个性化特征和需求为中心，贯穿移动信息服务的全过程，为用户提供个性化、泛在化和人性化的智慧化服务，提升用户的满意度和忠诚度。

个性化移动服务展示是利用大数据背景下的移动服务平台，为用户提供全功能的个性化服务展示。通过自适应技术，适应不同类型的移动终端设备，为用户提供多种格式的移动信息资源，包括图文并茂的电子读物、知识导航服务、不限流量的移动音视频资源等。同时，通过实时传送、在线浏览和互动的全媒体展览或讲座服务，实现用户对移动大数据知识服务的便利获取。

推荐式知识获取是根据收集和记录的用户关键知识领域数据，制定相关推荐策略。高校图书馆应深入分析和挖掘用户数据，发现潜在的价值，并实现对用户个性化移动信息服务需求的感知。通过增加类似"为你推荐""你可能感兴趣的"的链接，根据用户的检索动因和行为习惯预测并进行个性化推荐。

（三）用户增值服务体验

用户增值服务体验是指高校图书馆通过提供移动位置服务和二维码跨媒体服务，为用户提供更加便捷和个性化的服务体验。

移动位置服务利用无线网络和定位技术，将用户的物理位置与相关移动信息服务匹配。高校图书馆可以提供图书馆内部的位置导航服务，如楼层指示、自习室引导等，以及用户所在位置附近的公共文化导航服务。通过大数据可视化技术，用户可以实时查看图书馆的全景图，获得身临其境的服务体验。另外，可以将位置信息嵌入图书馆信息资源的条形码中，让用户可以通过移动设备定位所需的信息资源位置，实现传统图书馆服务与移动信息服务的互补和依赖。

二维码跨媒体服务是指高校图书馆广泛应用二维码技术，实现纸质文献与电子文献的无缝结合。通过二维码识别技术，用户可以使用个人专属的二维码身份验证和移动信息检索等功能。图书馆数据库中的信息资源也可以拥有二维码，使用户通过扫描二维码可以查看该资源的位置信息等基础信息。此外，图书馆可以将馆藏资源贴上统一资源定位符的二维码标签，使用户通过扫描二维码可以直接访问相关资源的页面，进行在线阅读或下载。图书馆信息检索系统中的检索结果也可以通过二维码标签直接借阅。二维码技术的应用实现了传统互联网与移动互联网的融合，具有成本低、信息容量大、容错能力强等优点。

通过提供移动位置服务和二维码跨媒体服务，高校图书馆为用户提供了更加便捷和个性化的服务体验。用户可以更方便地获取所需的信息资源，提升信息检索和阅读的效率，同时享受到位置导航和全景展示等增值服务，从而提高用户对图书馆的满意度和使用体验。

三、互联网端口信息服务

（一）数字资源开放

数字资源开放是指将高校图书馆的数字化资源通过互联网端口对外开放，使用户可以自由访问和利用这些资源。

1．数字化处理

将图书馆中的纸质文献、图书、期刊等信息进行数字化处理，转换为电子文档或数字化资源。可以借助光学字符识别技术将纸质文献转换为可编辑的电子文档，或者使用扫描设备将图书和期刊转换为电子格式。

2．元数据建设

为数字资源建立元数据，包括标题、作者、主题、关键词、摘要等信息，以便用户能够方便地搜索和浏览资源。大数据技术可以应用于元数据的自动化提取和处理，例如使用文本挖掘技术从文献中提取关键词和摘要，或者使用自然语言处理技术进行文本分类和主题标注。

3．资源存储与管理

建立适当的存储系统和管理机制，确保数字资源的安全性、可靠性和可用性。大数据存储技术，如使用分布式文件系统和云存储技术可以用于高效地存储和管理大规模的数字资源。

4．开放平台建设

搭建一个开放的互联网平台，通过网页、移动应用或应用程序接口等形式向用户提供访问数字资源的接口。大数据技术可以应用于平台的构建和优化，如使用大规模数据处理框架（如 Hadoop、Spark）来支持并行处理和高效查询，或者使用推荐系统技术为用户提供个性化的资源推荐。

（二）虚拟参考咨询

虚拟参考咨询是指通过互联网端口提供在线咨询服务，让用户可以在不受时空限制的情况下获取高校图书馆的参考咨询服务。

1．在线咨询平台建设

搭建一个在线咨询平台，通过聊天窗口、论坛或社交媒体等与用户进行实时交流和沟通。大数据技术可以应用于平台的构建和优化，例如使用自然语言处理技术对用户的提问进行语义理解和问题分类，或者使用机器学习和数据挖掘技术对历史咨询数据进行分析和知识发现。

2．虚拟助手技术应用

引入虚拟助手技术，如聊天机器人或智能语音助手，根据用户的提问提供实时的参考咨询回答。大数据技术可以应用于虚拟助手的训练和优化，例如使用机器学习算法对大量历史对话数据进行训练，提高虚拟助手的智能化和准确性。

3．知识库建设

建立一个丰富的知识库，包含常见问题解答、参考咨询指南、学术资源链接等信息，使用户可以自主查询并获取答案。大数据技术可以应用于知识库的构建和维护，例如使用信息抽取和自动化标注技术从大量的文献和知识源中提取知识并进行组织和分类。

（三）在线学习支持

在线学习支持是指通过互联网端口为用户提供在线学习资源和服务，帮助用户在学习过程中获取必要的信息和辅助工具。

1．学习资源整合

整合高校图书馆的数字资源和学习资料，为用户提供在线阅读、下载和借阅服务。大数据技术可以应用于资源的智能推荐和个性化定制，如根据用户的学科领域和学习兴趣为其推荐相关的学习资源。

2．学习分析与评估

利用学习管理系统和在线学习平台收集学生的学习行为数据，分析学生的学习习惯、兴趣和知识水平，为学生提供个性化的学习建议和辅导。大数据技术可以应用于学习数据的挖掘和分析，例如，使用机器学习和数据挖掘算法对学生的学习数据进行模式识别和预测，并利用数据可视化技术将学生的学习情况以图表等形式呈现出来。

3．在线学习社区建设

建立一个在线学习社区，让用户可以在社区中进行学习交流、讨论和合作。大数据技术可以应用于社区的构建和运营，例如，利用社交网络分析技术分析学生之间的关系和兴趣相似度，为学生提供个性化的社交推荐和合作建议。

第五章　大数据时代高校图书馆的智慧服务

第一节　高校图书馆智慧服务概述

一、图书馆智慧服务的概念

智慧图书馆是指利用先进的信息技术和智能化系统，将传统图书馆与现代科技相结合，实现图书馆资源的数字化、网络化和智能化管理的一种图书馆模式。智慧图书馆通过数字化图书馆资源的建设和管理，包括数字化馆藏、数字图书馆系统和网络服务平台的建设等，使用户可以随时随地访问、检索和利用图书馆资源。智慧图书馆还包括智能化的馆藏管理系统、自助借还设备、自动化的图书馆门禁系统，以及个性化的推荐服务等。通过智慧图书馆的建设，图书馆能够提供更广泛的资源和更便捷的服务，提升用户体验和满意度。

图书馆智慧服务是智慧图书馆的核心内容之一，它是指图书馆利用先进的信息技术和智能化手段，为用户提供个性化、定制化、智能化的图书馆服务。图书馆智慧服务包括但不限于以下几个方面：

（1）个性化服务。通过分析用户的阅读兴趣、借阅历史和偏好，利用推荐算法和数据挖掘技术，向用户提供个性化的图书推荐和阅读建议。这种服务能够帮助用户更快速地找到符合自己兴趣的资源，提高信息获取效率。

（2）智能检索与导航。图书馆智慧服务通过智能化的检索系统和导航工具，使用户能够更快速、准确地找到所需资源。这些系统可以根据用户的查询意图和需求，提供智能化的检索建议和相关信息，帮助用户快速地定位所需资源。

（3）在线学习支持。智慧图书馆提供在线学习平台和电子资源，支持用户进行远程学习和自主学习。这些平台提供在线课程、学术数据库、电子期刊等资源，满足用户对知识的需求，促进学习与知识传播。

（4）数据分析与决策支持。智慧图书馆通过对用户行为数据和图书馆资源的分析，可以为图书馆管理者提供决策支持和战略规划。通过数据分析，图书馆可以了解用户的需求和行为模式，针对性地改进服务和资源配置。

二、高校图书馆智慧服务的特征

随着科技的发展和社会的进步，图书馆服务也经历了从传统服务到电子服务，再到现在的智慧服务的演变。高校图书馆作为学术信息服务的核心机构，正在向智慧化转变。如图 5-1 所示为高校图书馆智慧服务的特征。

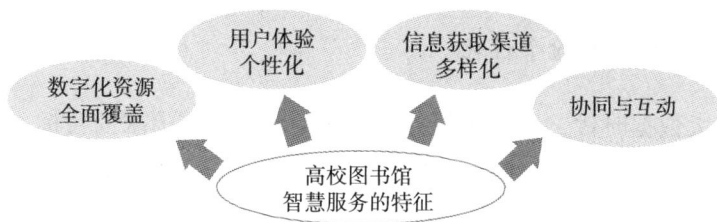

图 5-1　高校图书馆智慧服务的特征

（一）数字化资源全面覆盖

在大数据时代，数字化资源全面覆盖成为高校图书馆智慧服务的重要特征之一。通过广泛运用现代数字化技术，高校图书馆将大量图书、期刊、学术论文等知识资源转化为可在线访问和检索的电子格式，不仅大幅提升了图书馆信息服务的效率和便利性，而且深刻影响了高校的教学和研究活动。

在信息化与数字化大趋势下，高校图书馆服务模式也进行了创新和变革。传统的纸质媒介存储方式已不能满足现代社会对信息获取速度和便捷性的需求。在此背景下，高校图书馆通过数字化采集和购买电子资源等多种方式，实现了不同知识资源的数字化处理和存储，为用户提供了更为丰富和多元化的信息获取途径，有效满足了用户对精准、高效信息服务的需求。数字化资源全面覆盖的实现也离不开完善的数字资源管理系统的支持，通过精细的资源分类、索引、存储和检索等功能，用户可以更快速、方便地获取所需信息，不仅提高了高校图书馆的信息服务水平，而且优化了用户体验，进一步提升了高校图书馆的社会服务价值。同时，数字化资源全面覆盖对高校的教学和研究活动产生了积极的推动作用。教师可以获取更多元化的教学资源，从而更好地辅助教学；学生和研究人员可以方便获取丰富的学术资源，推进研究进程。这也体现了高校图书馆的核心职能之一——为学术研究提供信息支持。

（二）用户体验个性化

在大数据时代，个性化服务成为各类服务领域追求的目标，高校图书馆智慧服务亦然。通过使用数据挖掘和机器学习等先进技术，高校图书馆对用户需求进行深度洞察，提供个性化的用户体验。

高校智慧图书馆采集并分析用户行为数据，包括阅读历史、检索词、借阅频次等，以理解用户的需求和兴趣。这一过程往往通过数据挖掘技术实现，即从大量数据中提取有用的信息和知识。高校图书馆还利用机器学习技术进行预测分析，提前预见用户的可能需求。在得到用户需求和兴趣的基础上，智慧图书馆可以提供个性化的推荐和服务。例如，根据用户的阅读历史和偏好，系统可以向用户推荐相关的资源。这种推荐服务不仅可以满足用户的即时需求，还能激发用户的新需求，从而提供更全面的服务。此外，高校图书馆还可以根据用户的特性和需求，提供定制化的服务，如个性化的学习资源、研究支持、信息咨询等。

个性化的用户体验无疑可以提高用户的满意度。高校智慧图书馆能够提供高效、准确的信息服务，从而提高用户的满意度，让用户感受到被重视和尊重，提高用户的忠诚度。此外，个性化的用户体验还可以促进用户对图书馆服务的持续使用。

（三）信息获取渠道多样化

在大数据时代，多样化的信息获取渠道已成为高校图书馆智慧服务的显著特征。相较于传统高校图书馆依赖纸质图书和期刊的信息提供方式，现代高校图书馆通过引入电子图书、数据库、在线期刊等数字化资源，显著拓宽了信息获取渠道。

电子图书、数据库和在线期刊等数字化资源，不仅极大地丰富了高校图书馆的馆藏资源，而且提供了更为便捷的信息访问方式。用户可以通过电脑、手机等设备，随时随地获取高校图书馆的数字化资源，无须受到地点和时间的限制。这一变化对于提升高校图书馆服务效率和满足用户需求具有显著的促进作用。同时，高校图书馆也逐渐意识到单一的资源采集模式已无法满足日益复杂的信息需求。因此，许多高校图书馆开始建立合作关系和共享机制，与其他图书馆、知识机构，以及学术社区建立联盟，共享各自的资源，不仅丰富了高校图书馆的馆藏资源，而且使用户可以通过一处门户访问到多个图书馆或机构的图书资源，极大地增加了信息的可访问性。

（四）协同与互动

在高校图书馆智慧服务中，协同与互动的特征越来越显著。通过引入社交媒体、在线讨论平台和虚拟协作工具等技术手段，高校图书馆正在转变为一个真正的学术社区，不仅可以提供信息资源，而且可以促进知识的交流和创新。

通过社交媒体和在线讨论平台，高校图书馆能够激发用户的交流和合作。用户可以在这些平台上分享阅读笔记、发布评论和建议，参与学术讨论和知识共享，这不仅能够提高用户的使用体验，而且有助于高校图书馆更好地理解和满足用户的需求。此外，这种在线互动方式能够提高信息的传播效率，从而提高高校图书馆的社会影响力。

高校图书馆的协同与互动特性有助于学术社区的构建。在这个社区中，教师、学生、研究人员和图书馆馆员等可以共享知识，发表观点，开展合作，推动知识的发展和创新。学术社区的建立，不仅有助于提高高校图书馆的学术影响力，而且能够提升高校的学术研究水平。

三、智慧服务在高校图书馆服务工作中的优势

（一）优化资源获取与利用

在大数据时代，智慧服务可以显著优化高校图书馆的资源获取与利

用。通过大数据技术，高校图书馆可以有效整合各类信息资源，包括电子图书、数据库、在线期刊、社交媒体信息等，形成全面而多元的信息服务体系。同时，智慧服务还可以通过数据挖掘、用户行为分析等手段，了解用户需求，推动资源的精准供给和个性化服务，从而实现资源获取与利用的最大化，提升服务效率和用户满意度。

1. 资源整合能力增强

在大数据时代，智慧服务为高校图书馆提供了高效的手段来整合各类信息资源。由于数字化资源的快速发展，高校图书馆面临着海量的信息资源，如电子图书、数据库、在线期刊、社交媒体信息等。智慧服务通过大数据技术，可以高效整合这些信息资源，形成全面而多元的信息服务体系，使得高校图书馆能够提供丰富、全面的信息服务，满足用户的多样化需求。

2. 精准服务

智慧服务可以通过大数据技术，精确感知用户的信息需求。通过收集和分析用户的搜索记录、阅读记录、在线行为等数据，智慧服务可以深入了解用户的信息需求和使用习惯。基于这些数据，智慧服务可以实现精准推送，即根据用户的需求和兴趣推送相关的信息资源。这种精准服务不仅能够提升用户的使用体验，也能够提高高校图书馆资源的使用效率。

3. 个性化服务

智慧服务可以通过大数据技术提供个性化的信息服务。根据用户的信息需求和使用习惯，智慧服务可以定制个性化的服务内容，如个性化的搜索结果、个性化的阅读推荐等。这种个性化服务，能够提升用户的使用体验，使用户感到高校图书馆服务更加贴心、更容易满足其个性化需求。

4. 面向未来的信息服务

大数据技术使智慧服务具备了预测未来需求的能力。通过分析历史数据和当前趋势，智慧服务可以预测未来的信息需求，并提前准备相关资源。这种面向未来的信息服务，使高校图书馆能够更好地满足用户的信息需求，提升高校图书馆的服务水平。

（二）支持学术研究与创新

智慧服务在支持学术研究与创新方面具有显著优势。大数据技术使高校图书馆能够提供更为丰富和精准的学术信息，满足教师、学生和研究人员的研究需求。同时，通过社交媒体、在线讨论平台等工具，智慧服务能够促进学术交流，激发创新思维，从而提升高校的学术研究水平和创新能力。

在研究活动中，教师、学生和研究人员需要高质量的数据和信息资源，以便进行深入的研究。通过智慧服务，高校图书馆能够提供高质量的信息资源，并且能够针对用户的具体需求进行个性化推送。例如，智慧服务能够根据用户的研究领域、历史检索记录等信息，提供相关的学术文章、研究报告、数据集等。这种个性化的信息推送，能够提升用户获取相关信息的效率，从而推动学术研究的深入开展。

此外，智慧服务可以通过整合社交媒体和在线讨论平台，为用户提供便利的学术交流环境。在这个环境中，教师、学生和研究人员可以分享他们的研究成果，交流学术观点，进行研究合作。这种交流环境不仅有利于知识的分享和传播，而且有利于创新思维的产生。在学术交流中，人们往往会接触到新的观点、新的方法，从而激发出创新思维。同时，通过社交媒体和在线讨论平台，智慧服务可以实现学术信息的快速传播。例如，当一篇高质量的学术论文发表后，智慧服务可以快速地将这篇论文推送给相关领域的教师、学生和研究人员。这样一来，他们可以在很短时间内了解到新的学术成果，从而为新的研究提供参考。

（三）提升信息服务品质

智慧服务的引入为高校图书馆带来了信息服务品质的显著提升，大数据技术在其中起到了核心作用。通过用户行为分析和预测，智慧服务可以准确地理解和预见用户需求，提供精准的信息服务。这种预见性和精确性能够大幅度提升用户体验，增强用户对高校图书馆的满意度和忠诚度。

智慧服务中的用户行为分析，主要指收集和分析用户在高校图书馆中的行为数据，如搜索记录、阅读记录、点击记录等。通过分析这些数据，可以探究用户的兴趣偏好、信息需求等。然后，基于分析结果，智慧服务可以提供精准的信息推送服务，如根据用户的兴趣偏好推送相关书籍或论文，或者根据用户的信息需求推送相关新闻或报告。智慧服务的预见性主要体现在能够通过大数据技术预测未来的信息需求。例如，通过分析历史数据和当前数据，智慧服务可以预测用户未来的信息需求，然后提前准备相应的信息资源，这种预见性服务能够有效满足用户的信息需求，提升服务效率。

此外，智慧服务也通过用户满意度调查、服务质量评估等方式，持续优化服务流程，提升服务品质。例如，通过用户满意度调查，可以了解用户对当前服务的满意度，了解服务中的优点和不足，然后针对这些反馈进行服务改进。通过服务质量评估，可以评估当前服务的效果，了解服务的强项和弱项，然后针对这些评估结果进行服务改进。这种持续优化和提升，可以使高校图书馆的服务品质不断提升，从而提升用户的满意度和忠诚度。同时，这种服务品质的提升也能够提升高校图书馆的社会影响力，使其能够更好地服务于社会，满足社会的信息需求。

（四）促进社区建设与文化传播

智慧服务在助力高校图书馆实现社区建设与文化传播方面具有显著

优势。智慧服务的核心在于建立互联互通的社区环境，促进用户交流，激发学术讨论，形成活跃的学术社区。智慧服务通过建立和利用社交网络，以及在线讨论平台，实现用户之间的高效互动。这种互动方式不仅包括在线的学术讨论，而且包括共享阅读体验、学术资源和研究成果。这些交流活动有助于用户之间的知识共享，提升用户的归属感和参与度，从而使高校图书馆成为真正的学术社区。

此外，智慧服务在文化传播方面也有独特优势。高校图书馆不仅是学术资源的宝库，而且是文化资源的宝库。智慧服务通过举办各类文化活动，如知识讲座、学术讨论会、书籍推荐等能够展现高校图书馆的文化价值，传播文化，提升高校图书馆的文化影响力。特别是在数字时代，高校图书馆需要利用智慧服务提供的平台，进行文化传播和价值传递。例如，高校图书馆可以通过在线讲座、直播分享等方式，传播文化价值，提升文化影响力。

在大数据时代，智慧服务不仅提供了信息服务的新模式，而且为高校图书馆的社区建设和文化传播开辟了新的道路。通过利用智慧服务，高校图书馆可以更好地实现其社区建设和文化传播职能，从而提升其影响力和价值。

第二节　基于大数据的高校图书馆智慧服务构建

一、融入大数据开展高校图书馆智慧服务的必要性

融入大数据是高校图书馆发展智慧服务的必然选择。通过大数据技术，高校图书馆可以更好地理解用户的需求和行为，提升服务质量，优化资源配置，加强与用户的互动。这不仅有助于提升高校图书馆的服务效率，而且有助于提高用户的满意度，最终实现高校图书馆服务的智慧化。

首先，大数据的体量大，这意味着高校图书馆可以获得更多的用户

数据，包括用户的借阅记录、在线搜索行为、电子资源使用情况等。这些数据可以帮助高校图书馆了解用户的借阅习惯和需求，为用户提供精确的推荐服务，提高服务效率。例如，基于用户的历史借阅记录和搜索行为，高校图书馆智慧服务可以使用推荐系统为用户推荐相关资源，这不仅能帮助用户快速找到他们需要的资源，还能帮助高校图书馆提升服务质量和效率。

其次，大数据的多样化为高校图书馆提供了新的服务可能性。大数据不仅包括结构化的数据，如借阅记录、用户信息等，还包括非结构化的数据，如用户的社交媒体数据、评论、反馈等。通过分析这些多样化的数据，高校图书馆可以更全面地了解用户的需求和行为，进而优化服务模式，提升用户满意度。例如，通过分析用户的反馈和评论，高校图书馆可以发现服务的不足之处，并及时进行改进。

最后，大数据的及时性和真实性，使高校图书馆可以实时了解用户的需求变化，及时调整服务策略。例如，通过实时分析用户的在线搜索行为和借阅记录，高校图书馆可以发现新的借阅趋势，预测未来的资源需求，从而使资源采购更为精准，避免资源浪费。

二、从理论角度看高校图书馆智慧服务构建的愿景

（一）实现利益相关者的职责与权益

1．更好地发挥服务主体职责

高校图书馆，作为高校文化的重要组织，为高校师生和研究人员提供教学和科研服务，承载着独特的社会责任，具有丰富的资源、广泛的空间和专业的馆员队伍，这些都是高校图书馆自身的优势。然而，要实现大数据背景下的智慧服务模式建设，仅依靠高校图书馆自身是远远不够的，需要与其他部门协作，共同构成一个服务主体。在构建大数据背景下的高

校图书馆智慧服务模式时，首要任务是确定相关的服务主体。

利益相关者理论为智慧服务模式的研究提供了理论解释框架。对于高校图书馆来说，要构建成功的智慧服务模式，必须首先确定并理解利益相关者，从而确保在服务模式的构建过程中，能够综合考虑到所有相关方的需求和权益；同时，还需要与其他部门密切协作，共同推进智慧服务模式建设，最大化地利用高校图书馆的优势，以满足用户的需求。有学者提出，利益相关者是指那些能够对目标实现过程产生影响，或者会受到目标实现影响的个人或团体。[①] 从这个角度出发，高校图书馆作为高校的组成部分，可被视为一个利益相关者组织。

本书将服务主体的构成设定为高校图书馆、智慧馆员、高校教务管理部门，以及高校教育数据中心，这些服务主体在大数据视域下被期望共同提升服务整体水平，以更有效地履行各自的职责。

在大数据时代，掌握并合理利用数据是获得竞争优势的关键。高校图书馆利用大数据的初衷是实现教育信息化，满足用户需求，并推动自身的创新性发展。高校教育数据中心的职责在于对大数据进行采集和预处理。高校教务管理部门与高校图书馆之间需要搭建双向业务桥梁，以便及时沟通，审批服务的开展情况，并为高校图书馆提供更充足的资金支持。智慧馆员作为智慧服务的实际执行者，随着教育大数据的引入，他们被期待提升其数据分析能力和研究能力。表 5-1 详细阐释了服务主体的职责。

表 5-1　大数据视域下智慧服务模式利益相关者职责

主　体	职　责
高校图书馆	利益相关者主体间的纽带：了解用户需求；定期组织馆员学习；对大数据进行深度挖掘，分析得出结果并应用于服务

---

① 姜利华.基于利益相关者理论的高校图书馆治理研究 [J].科技情报开发与经济，2011（13）：40-42.

续　表

主　体	职　责
智慧馆员	服务实际实施者：不断提升自身的服务技能，与时俱进；有一定的数据分析能力
高校教务管理部门	教师、学生与图书馆之间的中转站：提供资金支持
高校教育数据中心	数据提供者：收集数据；提供数据平台

2．通过数据实现用户参与图书馆决策

在高校图书馆的利益相关者构成中，除服务主体外，用户被视为核心利益相关者。用户是高校图书馆智慧服务的直接受益者。从这个视角出发，虽然用户从服务中获益，但他们同样应参与高校图书馆的决策管理，这是利益相关者的责任和权益。然而，受制于现实环境中各种客观因素，实现这一目标具有一定的难度。由于用户的需求直接决定了高校图书馆的资源结构和服务形态，因此，在大数据视域下构建智慧服务模式，可以数据来代替用户，通过用户数据，理解用户需求，据此制定服务策略，这种信息化的方式有助于实现用户参与管理决策的愿景。通过分析和处理用户的行为和需求数据，高校图书馆可以调整其资源和服务，以更好地满足用户的需求，从而实现用户在决策管理中的参与。

（二）形成良性循环的智慧服务生态

信息生态是一个由人、行为、价值和技术在一定环境下所构成的系统。在信息生态理论中，"人"被视为核心。

在智慧服务模式中，智慧馆员被视为实际为用户提供服务的实体。他们与用户的接触最密切，接受用户的咨询，为用户传递资源。同时，智慧服务通过大数据，可以更好地了解用户需求，制定更符合用户需求的服务策略。在高校图书馆智慧服务模式中，可以借助大数据实现馆员和用户的双向互动。例如，馆员为用户提供服务，用户在接受服务后，通过网站服务评论区或留言板，反馈需求信息和对服务的评价。馆员利用这些信息，对服务内容进行再升级。

良好的数据组织环境，以及大数据与智慧服务的相关技术，构成了智慧服务模式的基础，而智慧馆员的素质也是智慧服务的基础之一。以信息生态理论为基础，构建融合大数据的高校图书馆智慧服务模式，这就像在栽培一棵树，技术、环境、人员素质为树根，数据的采集和分析为大树主干，为用户提供的服务就像分叉的枝节，用户的知识产出是果实。果实落地后，对大树有滋养的效果，即用户的知识反馈。可以说，信息生态理论能够为高校图书馆智慧服务模式提供理论支持，能更好地梳理智慧服务各要素之间的关系，构建良性循环的智慧服务生态。

（三）打造更贴合用户使用习惯的线上智慧服务

习惯领域理论的主要思想如下：每个人的大脑所编码存储的概念、思想、方法、经验、技巧及信息等，经过一定时间后，如果没有重大的刺激，这个编码存储的总体将处于相对稳定状态，即思想或想法一经稳定，主体对人、对事、对问题的反应（包括认识、判断、做法等）就有一种习惯性。这可以用来指导构建更贴合用户使用习惯的线上智慧服务。传统高校图书馆服务模式依赖于纸质文献的传递和人工帮助，当代大部分学生习惯于通过网络获取信息，这表明当代学生更倾向于通过网络进行阅读。

在日常生活中，很多人已经习惯了智能手机、平板电脑等设备上各种应用程序为他们提供的便利服务，并习惯了通过这些设备进行信息交流。如果高校图书馆仍然采用繁杂的传统服务模式，难以适应用户的习惯，图书馆的发展将会面临困境。因此，构建大数据视域下的高校图书馆智慧服务模式的目标之一是通过引入教育大数据，根据用户习惯及时调整服务内容，使服务不仅局限于实体图书馆，还可以延伸到广阔的网络平台。这样一来，可以将用户数据分析结果应用于个性化的阅读推荐等服务，通过移动图书馆、微信公众号等网络平台向用户推送和推荐资源，从而实现打破空间和时间限制的服务，使用户更加便捷地获取信息。

三、大数据对高校图书馆智慧服务的支持

（一）数据获取

在大数据视域下的高校图书馆智慧服务模式中，大数据的采集是基础环节。数据的采集涵盖了从数据源识别、数据获取到数据清洗和整理的全过程，其精确性和专业性至关重要。

数据源的识别需要对数据的来源进行准确的鉴别，以保证数据的真实性和有效性。在高校图书馆环境中，数据源包括图书借阅系统、电子资源数据库、学习管理系统、研究项目数据库等。每一个数据源都有其特点和价值，需要精确识别。数据获取是数据采集过程中的关键步骤，它涉及如何从已识别的数据源中获取数据。在高校图书馆环境中，数据获取可以通过多种方式实现，如应用程序接口、网络爬虫、数据库查询、日志文件等。获取的数据包括文本、数字、图像、声音等多种形式，以满足不同的分析需求。数据清洗是一个重要环节，它的目的是提高数据的质量，使其更适合后续的数据分析。数据清洗的过程包括数据的格式转换、空值处理、异常值处理、重复值处理等。在这个过程中，需要采用一些数据处理技术和方法，如数据转换、数据归一化、数据填充等，以确保数据的质量和完整性。数据整理是数据采集的最后一个环节，它的目的是使数据具有统一的格式和结构，以便于后续的数据分析和解读。数据整理涉及数据的分类、排序、分组、编码等。在这个过程中，需要采用一些数据结构和算法，如数据框、列表、数组、哈希表等，以支持高效的数据操作和分析。

在高校图书馆环境中，尤其需要关注用户行为数据、学习行为数据和研究数据的采集。这些数据包含了丰富的信息，能够反映出图书馆的运营状况、用户的行为模式、研究活动的趋势等。这些数据的采集往往涉及复杂的数据流处理、实时数据采集，以及各类型数据源的整合，需要高度

的技术专业性。

（二）数据前期分析

获取大数据之后，进行数据前期分析是必要步骤。这一阶段的目标是深入了解数据的内容和结构，预测可能出现的问题，并确定适宜的数据处理和分析方法。

1.用户行为数据分析

用户行为数据分析是高校图书馆智慧服务模式中的一个核心组成部分。对用户行为数据的精细研究和分析可以揭示用户的需求和行为模式，进而帮助图书馆服务提供者做出更有针对性的决策，以提升图书馆的服务质量和用户满意度。

用户行为数据是理解用户需求的重要信息源，其中包括用户的借阅率、用户的借阅模式，以及电子资源的使用情况等信息。例如，通过分析用户的借阅率，可以发现用户对某种类型或某个主题书籍的需求，从而针对性地增加相关书籍的采购和储备。同时，借阅模式的分析则可以揭示用户在图书馆使用过程中的习惯和偏好，如用户常常在哪些时间段使用图书馆，用户借阅的书籍类型有哪些，用户借阅书籍的频率如何等。此外，电子资源的使用情况也是一个重要的考察点。随着数字化和网络化进程的加快，电子资源在图书馆中的份额越来越大，用户对电子资源的需求也日益增加。通过分析用户使用电子资源的行为，如访问频率、阅读时间、检索关键词等，可以进一步理解用户的信息需求，以及用户在使用电子资源过程中遇到的困难和问题。

用户行为数据分析还可以帮助图书馆服务提供者了解和预测用户行为的变化。例如，通过时间序列分析，可以预测在特定时间段内图书馆的使用情况，从而提前调整图书馆的服务计划；通过关联规则分析，可以发现用户在图书借阅和电子资源使用过程中的潜在规律，从而提供更具个性化的服务。

2．学习行为数据分析

在高校图书馆智慧服务模式中，学习行为数据分析成为一个关键要素，关注点在于学生的学习活动。分析这类数据的目标是理解、评估和优化学生的学习行为和学习结果，这种理解将有助于提供更有效和更具个性化的学习支持。

学习行为数据主要来自在线学习平台、学习成绩和学习时长等。在线学习平台（如网络课程、学习管理系统）能够产生丰富的行为数据，如学习内容的浏览记录、在线讨论的记录、学习资源的使用情况等。这些数据为揭示学生的学习习惯、学习风格和学习难题提供了可能。学习成绩是学生学习效果的直接反映，包括平时成绩、期中成绩、期末成绩等。通过分析学生的学习成绩，可以评估学生的学习效果，从而发现学生学习中存在的优点和问题。学习时长是衡量学生学习投入的重要指标，分析学生的学习时长，可以了解学生的学习动力和学习负担，为提升学生的学习效率和学习满意度提供参考。

通过对学生学习行为数据的分析，可以获得对学生学习行为和学习效果的深入理解。例如，通过聚类分析，可以将学生分为不同的学习类型，如高成就者、低成就者、积极学习者、被动学习者等，从而针对不同类型的学生提供不同的学习支持。通过关联规则分析，可以发现学生学习行为和学习结果之间的内在联系，如学习时长与学习成绩的关系、学习资源的使用情况与学习结果的关系等，从而提出有效的学习策略。

3．研究数据分析

研究数据分析在高校图书馆智慧服务模式中发挥着重要作用。对研究成果、研究活动和研究投入进行量化和评估的研究数据，能为了解研究活动的动态变化、识别研究的新趋势、评估研究团队或个人的表现，以及优化研究资源的分配提供基础。

研究成果数据，如论文发表数量、引用情况、专利申请数量、软件著作权等，是衡量研究成果的重要指标。对这些数据的分析可以揭示研究团队或个人的研究能力和研究影响力，例如，通过比较不同研究团队或个人的研究成果数据，评估他们的研究表现，进而指导研究资源的分配和研究政策的制定。研究活动数据，如研究主题、研究方法、实验数据等，是理解研究活动的重要信息源。通过对这些数据的分析，可以获取研究活动的深层信息，如研究热点、研究趋势等。例如，通过文本挖掘技术，可以识别出研究文献中的关键词和热点主题，从而识别出研究的新趋势。研究投入数据，如人力投入、资金投入、设备投入等是评估研究效率的关键因素。通过对这些数据的分析，可以评估研究项目的成本效益，优化研究资源的分配。例如，可以通过分析研究项目的投入产出比，评估研究项目的经济效益，从而为研究项目的决策提供参考。此外，研究数据分析还能发现潜在的研究伦理问题，提升研究质量和效率。例如，通过对研究数据的审计，可以发现数据篡改、数据重复使用等不端行为，保障研究的公正性和可信度。

四、基于大数据的高校图书馆智慧服务模式的具体构建

（一）基于大数据的高校图书馆智慧服务模式的整体架构

1．构成要素

（1）服务主体。服务主体主要指高校图书馆工作人员和智能化的高校图书馆系统。高校图书馆工作人员的主要职责是协助用户进行信息检索，提供专业的咨询服务，维护和更新图书馆资源。智能化的高校图书馆系统是服务主体的重要组成部分，它通过大数据分析和机器学习等技术，提供个性化推荐服务，帮助用户找到所需资料。

（2）服务对象。在智慧服务模式构建中，服务对象主要包括高校的师生群体以及其他相关访问者，这个范围较广，包含学生、教师、研究人员等。这些服务对象有各自特定的信息需求，对高校图书馆的服务提出了多样化和个性化的要求。

学生作为服务对象，是图书馆服务的主要接受者，他们的需求包括课程学习资料、辅助教材、科研论文等。此外，他们可能需要图书馆提供其他服务，如借阅服务、图书推荐服务、信息检索培训等。大数据技术可以帮助图书馆更好地理解学生的需求，并为他们提供个性化的服务。例如，通过分析学生的借阅记录和在线行为，图书馆可以向学生推荐相关资源。教师和研究人员是图书馆的另一重要服务对象。他们需要获取最新的学术资源，进行教学和研究工作。图书馆可以通过大数据分析，定位他们的研究领域和兴趣，为他们提供定制的资源推荐服务。同时，图书馆还可以通过分析教师和研究人员的使用行为，优化资源配置，提高服务效率。此外，其他访问者，如校友、企业、社区成员等，也是图书馆的重要服务对象，图书馆可以通过大数据分析，了解他们的需求，并提供适合的服务。例如，校友可能需要图书馆提供校史资料，企业可能需要图书馆提供市场研究报告，社区成员可能对图书馆的文化活动感兴趣等。

（3）服务环境。服务环境不仅包括高校图书馆的物理环境，如设施和空间布局，还包括高校图书馆的数字环境，如图书馆网站和在线资源的配置。优化服务环境能够大幅度提高用户的体验和满意度，进一步推动高校图书馆服务质量的提升。

一方面，物理环境的优化是智慧服务模式构建的基础。物理环境主要指图书馆的建筑设施，如阅读空间、讨论区、自助服务设备等。阅读空间应提供舒适、安静的阅读环境，讨论区应满足多元化的学习交流需求，自助服务设备如自助借阅机、信息查询终端等应方便快捷，满足用户的自助服务需求。此外，物理环境还应充分考虑无障碍设计，为残障人士提供便利。另一方面，数字环境的优化是智慧服务模式构建的关键。数字环境主要涉及图书馆网站和在线资源。图书馆网站应具有良好的用户界面，提供便捷的导航和搜索功能，使用户能够快速找到所需的信息和服务。在线资源应具有丰富性和有效性，满足用户的多元化需求。大数据技术可以用于优化数字环境，如通过用户行为分析来改善网站设计、提升用户体验，通过资源使用情况分析来优化资源配置、提高资源利用率。此外，物理环境和数字环境应紧密结合。例如，通过射频识别、二维码等技术，用户可以在物理图书馆中快速获取和使用数字资源；反之，用户也可以在数字环境中预定物理图书馆的座位和设施。

（4）服务内容。服务内容是构建智慧服务模式的核心，它涵盖了高校图书馆的所有服务项目，包括书籍借阅、信息检索、学术咨询、个性化推荐等。在大数据视域下，高校图书馆服务内容可以变得更加丰富和个性化，以满足用户的多元化和高级化需求。

书籍借阅是图书馆服务的基础，它是用户获取知识的主要方式。在智慧服务模式中，书籍借阅可以通过大数据和人工智能技术进行优化。例如，通过用户行为分析，图书馆可以预测用户的借阅需求，提前为用户推荐相关书籍；通过借阅记录分析，图书馆可以优化书籍的配置和流通，提高图书的利用率。信息检索是图书馆服务的重要组成部分，它能够帮助用户在海量资源中找到所需信息。在大数据视域下，信息检索可以实现更精准和更快速的搜索。例如，通过自然语言处理和机器学习技术，图书馆可以提供语义搜索服务，理解用户的查询意图，提供相关的搜索结果；通过用户行为分析，图书馆可以提供个性化的搜索建议，提高搜索效率。学术咨询是图书馆服务的重要功能，它为用户提供了研究活动支持。在智慧服务模式中，学术咨询可以利用大数据和人工智能技术提供更专业和更高效的服务。例如，通过文献计量和数据分析，图书馆可以为用户提供研究趋势分析、作者影响力评估等服务；通过机器学习和知识图谱技术，图书馆可以提供知识发现和知识链接服务，帮助用户发现新的研究领域和话题。个性化推荐是智慧服务模式的一个重要特征，它通过大数据分析用户的兴趣和行为，为用户提供个性化的服务。例如，通过分析用户的借阅记录和搜索行为，图书馆可以推荐与用户兴趣相关的书籍和资源；通过社交网络分析，图书馆可以为用户推荐可能感兴趣的学者和研究小组。

（5）基础设施。基础设施包括大数据管理的平台、技术，以及智慧服务所应用的技术。大数据管理平台可以收集、存储、处理和分析大量的教育数据，为高校图书馆提供决策支持。智慧服务所应用的技术包括机器学习、人工智能等，主要用于推动高校图书馆服务的智能化。在基础设施的构建上，高校图书馆需要选择适合自己需求的技术和平台，并持续进行技术更新和改进。

2．技术支撑

（1）智慧服务中的相关技术。图书馆的技术化发展正在变得愈发活跃，高校图书馆智慧服务体系的构建，无疑是这一变革的领导力量。无线射频识别、物联网、大数据、云计算、人工智能等技术正在不断推动高校图书馆服务的智慧化，使之变得更加科学、合理、实用且便捷。

人工智能和大数据技术是目前推动高校图书馆智慧化的主要驱动力。结合这两大技术，高校图书馆可以实现更为精准、更具深度的智慧服务。其中，通过运用深度学习技术，高校图书馆可以精准推荐与用户需求相匹配的文献资源。这样一种方式，不仅提升了用户的借阅体验，而且极大地提高了图书馆资源的利用率。无线射频识别技术作为物联网发展的重要技术之一，已在高校智慧图书馆的建设和服务中占据了重要地位。它在自助借还、图书智能盘点、智能定位和安全防盗门禁等方面都得到了广泛应用。可以说，新兴技术的发展不仅推动了高校图书馆智慧服务模式的构建，而且为其未来的发展提供了无限可能。在这个过程中，技术并不是目的，而是手段，其最终目的还是更好地服务于用户，满足他们的需求，优化他们的体验。

很多高等教育机构已经开始利用现代技术推进智慧图书馆的实践建

设。例如，上海大学图书馆采用了无线射频识别项目，读者自助选座系统，以及创新门户网站，为其提供了全新的服务模式；华东师范大学图书馆则对技术和服务进行创新，从2015年开始，这家图书馆将大数据技术引入个性化推荐服务中，通过深度分析用户的数据，精确了解用户的阅读需求和兴趣点，并根据这些数据为用户推荐相关资源；宁波大学图书馆则利用了"互联网＋"技术，开发了自己的"智慧图书馆"APP，使读者可以享受到微书导读，书籍转借、配送及实体书店借阅等一系列服务；北京邮电大学智慧图书馆服务导航系统，成功实现了实体图书馆与虚拟图书馆之间的互联互通。此外，北京大学计算机软件新技术国家重点实验室与南京大学图书馆联合进行了物联网、人工智能与机器人融合方面的深入研究，并自主研发了智能图书盘点机器人"图客"，这台机器人将无线射频识别感知、计算机视觉和智能机器人技术融为一体，能够沿着书架逐层扫描图书，精准定位图书的位置，并能立即识别出错误放置的图书，实现了全自动的图书盘点，大大减轻了图书馆工作人员的压力。这些创新性实践充分展示了高校图书馆在推动智慧服务模式建设过程中的积极探索和努力。同时，这些实践也揭示了智慧图书馆不仅可以提高服务质量和效率，而且能够深化图书馆与用户的交互，提升用户的服务体验。

（2）智慧服务中的大数据相关技术，包括数据采集技术、数据存储技术、数据挖掘技术、数据分析技术等。

①数据采集技术。数据采集技术在高校图书馆智慧服务模式中起到了至关重要的作用。这些技术主要通过记录用户的行为和交互过程，收集用户的偏好、兴趣和需求。在这个过程中，各种自动化工具、网络爬虫和物联网设备等被用于实时捕捉和记录数据。高校图书馆也可以通过反馈问卷、用户评价和在线行为分析等方式收集数据。这些数据，无论是结构化的还是非结构化的，都构成了图书馆大数据的重要组成部分。

②数据存储技术。在大数据时代，传统的数据存储方式已无法满足高校图书馆的需求。因此，高校图书馆开始采用分布式存储、云存储和数

据仓库等新型存储技术，不仅能够存储海量的数据，而且可以提供快速、灵活的数据检索和查询服务。此外，这些技术还提供了数据备份、恢复和安全管理等功能，保证了数据的完整性和安全性。

③数据挖掘技术。数据挖掘技术是从大规模、复杂的数据集中发现有用信息和知识的过程。在高校图书馆智慧服务中，数据挖掘技术被用来识别和理解用户的行为模式和偏好。例如，通过聚类、分类、关联规则和序列模式分析等技术，图书馆可以预测用户的需求，提供个性化的服务。

④数据分析技术。大数据分析技术是高校图书馆智慧服务模式中不可或缺的部分。数据分析技术可以从收集的大量数据中提取有价值的信息，以便更好地理解和满足用户的需求。例如，通过数据可视化、预测分析、情感分析等技术，图书馆可以了解用户的阅读习惯和偏好，从而提供更精确的推荐服务。同时，数据分析技术还能帮助图书馆优化其资源分配，提高服务效率。

3．总体框架

在大数据视角下，高校图书馆智慧服务模式是一个技术驱动和基于用户需求的创新模式。该模式在坚实的技术基础支持和良好的组织环境下，通过智慧馆员的深入分析和数据处理，将分析结果融入智慧服务。它通过多元化的智慧服务，满足用户的多样化需求，打造智慧化的服务环境。本书以信息生态理论为指导，以大数据技术为主线，构建了大数据视域下的高校图书馆智慧服务模式的总体框架。这个框架分为三个层次——基础层、数据资源层和应用层，如图5-2所示。

（1）基础层。基础层是大数据视域下高校图书馆智慧服务的基础支持。它由三部分组成：技术、组织环境、馆员素质。其中，技术如数据挖掘、数据采集、数据分析及无线射频识别、人工智能、物联网等，为智慧服务提供必要的支持。组织环境需要高校图书馆加强与其他部门的合作，创建一个良好的服务环境和氛围。馆员素质是服务的基础，高校图书馆应积极选拔和培养一支具备数据意识和智慧服务能力的新型团队。

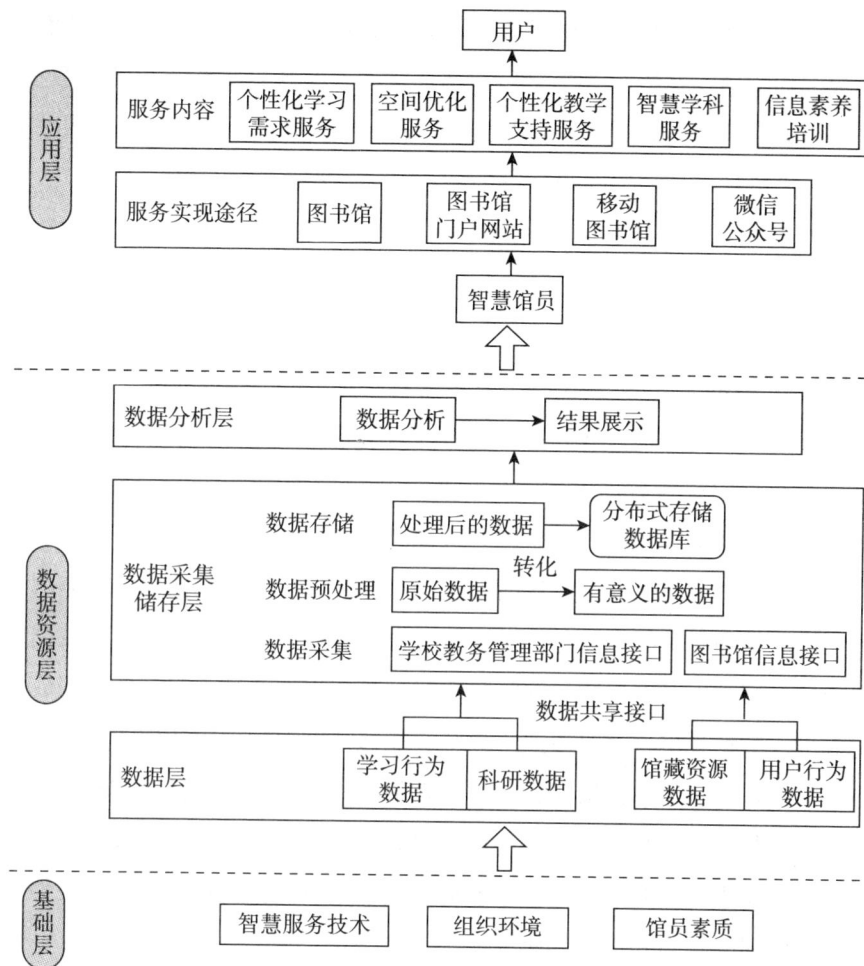

图 5-2 大数据视域下高校图书馆智慧服务模式总体框架图

（2）数据资源层。数据资源层是教育大数据的处理中心，职责包括数据的采集、预处理、存储和分析，最后将得出的结果呈现出来。数据资源层包含了数据层、数据采集存储层和数据分析层三部分。在数据层，数据被进行了有效分类。高校图书馆有能力直接获取内部数据，包括馆藏资源数据和用户行为数据。这些内部数据将直接用于后续的分析。学习行为教学数据和科研数据由学校的教务管理部门进行采集，并被存储在数据平台。针对这部分数据，高校图书馆需要与相关部门建立数据链接，从而实现数据的流通。在数据采集之后数据还需要经过预处理程序，清洗数据，将原始数据转化为有意义的文本数据。最后，数据被分类存储在不同数据库中，等待进一步的提取和分析。

在高校图书馆智慧服务模式中，数据一般被分为四类。第一类是图书馆的馆藏资源数据，包括各种数字馆藏资源、研究管理数据、学校自建机构知识库等。第二类是用户行为数据，这些数据来自用户在图书馆内部的具体行为操作，如借阅图书、查询资料、进出图书馆的时间、预约自习室的数据，以及下载文献资料、使用咨询服务等产生的数据。第三类是学习行为数据，这些数据由教学部门提供，包括学生的考试成绩、所选课程、近期考试安排等信息。通过对这些数据的分析，图书馆能够了解学生的普遍需求和个性化需求，从而提供针对性服务。这类数据也可以应用于图书馆为教师提供的个性化教学服务。教师能够从学生的学习行为数据中清晰地了解学生对课程知识的吸收情况。对学生的考试成绩、作业完成情况等进行数据分析，及时传递给教师，能够帮助教师了解学生的知识薄弱点、兴趣点、课业掌握情况，从而使教师在之后的教学中及时调整教学方案。第四类是研究数据，包括用户的研究产出、研究项目，以及使用图书馆一站式检索平台时产生的检索数据。图书馆以此类数据为依据，能够掌握高校的研究状态和用户的研究需求。

（3）应用层。在这一层，高校图书馆将大数据分析结果应用到智慧服务中，制定一系列满足用户需求的智慧服务内容，并由智慧馆员实施。智慧馆员利用智慧服务技术，借助各种平台，如移动图书馆、微信公众号、门户网站等，将用户所需的资源传递给用户。服务内容包括智慧学科服务、个性化教学支持服务，以及切合用户需求的空间服务、考试服务、个性化推荐服务等。

（二）大数据在高校图书馆智慧服务模式中的应用方式

1. 高校图书馆融合大数据开展智慧学科服务

高校图书馆融合大数据技术可以为智慧学科服务提供支持。高校图书馆可以通过大数据分析学生的借阅记录、阅读行为，以及学术关注点，从而为学科教师和研究人员提供有针对性的学术资源推荐。通过深入分析学生的学习需求和兴趣偏好，高校图书馆可以为教师提供个体化的学习素材和参考文献，帮助教师更好地设计教学内容。借助大数据技术，高校图书馆可以收集和分析学生在学科学习过程中的数据，如学习成绩、作业表现等，以便为学科教师提供准确的学术评估和反馈。通过对学生学习数据的挖掘和分析，高校图书馆可以帮助教师及时发现学生学习中遇到的问题和困难，从而提供个性化的学习支持和辅导。

2. 高校图书馆依托大数据开展个性化教学支持服务

高校图书馆可以利用大数据技术提供个性化教学支持服务。通过收集学生的学习数据和个人信息，高校图书馆可以建立学生档案和学习轨迹，为教师提供详尽的学生背景信息和学习情况。基于这些数据，高校图书馆可以为教师提供个性化的教学建议和指导，帮助教师了解学生的学习习惯和学习风格，从而更好地调整教学策略和教学内容，提供有针对性的学习资源和辅导服务。借助大数据分析技术，高校图书馆还可以对学生学习过程中的问题进行预测和诊断。通过挖掘学生学习数据的模式和规律，高校图书馆可以帮助教师发现学生的学习难点和瓶颈，并提供相应的解决方案和支持，以提高学生的学习效果和满意度，促进他们的学术成长。

3. 高校图书馆利用大数据提供面向学生的个性化需求服务

借助大数据技术，高校图书馆可以为学生提供个性化的需求服务。

通过分析学生的借阅记录、阅读偏好和学术兴趣，高校图书馆可以向学生提供定制化的图书推荐和学术资源引导。通过精准的数据分析，高校图书馆可以了解学生的知识需求和学术关注点，帮助他们快速找到合适的学习资料和参考文献，提供个性化的学习支持和咨询服务。大数据技术还可以帮助高校图书馆为学生提供个性化的学习路径和学习建议。通过分析学生的学习行为和学习成绩，高校图书馆可以为学生制订个性化的学习计划，帮助他们合理安排学习时间和任务，提高学习效率和学习成果。同时，高校图书馆还可以根据学生的学习情况和学术需求，为他们提供相关的学术活动和学习机会，促进学术交流和合作。

4．大数据视域下信息与数据素养培训服务

在大数据环境下，高校图书馆可以利用大数据技术提供信息与数据素养培训服务。高校图书馆可以通过大数据分析，了解学生和教师在信息搜索、数据管理和数据分析方面的需求和瓶颈。基于这些分析结果，高校图书馆可以为学生和教师提供相关的培训课程和资源，帮助他们提高信息检索能力、数据处理能力和信息素养。同时，通过大数据技术，高校图书馆可以为学生和教师提供实际的数据分析案例和实践机会，帮助他们理解和应用数据分析的基本概念和方法。此外，高校图书馆还可以提供数据可视化工具和资源，帮助用户更好地理解和展示数据分析结果。通过信息与数据素养培训服务，高校图书馆可以提升学生和教师的信息素养，使他们能够更好地应对信息时代的挑战和需求。

五、基于大数据的高校图书馆智慧服务的实施保障

大数据视域下高校图书馆智慧服务的实施需要技术、人员等多方面保障。要想做好高校图书馆智慧服务，尤其要注意以下几个方面：

（一）打造具有较高数据素养的智慧馆员队伍

在大数据环境下，高校图书馆需要致力于打造高数据素养的智慧馆员队伍，以应对信息环境对图书馆服务的要求。对此，高校图书馆需要培养馆员在大数据环境下的数据技能和信息管理技能，并促进跨学科合作和知识共享。

培养馆员的数据技能是关键一环。在大数据时代，高校图书馆馆员需要具备一定的数据技能，包括数据获取、处理、分析和可视化等方面的知识和技术。数据获取涉及对各种数据源的了解和利用，包括图书馆自身的数据、学术数据库、社交媒体数据等。数据处理涉及数据清洗、整合和转换等，以使数据变得可分析和可应用。数据分析则需要馆员具备统计学、机器学习和数据挖掘等方面的知识，能够运用适当的算法和工具对数据进行挖掘和分析。数据可视化是将分析结果以可视化形式呈现，帮助用户理解和应用数据。此外，高校图书馆应加强馆员的信息管理技能。信息管理技能涵盖信息组织、检索、评估和利用等方面的技能。馆员需要了解和运用不同的信息组织方式和标准，如分类法、主题词表和元数据等，以便有效组织和索引图书馆资源。此外，馆员还需要具备信息评估能力，能够判断和评估不同来源和不同类型信息的质量和可靠性，以为用户提供可信赖的信息资源。信息利用则是指馆员能够将信息与用户需求匹配，提供个性化和精准化的信息服务。

为了提高智慧馆员队伍的数据素养，高校图书馆应为其制订全面的培训计划，包括针对不同层次和职能的馆员的培训内容和方式，以满足不同馆员的需求。培训内容包括数据科学基础知识的讲授、数据分析工具和技术的培训、数据挖掘和机器学习的应用案例分析等。培训方式可以采用线上和线下相结合的形式，包括课堂培训、研讨会、在线学习平台等。图书馆应鼓励馆员参加相关学术会议和培训班，扩展他们的学术视野和专业技能。在培养数据素养的过程中，激励机制和奖励机制会起到重要作用。

图书馆可以设立奖励制度，鼓励馆员积极参与数据分析和应用工作，例如通过评选优秀数据应用案例、表彰数据创新成果等方式进行激励。此外，图书馆还可以为馆员提供专业发展机会，如资助参加学术会议、支持参与项目研究等，以激发馆员对数据工作的热情和动力。

除培训支持外，高校图书馆还应积极推动跨学科合作，促进知识共享和技术交流。跨学科合作可以帮助馆员了解不同学科领域对数据的需求和应用方式，拓宽他们的数据思维和应用能力。与计算机科学、数据科学等学科的合作可以促进技术和方法交流，帮助馆员掌握先进的数据分析和挖掘技术。此外，与其他学科领域的合作可以促进图书馆资源与学科研究的有机融合，为学术研究提供更好的支持。

（二）改进智慧咨询服务

在大数据环境下，高校图书馆面临着改进智慧咨询服务的难题，以提供更加个性化和精准化的服务。这需要利用大数据分析技术、跨媒体整合、虚拟助手与智能机器人技术等手段，为用户提供高度定制化的咨询体验。

1. 数据驱动的咨询服务

通过大数据分析技术，高校图书馆可以对用户行为和需求进行深入分析，从而更好地理解用户的偏好、兴趣和需求。通过分析用户在图书馆网站、移动应用或社交媒体上的浏览、检索和借阅行为，高校图书馆可以建立用户画像，并针对不同用户群体提供个性化的推荐和咨询服务。例如，根据用户的浏览历史和借阅记录，推荐相关的图书、期刊或学术资源，以满足用户的特定需求。

2. 跨媒体整合

高校图书馆拥有丰富的媒体资源，包括图书、期刊、多媒体资料等。

高校图书馆通过整合这些资源，并利用智能化系统进行关联分析和推荐，可以为用户提供所需信息的多样化渠道。例如，当用户在咨询过程中提出特定的问题或需求时，系统可以通过关联分析推荐相关的图书和期刊文章，并提供相应的引用和摘要信息，以帮助用户快速获取所需知识。

3．引入虚拟助手和智能机器人技术

虚拟助手和智能机器人可以通过语音识别、自然语言处理和机器学习等技术与用户进行实时交流。它们可以回答常见问题、提供简单的指导和解释，并根据用户的反馈和行为数据不断优化自身的服务。此外，虚拟助手和智能机器人还可以通过与图书馆的知识库和资源数据库的链接，提供更加准确和全面的咨询服务。例如，当用户提出问题时，虚拟助手可以自动检索相关资源，并将检索结果呈现给用户，从而提供更加精准和高效的咨询体验。

（三）打造交互式智慧服务

数据整合与共享是打破数据孤岛的关键。高校图书馆应建立统一的数据平台和信息共享机制，将图书馆内部各类数据资源整合起来，并与校内外其他数据源进行链接。这样做可以实现数据的共享和交换，打破不同数据系统之间的壁垒，从而获得全面、综合的数据视图。数据整合包括图书馆的图书、期刊、论文等资源的整合，以及与校园管理系统、教务系统、研究管理系统等其他系统的数据链接。通过整合不同数据源的信息，高校图书馆可以提供更加全面和多样化的智慧服务。

数据可视化展示是增强用户对智慧服务理解和参与的重要手段。大数据分析结果通常包含复杂的数据关系和模式，通过数据可视化技术将这些结果展示给用户，可以帮助用户更直观地理解数据信息。高校图书馆可以利用可视化工具和技术，将数据分析结果转化为可视化形式，以呈现数据的趋势、关联和规律。这样的可视化呈现方式不仅能够提高用户对智慧

服务的认知和理解，还能够激发用户的兴趣和参与度。

此外，用户参与反馈也是实现交互式智慧服务的重要途径。高校图书馆应鼓励用户参与智慧服务的设计与评价过程，通过收集用户反馈和需求，不断改进和优化服务模式。例如，可以开展用户调研和访谈，了解用户对当前智慧服务的评价和期望，以及他们对未来智慧服务的需求。高校图书馆还可以建立用户反馈机制，如通过在线反馈表单、社交媒体平台等定期收集用户的意见和建议，以此帮助高校图书馆更好地了解用户需求，提供更加符合用户期望的智慧服务。

（四）重视非空间化创新服务

在大数据视域下，高校图书馆不仅应提供传统的空间服务，还需要重视非空间化服务的创新。

数字资源访问与推广是非空间化服务的重要方向之一。高校图书馆可以提供在线数字资源的访问服务，使用户可以远程获取和利用图书馆的电子资源，包括电子图书、期刊文章、学位论文、学术数据库等。通过建立合适的访问平台和认证机制，用户可以随时随地通过网络访问这些数字资源，满足他们的学习和研究需求。同时，高校图书馆还可以通过推广和宣传，提高用户对这些数字资源的认识和使用意愿，以促进数字资源的充分利用。

远程培训与指导是非空间化服务的另一个重要方向。高校图书馆可以通过远程技术手段，为用户提供在线培训和指导服务。例如，高校图书馆可以开设在线课程、提供视频教程，帮助用户提升信息素养和数据应用能力。这些远程培训和指导服务可以灵活地适应用户的学习需求和时间安排，使用户能够根据个人情况进行自主学习和进修。通过远程培训和指导，高校图书馆可以为用户提供专业知识和技能的学习机会，帮助他们更好地应对信息时代的挑战。

此外，虚拟社交与协作也是非空间化服务的重要组成部分。高校图书馆可以构建虚拟社交平台和协作环境，为用户之间的交流和知识共享提供支持。通过这些平台和环境，用户之间可以交流学习经验、分享学术资源，并共同构建智慧服务的内容。例如，可以建立学术讨论论坛、在线研讨会和协作平台，鼓励用户进行合作学习和研究。这种虚拟社交与协作的环境不受地域限制，为用户提供了更广泛的学术交流和合作机会，促进了知识的共建和共享。

（五）制定规范以保障数据安全

在实施智慧服务模式时，高校图书馆需要制定相应的规范和政策，以确保数据安全和隐私保护。

数据保护措施是确保数据安全的基础。高校图书馆应建立严格的数据保护机制，采取一系列措施来防止数据泄露和未授权访问。如数据备份和灾难恢复策略，确保数据的完整性和可用性；加密传输技术，保护数据在传输过程中的安全性；访问控制和身份验证，限制对数据的访问和操作权限；安全审计和监控，追踪数据的使用和变更情况。通过这些数据保护措施，高校图书馆可以最大程度地保护数据的安全性和保密性。

隐私保护政策对于保护用户的个人隐私权益至关重要。高校图书馆应制定隐私保护政策，明确规定数据收集和使用的目的、范围和方式，明确告知用户个人信息将如何被收集、存储、使用和共享，以及他们在数据收集和使用过程中的权利和选择。高校图书馆还应确保对用户个人信息的合规处理，包括数据存储的安全性、数据访问权限的管理、数据共享和转移的规范等。此外，高校图书馆应该加强对馆员和合作伙伴的隐私意识培训，以切实加强个人信息和隐私保护。

高校图书馆应遵守相关的法律法规和标准，以确保智慧服务在法律和规范的框架下运行。例如，《中华人民共和国个人信息保护法》规范了个人信息的收集、存储、使用和共享的合规性要求；ISO27001 信息安全管理体系标准，提供了信息安全管理的实践标准。高校图书馆应了解并遵守相关法律法规和标准，制定相应的信息安全管理制度和流程，确保数据安全和隐私保护工作符合要求。

第六章　大数据时代高校图书馆的微服务

第一节　大数据时代高校图书馆微服务概述

一、大数据时代高校图书馆微服务的概念和特点

（一）大数据时代高校图书馆微服务的概念

高校图书馆微服务是在"互联网＋"创新环境下产生的一种服务模式。大数据时代高校图书馆微服务指的是高校图书馆利用大数据技术和微内容，为用户提供个性化、多元化、碎片化、即时化、便捷化、动态化的服务。这种服务通过数据采集、数据预处理、海量数据存储、数据分析与挖掘技术，以及数据呈现与应用技术等工具和方法来整合和分析碎片化信息。

高校图书馆利用数据采集技术，从不同的来源获取碎片化信息，如

图书馆数据库、网络资源、社交媒体等。然后，利用数据预处理技术对这些数据进行清洗、整理和标准化，以便进行后续分析和应用。海量数据存储技术用于有效地存储和管理这些数据，以便后续访问和检索。数据分析与挖掘技术是关键的一环，通过应用机器学习、数据挖掘和统计分析等方法，从大量数据中发现模式、趋势和关联性。这些分析结果可以用于推荐图书、个性化服务、用户行为分析等。最后，数据呈现与应用技术将分析结果以微内容的形式呈现给用户，通过移动图书馆应用程序（APP）或社交平台（如微信、微博、QQ）来实现，用户可以通过这些渠道获取个性化的、即时的图书馆服务。

（二）大数据时代高校图书馆微服务的特点

1. 个性化

在大数据时代，高校图书馆微服务注重个性化，与传统高校图书馆服务相比，它能够通过数据存储和分析技术为用户提供更具针对性的信息服务。传统高校图书馆服务通常以普及化服务为主，无法满足用户对个性化需求的追求。到了大数据时代，高校图书馆利用大数据技术能够实现对用户借阅和预约行为的深度分析，并根据用户的喜好和倾向性推送相关书籍和信息。例如，通过简易信息聚合（Really Simple Syndication，RSS）等工具，对不同研究领域的教师和学生分组推送内容，以满足他们的个性化需求。

此外，高校图书馆还可以利用大数据技术优化资源管理和服务流程。以借阅为例，传统高校图书馆副本量有限，当某本书借阅副本数不足时，用户只能等待其他借阅者归还才能借阅。在大数据时代，高校图书馆的微服务系统可以利用数据存储和分析技术，实时监测用户的借阅和预约信息，当借阅图书归还时，系统可以自动锁定下一位预约用户并发送通知。这种即时性的个性化服务能够提高用户体验，并有效利用图书资源。

2．多元化

大数据时代高校图书馆的微服务具有多元化的特点，主要体现在以下几个方面：

（1）服务内容多元化。传统高校图书馆主要提供信息检索、咨询和流通等基本服务。而在大数据时代，高校图书馆的微服务不仅包括传统服务内容，还注重个性化服务、自动化服务和数据可视化服务等。个性化服务针对用户的需求和偏好提供定制化的服务；自动化服务通过引入自动化技术实现服务过程的自动化和智能化；数据可视化服务通过数据分析和可视化技术，将复杂数据以直观图表呈现，使用户更容易理解和利用。

（2）数据类型多元化。在大数据时代，高校图书馆面对的数据不再局限于纸质文献，而是更多类型的数据。除了传统的文本数据，还包括音频、视频、图像、网络日志、地理位置信息等多种形式的数据。此外，大数据时代的数据还涉及结构化、半结构化和非结构化数据，其中非结构化数据的比重越来越大。高校图书馆的微服务需要适应这些多元化的数据类型，对它们进行有效收集、存储、分析和应用。

（3）服务环境多元化。传统高校图书馆服务主要在实体图书馆内提供，用户需前往图书馆进行阅读和咨询。而在大数据时代，高校图书馆的微服务将服务环境拓展至更多场景。用户无须局限于图书馆内，只要携带网络设备，如手机、平板电脑等就可以随时随地享受图书馆的服务，如用户可以在操场、教室、实验室或宿舍等场所进行碎片化阅读和查询。同时，图书馆馆员也可以利用移动设备在家或在路上提供实时参考咨询服务。这种多元化的服务环境使高校图书馆的服务更加灵活和便捷。

3．碎片化

在大数据时代，高校图书馆的微服务呈现出碎片化特点，包括服务时间碎片化、服务内容碎片化、阅读方式碎片化。这种碎片化服务能够在用户空闲的碎片时间内通过推送短小精悍的信息，满足用户的阅读需求。

（1）服务时间碎片化。传统高校图书馆服务通常需要用户前往实体图书馆，按照开放时间进行阅读和咨询。然而，在大数据时代，高校图书馆的微服务能够在用户的碎片时间内提供服务。例如，用户在课余时间或等候时间里，可以通过移动设备阅读推送内容或进行咨询。这种碎片化的服务时间使用户能够更好地利用碎片时间进行有效的阅读和学习。

（2）服务内容碎片化。在大数据时代，用户对信息资源的需求已经从追求数量转变为追求质量和效率。高校图书馆可以利用大数据技术，将冗长的会议报告、学术论文等内容进行整理和转化，呈现为图文并茂的碎片化内容，并配以精练的标题，以吸引用户注意。这种碎片化的内容能够帮助用户在短时间内快速理解内容，减轻视觉上的疲劳，增强阅读兴趣，提高效率。

（3）阅读方式碎片化。高校图书馆的微服务可以通过碎片化的阅读方式，将大量信息切分成小块，以适应用户碎片化的阅读需求。用户可以根据自己的时间和兴趣选择阅读碎片，无须连续阅读整本书籍或完整的文章。这种碎片化阅读方式能够更好地满足用户碎片化时间的限制，提供便捷的阅读体验。

4．即时化

在信息时代，随着电子设备的普及和移动互联网的发展，高校师生随身携带手机成为常态，移动设备成为师生们获取信息的重要工具。在此背景下，高校图书馆的微服务可以充分利用移动设备的特性，提供即时化的服务。即时化服务利用移动设备的定位服务，根据用户所在位置和当前时间，分析用户的可能需求，并搜寻相关资源推送给用户。简而言之，即时化服务就是在适合的时间、适合的地点以合理的方式向用户提供合适的内容。例如，基于位置的服务（Location Based Services，LBS）可以为用户提供即时的图书馆服务。在用户进入图书馆前，系统可以自动推送图书馆即将举办的会议、讲座，以及图书馆的实时自习空位数量、用户借阅到期提醒和公告等基本信息。当用户到达某个书架时，通过移动图书馆应用程序或微博、微信等社交平台，系统可以推送与该书架相关的书籍信息，以及具体位置，以帮助用户快速找到感兴趣的书籍。这种基于位置和时间的即时化服务能够为高校师生的学习和研究提供极大帮助。即时化服务的优势在于及时性和个性化。通过根据用户的位置和时间信息提供定制化的服务，高校图书馆能够提供具有针对性的信息和资源，更准确地满足用户的需求。师生在进行研究和学习时，可以及时获取到高效的信息支持，从而提高工作效率和学习效果。

5．便捷化

（1）移动设备的普及和便携性。随着移动设备如智能手机和平板电脑的普及，用户可以随身携带这些设备，随时随地进行图书馆资源的访问和利用。无论是在校内还是校外，用户只需打开相应的应用程序或访问网页，就能方便地获取图书馆的信息和资源。移动设备的便携性使高校图书馆服务变得更加灵活和便捷。

（2）实时性的信息传递。大数据时代的高校图书馆微服务通过实时的信息传递，使用户能够及时获取最新的图书馆资源和服务信息。通过移动应用程序、社交媒体平台等渠道，图书馆可以向用户发送通知、提醒和更新，包括新书推荐、图书归还提醒、借阅排行榜等。用户无须等待或亲自前往图书馆，即可获取到最新信息，大大提高了服务的便捷性。

（3）个性化的服务定制。大数据时代的高校图书馆微服务通过对用户的数据分析和挖掘，可以实现个性化的服务定制。根据用户的阅读偏好、历史借阅记录和兴趣标签，图书馆可以推荐符合用户口味的图书、期刊和相关信息。这种个性化的服务定制使用户能够更加方便地获取到自己感兴趣的资源，节省时间和精力。

（4）在线资源的便利访问。大数据时代的高校图书馆微服务提供了在线资源的便利访问。用户可以通过图书馆的在线数据库、电子图书和期刊等数字化资源，随时随地阅读和学习，不再局限于图书馆的开放时间和实体藏书。用户可以根据自己的时间安排和需求，自由选择在线资源，并且可以通过搜索功能快速找到所需要的信息，这种便利的访问方式能够大大提高用户对图书馆资源的利用效率。

二、大数据时代高校图书馆开展微服务的意义及作用

（一）大数据时代高校图书馆开展微服务的意义

1. 有利于资源的充分利用

在大数据时代，高校图书馆拥有丰富的资源，包括实体资源、数据库资源、网络信息资源和用户生成资源。通过应用大数据技术，高校图书馆可以利用分布式数据库等存储容量大且计算处理速度快的技术，对全体数据资源进行采集和整合分析。这样可以实现对信息资源的全面利用，将合适的资源推送给合适的用户，以实现资源的充分利用。

2. 促进服务模式的转变

大数据时代，高校图书馆的服务内容从传统馆藏服务模式转向"互联网＋图书馆"服务模式。通过利用大数据技术，高校图书馆可以整合多种资源，实现服务内容的丰富和多样化。例如，通过对用户的借阅行为和兴趣偏好进行分析，图书馆可以向用户推荐符合其需求的图书和信息资源。此外，高校图书馆还可以利用大数据技术对用户行为进行监测和分析，了解用户的需求变化和服务偏好，进一步优化服务。这种服务模式的转变使高校图书馆更加贴近用户需求，微服务方式能够促进这种服务模式的转变。

3. 推动图书馆与大数据技术的融合

大数据技术是时代发展的产物，高校图书馆作为信息资源管理和传播中心，可以通过大数据技术对信息进行整合和分析，提供更加精细化和个性化的服务，微服务可以推动这一过程的发展。

4. 有利于高校图书馆特色服务品牌的打造

在大数据时代，高校图书馆面临着新的机遇和挑战。为了生存和发展，高校图书馆需要紧跟时代步伐，发展具有特色的服务，以打造高校图书馆的特色服务品牌。与其他类型图书馆相比，高校图书馆的重点服务对象是全体高校教师和学生。为了满足他们的需求，高校图书馆需要将自身融入教学和学科，通过运用大数据技术，为他们提供个性化的服务，包括微服务。高校图书馆可以利用大数据技术进行精细化的数据分析和挖掘，为高校师生提供定制化的服务和资源支持。这种个性化的服务有助于提高用户的学习效果和研究成果，进而赢得用户的满意和信赖。通过打造特色服务品牌，高校图书馆可以在竞争激烈的社会中脱颖而出。特色服务品牌的打造需要高校图书馆注重提供优质、高效的服务体验，例如，通过整合和利用大数据技术，高校图书馆可以提供快速、精准的资源检索和推荐服务，帮助用户快速找到所需资源。此外，高校图书馆还可以提供多样化的学术活动和培训，如学术讲座、研究方法培训等，以满足用户的终身学习和专业发展需求。通过持续改进和创新，高校图书馆可以树立起独特的服务形象和品牌形象，吸引更多的用户关注和选择。在大数据时代，微服务是高校图书馆服务的一个重要渠道，良好的微服务有利于高校图书馆特色服务品牌的打造。

（二）大数据时代高校图书馆开展微服务的作用

1．为用户提供个性化服务

运用大数据分析技术，高校图书馆可以深入挖掘用户的借阅行为、阅读偏好和学术兴趣等多维数据，从而实现对用户的个性化需求进行精准识别和分析。基于这些数据分析结果，高校图书馆能够为用户提供定制化的图书推荐、资源导航和学术支持。例如，通过分析用户的借阅历史和阅读记录，高校图书馆可以推荐与用户兴趣相关的新书上架信息；通过分析用户的学术领域和研究方向，高校图书馆可以提供相关领域的学术期刊和研究工具。这种个性化的服务能够满足用户的多样化需求，提升用户的体验和满意度，这些个性化服务内容能够通过微服务便捷地传递给用户。

2．实现即时信息推送

在大数据环境下，当有新的图书上架、与用户借阅历史相关的学术资源更新或符合用户兴趣的活动举办时，高校图书馆可以通过移动应用、社交平台等途径及时向用户发送通知和推送信息，使用户了解到这些重要信息。这种即时信息推送的方式可以帮助用户快速获取图书馆服务更新和活动通知，提高用户对信息的获取效率和及时性。此外，通过对学术动态的实时分析和处理，高校图书馆还可以将最新的学术成果、研究进展等信息通过微服务即时传递给用户。例如，当有重要学术会议、讲座或研讨会举办时，高校图书馆可以向对该领域感兴趣的用户发送相应的通知和推送，使他们能够及时了解这些学术活动，有助于用户紧跟学术前沿动态，拓宽自己的学术视野和专业知识。

通过实现即时信息推送，高校图书馆能够提供即时、精准的信息服务，满足用户对学术资源和图书馆服务的即时需求。这种即时信息推送不仅能够方便用户获取信息，而且可以提高用户对图书馆服务的感知和满意度。同时，即时信息推送也有助于加强图书馆与用户之间的互动和沟通，建立更紧密的用户关系。

3. 促进高校图书馆微服务深层化

通过不断运用大数据技术和分析方法，高校图书馆可以从多个维度（网站、应用程序、社交平台等）对用户的行为和需求进行深入分析，以深入理解用户的学术发展需求和信息获取偏好。

通过持续、深入的分析，高校图书馆可以进一步优化和扩展其微服务的内容和形式，提供更加精细化、多元化的服务。例如，高校图书馆可以开发个性化的推荐系统，根据用户的兴趣和需求为其推荐相关学术资源和活动；可以拓展微服务的形式，通过多种渠道向用户提供便捷的访问和交流方式。通过不断优化和深化微服务，高校图书馆能够更好地满足用户对学术资源和信息的更高层次需求。这种深层化的服务不仅能够提升用户的满意度和体验，而且能够提高图书馆的服务质量和竞争力。同时，通过技术运用与创新，高校图书馆能够与用户建立更紧密的互动和沟通，进一步促进用户对图书馆的参与和支持。

三、大数据时代高校图书馆微服务的内容

（一）微内容的个性化推送服务

在大数据时代，高校图书馆的微服务应首先实现个性化推送服务。这种服务可以根据用户的历史阅读记录、搜索记录、浏览行为等进行数据分析和挖掘，以了解用户的阅读偏好和需求。利用推荐算法，图书馆可以将相关阅读材料、新书信息等内容推送给用户，从而满足其个性化的学习需求，提高信息获取效率，且增强用户的满意度和依赖性。同时，个性化推送服务还可以提供动态的学术研究动态、学术会议信息等，进一步支持用户的学术研究活动。

（二）微互动服务

微互动服务体现在提供即时、高效的用户服务上。一方面，高校图书馆可以利用社交媒体、在线聊天等工具，提供在线咨询、问题反馈等服务，也可以通过在线投票、调查问卷等方式，及时收集用户的需求和建议，来改进图书馆服务；另一方面，高校图书馆可以通过举办线上讲座、研讨会、在线阅读俱乐部等活动，增强用户的参与感及其与图书馆的互动，从而提升图书馆服务的价值和影响力。

（三）微课堂服务

微课堂服务是大数据时代高校图书馆微服务的另一个重要方面。利用在线教育平台和工具，高校图书馆可以提供各种形式的在线教育和培训服务，如信息素养课程、学术写作指导、研究方法论述、数据库使用教程等。这些微课堂服务为用户提供了随时随地学习的可能，能够帮助他们提升信息获取能力和研究技能，进而支持他们的学习和研究活动。同时，这些服务也可以提升图书馆的教育功能，展示其在知识传播和学术支持方面的重要价值。

四、我国高校图书馆微服务的实践

（一）社交平台上的微服务

1. 微信上的微服务

在当代中国高校图书馆微服务实践中，中国人民大学图书馆的服务模式非常引人注目。中国人民大学图书馆借助微信平台，构建了名为"人图"的一站式服务平台。此平台的构成主要包括特色服务、个人中心和常用服务。平台的功能鲜明多样，包括互通性能、社交性能、营销性能和数据存储性能。在互通性能方面，通过超文本链接将微博与微信整合，使用户能够在微信上方便享受微博服务。社交性能体现在其开通了"冒泡"栏目，让注册用户有机会选择感兴趣的分类栏目参与社交活动。营销性能体现在其实施了"签到攒豆豆"游戏化策略，用户可以通过豆豆兑换礼品，从而增强用户参与图书馆服务的积极性。在数据存储性能方面，该平台建立了名为"微服务 online"的大数据存储系统，记录用户的各种互动行为。

2．微博上的微服务

在当前中国高校图书馆领域，微博平台的微服务内容已较为成熟，主要包括通知公告、信息共享、用户咨询互动和微直播。

（1）通知公告。微博平台在高校图书馆服务中的应用首先体现在通知公告的发布上。此类通知主要涵盖图书馆开放和关闭的时间表、假期安排、网络系统更改、图书馆优惠政策、资源数据库使用指南、资源动态、电子信息系统更新等信息。通知公告作为高校图书馆微博服务的核心功能，能够使用户即时获取图书馆的最新动态，从而有效利用图书馆资源，进而提高图书馆的服务质量。例如，复旦大学图书馆常通过微博发布与图书馆相关的通知公告、人才招聘信息和图书馆活动信息等，为用户提供微服务；武汉大学图书馆则常常在微博上发布关于讲座、学术会议、培训活动和征稿等的公告通知。

（2）信息共享。微博的转发和评论功能在高校图书馆服务中发挥了关键作用。通过这些功能，高校图书馆可以分享与学校相关的微博，推荐图书评论，分享美丽的诗文或图片，以及与其他院校进行资源和信息共享。此外，高校图书馆还可以发起具有思考和探讨价值的微博话题和公益活动。而今，信息共享已经成为高校图书馆微博服务的重要功能之一。例如，清华大学图书馆经常在微博上评论或转发与学校相关的信息，将最新信息快速共享给用户。

（3）用户咨询互动。微博的私信和话题功能允许用户向高校图书馆提出咨询。在接收到用户的问题后，图书馆可以深入分析这些问题，识别用户需求和需求趋势，以便适时调整服务理念和模式，为用户提供个性化服务。高校图书馆的微博经常转发并回复用户反馈，与用户发布的关于图书馆的微博进行互动，发布用户在图书馆阅读或学习的照片，以传播积极的高校和图书馆形象，从而实现与用户的互动。以浙江大学图书馆为例，其微博会及时回复用户的问题，并发起相关的话题，以吸引更多的用户参与讨论，进一步推动图书馆与用户的互动交流。

（4）微直播。微博微直播是以微博为基础，整合来自微博的多方实时信息，全面展示大规模活动过程的直播平台。在微直播环境下，广大用户有机会通过加入现场报道，与其他用户共同成为高校图书馆活动的参与者。微直播已然发展成为高校图书馆微博传播信息的主要渠道，它使高校图书馆活动信息能够以最快的速度传达给用户。例如，复旦大学图书馆经常使用微博进行图书馆活动的直播，例如，其曾对"复旦大学第三届读书节"进行了全程的微直播，向用户展示了该活动的全过程，效果十分显著。

（二）APP 端的微服务

随着信息科技的进步和移动终端的广泛使用，APP 营销凭借其传播的便捷性和智能化为高校图书馆用户提供了一种全新的使用体验，并为高校图书馆微服务开创了新的路径。在现行移动智能终端中，主要操作系统包括 iOS、Android、BlackBerry 等，设计并应用适用这些操作系统的图书馆 APP 并无显著困难。观察当前我国高校图书馆 APP 微服务的运行状况可知，用户能通过高校图书馆 APP 微服务获得更为智能化、系统化的服务，进而获取全面且丰富的信息。表 6-1 展示了浙江大学图书馆、吉林大学图书馆、南京大学移动图书馆的 APP 服务功能。

表 6-1　部分高校图书馆 APP 服务功能

图书馆	功　能
浙江大学图书馆	馆藏查询、数据库导航、求是学术搜索、空间预约、超星中文搜索、通知、阅读/视听、我的图书馆等
吉林大学图书馆	馆藏查询、续借、通知公告、数据库导航、视频、书架、公开课、学术资源、报纸、扫一扫、个人中心、订阅等
南京大学移动图书馆	馆藏查询、期刊订阅、电子资源、新书通报、推荐阅读、读者荐购、预约查询等

APP 为高校图书馆提供了强劲的微服务能力，使用户可以借助该平台获取丰富的信息，以更便捷的方式使用图书馆服务。从用户角度来看，用户对高校图书馆 APP 的期待值往往颇高，大部分用户在利用实体图书馆服务的同时，也希望有功能全面的图书馆 APP 来快速查找所需资源，从而节约时间，并依据数字资源制订个人阅读学习计划。

APP 为高校图书馆服务提供了很大的便捷性，然而，高校图书馆通过 APP 提供高效的微服务仍面临一些挑战。一方面，虽然图书馆 APP 相较于微信和微博等公共平台具有更广泛的功能，并能存储更丰富的信息资源，但其开发对于技术和专业知识的门槛较高，许多高校图书馆在 APP 开发上可能遇到困扰；另一方面，尽管部分第三方商业公司为高校图书馆提供了 APP 开发服务，但部分高校图书馆过分依赖由第三方公司开发的 APP，未充分考虑到本校的学科特性及图书馆的实际需求，使 APP 缺乏创新，无法提供个性化服务，忽视了高校图书馆在 APP 建设和服务中的主导性。

第二节 大数据时代高校图书馆微服务的
实现策略

一、微内容的建设与个性化推送

（一）微内容的建设

本部分通过微信平台来阐述微内容的建设。高校图书馆的用户群体大多拥有良好的学术素养，对文献质量的要求较高。在微信广泛应用的时代背景下，这些用户往往能够迅速掌握并高效运用微信服务，他们期望了解世界的多元性，具有很强的求知欲，通常会关注多个微信公众号。微信公众号的内容繁多且形式各异，如果文章内容没有经过认真的修饰，很可能达不到良好的阅读效果，甚至可能没有得到有效阅读。因此，微信公众号文章的传播需要建立在微信社交网络基础上，才有可能被更多用户阅读。然而，微信上的微内容往往生命周期较短，发布后的三天内是阅读高峰期，如果没有进行推广，或者没有将复杂的信息整理成高质量的文献内容，这些信息可能会被用户忽视甚至遗忘。因此，延长微内容的生命周期、增加微内容的推广效果，已成为微内容建设研究的重要目标。在此背景下，高校图书馆可通过关键词法、文章法和菜单法等进行微内容的建设。

1. 关键词法

微信公众号作为微内容的主要建设平台，提供了查阅历史消息的功能，使用户能够接触到公众号以前发布的内容。然而，通过菜单栏逐步寻找所需信息和资源的方式很可能面临繁杂的信息而使效率降低。这种模式在一定程度上继承了传统高校图书馆服务模式，即需要用户逐页查找所需信息，这通常会耗费大量的时间。一种可能的改进方法是在高校图书馆微信公众号中开设关键词功能这一功能的设计需要基于对高校用户需求的深入分析，并且需要将高校学生管理系统与图书馆系统融合，进一步将图书馆资源与服务系统嵌入微信公众号的后台系统，从而构建一个微信图书馆大数据系统，实现对图书馆服务的统一管理。在此过程中，高校图书馆需要识别用户的身份和学科属性，通过后台统计程序对关键词进行整理，并采用大数据分析技术对用户在高校所有网站上的点击行为进行统计分析，从而建立用户偏好数据库。关键词数据库与用户偏好数据库的配对使更精准的关键词服务成为可能。

关键词数据库通常分为两类：一类为常规型关键词数据库和近义词库，包括查询、检索、借阅、预约等；另一类为专业型词汇数据库，包括书本、练习、期刊论文、课堂、网络资源等。当用户输入特定专业词汇时，大数据技术能够自动匹配相应的数据库，将对应的文献资源推送至微信端供用户在线查阅。此外，系统还会记录用户的使用行为，不断更新偏好数据库，为将来提供更精准的内容信息做准备。

关键词的应用模式一般有自动回复模式和指引模式两种。

（1）自动回复模式。在自动回复模式中，当用户关注某一高校图书馆的微信公众号后，系统会自动发送信息，告知用户关键词功能的存在，并提示用户可以通过检索框输入特定关键词的方式来获取所需的文献资源。

（2）指引模式。指引模式是一种将关键词嵌入公众号文章中，或通过数字提示引导用户发现微内容的方式。这是一种基于内容的关键词方法，目的是引导用户关注公众号并输入关键词，以获取其感兴趣内容。例如，清华大学图书馆在文章中嵌入关键词，并以数字回复方式引导用户获取图书馆的信息资源，该模式对于高校图书馆开展具有针对性的微服务有着重要价值。当高校图书馆发布某一专业领域的微内容时，可以在文中或者文章底部嵌入与该领域相关的内容推荐，并将关键词编辑成超链接模式，使用户只需点击关键词便可以自动跳转到所需资源界面。

2. 文章法

文章法指的是通过微信公众号以文章的形式呈现高校图书馆所提供的馆藏文献资源，并配以超链接，供用户点击使用，其主要表现形式可以分为单篇推送和嵌入推送两种。

（1）单篇推送。单篇推送是一种将互联网信息进行分类并按主题提供现代化模式，其目的是在用户界面进行精准定位和一体化的信息推送。这种模式的主要优势是具有有效性和高效性，通过集中提供相关信息，用户能够节省搜索时间，并可以按需查阅感兴趣的内容。在互联网信息泛滥的时代，这种方法可以帮助用户轻松查找和获取所需信息，提高信息获取的便利性。单篇推送模式的应用主要通过互联网上的推送系统实现，如微信公众号和一些新闻网站等，这种模式可以使内容提供者集中展示一系列相关主题的内容，为用户提供一站式服务，以提高用户体验。同时，这种模式也有利于提供者在用户之间进行有效和精准的推广。单篇推送模式的执行需要精准的定位和精细的设计。首先，内容提供者需要了解用户的兴趣和需求，以便提供相关内容。其次，内容提供者需要采用有效的分类方法，将信息按主题或类别进行分类，使用户可以轻松找到所需信息。最后，为了提高推送的吸引力，内容提供者需要制定出引人入胜的标题，以吸引用户。对于信息接收者来说，单篇推送模式提供了一种高效且便捷获取信息的方式。用户无须花费大量时间在互联网上搜索所需信息，而是可以直接通过单篇推送获取。此外，这种模式也增加了信息的可用性，使用户可以更方便地访问和使用信息。

（2）嵌入推送。嵌入推送是一种以用户为中心的信息服务模式，它通过提供与用户正在阅读内容相关的额外信息，增加了用户信息获取的深度和广度。这种模式利用超链接在正阅读的文本中或文本末尾提供相关信息，以便于用户进一步探索。嵌入推送模式的主要特点是侧重于用户的个性化需求和内容的深度相关性。嵌入推送策略的实施需要基于用户的阅读兴趣和需求。在用户阅读某一篇文章时，内容提供者可以提供与该文章主题相关的链接，以供用户在阅读结束后点击并进一步了解。这种方法相比于单篇推送模式更注重用户的阅读习惯和阅读兴趣。只有当用户对当前阅读的内容感兴趣，才可能点击提供的链接，进行进一步的阅读或研究。对于内容提供者来说，嵌入推送模式可以更有效地吸引和保持用户的注意力。它提供的链接通常与正在阅读的内容密切相关，因此更容易吸引用户。此外，这种方法也可以增加用户在特定平台上的停留时间，从而提高平台的用户活跃度和用户黏性。

3．菜单法

菜单法是一种强大且稳定的信息服务方式。在微信公众号上，菜单栏的突出性为信息传递提供了一条明确且便捷的通道。此种方式能够把微内容信息以清晰、直观的列表形式嵌入菜单栏，并且可以及时将更新信息推送给用户，使其在第一时间能够接收到信息。

对于高校图书馆等信息服务机构来说，菜单法的应用范围并不仅仅限于微内容信息的推送，常用功能模块（如续借、座位预约、研习室预约、余座查询、打印等）也可以放置在菜单栏。这种设计旨在提供一站式服务，以满足用户的各种需求。同时，这也使高校图书馆能够收集并分析用户行为数据，以进一步优化服务并提高用户体验。例如，同济大学图书馆在微信平台实现了这些功能，为学生提供了便捷的图书馆服务。在实施菜单法时，大数据分析技术在用户行为分析和菜单内容优化方面发挥着重要作用。高校图书馆可以通过分析用户对菜单栏的使用情况，来了解用户的需求和喜好，这种分析可以指导图书馆调整菜单内容，以更好地满足用户需求。例如，如果数据显示用户经常使用的功能是续借和座位预约，那么这两个功能应该被放置在菜单栏的显眼位置，以方便用户快速访问。

（二）微内容的个性化推送

每个用户的搜索行为都具有明确或模糊的意图，通过分析点击流的聚集，可以形成一个关于用户需求意图的数据库。为了提供个性化的信息推送服务，高校图书馆需要运用大数据技术对用户意图数据库进行分析。学生作为社会的一个特殊群体，具有相对明确的目标和相对单一的需求，因此对他们的分析相对容易。信息推送是一项新技术，类似于"web 广播"，它按照某种技术标准或协议，在互联网上定期传送信息。该技术利用机器学习服务器中的内容，分析用户特征，然后主动地将信息推送到适合用户的客户端，从而减少用户阅览和查询所需的时间。高校图书馆应当在合适的时间及时为用户推送个性化的信息，以满足用户在学术研究方面的需求。学术研究追求严谨和深度，因此，推送的信息必须具有专业性、深入性和时效性的特点。

高校图书馆可以通过以下方式开展个性化信息推送：

1. 频道式

频道式个性化信息推送通过利用大数据分类技术对网页内容进行详细分类，以满足用户的兴趣和需求。通过建立不同频道，内容提供者按照专业领域或文件格式等对信息进行分类，使用户可以选择并进入他们感兴趣的频道。例如，高校图书馆可以设立不同学科频道，如数学、物理、化学、生物等，使用户能够直接进入与其专业领域相关的频道，获取相关学术动态等信息。此外，高校图书馆还可以按照文件格式进行分类，如论文、期刊、会议论文集等，使用户可以根据自己的偏好选择查看不同格式的内容。通过频道式的个性化信息推送，用户可以更加方便地获取到自己感兴趣和需要的信息，节省查找和筛选时间，提高信息获取效率。同时，这种方式也使用户能够更好地掌握和关注自己专业领域的最新动态，从而促进学术交流和研究的发展。

2．通信工具式

通过利用大数据和机器学习方法，高校图书馆可以为用户筛选满足其信息需求的内容，并通过不同通信工具将信息推送给用户。高校图书馆可以根据用户的兴趣、专业领域、学术关注等内容，分析用户的需求并挖掘相关的信息资源。通过大数据分析和机器学习算法，高校图书馆可以精确地匹配用户需求，从海量信息中筛选出与用户兴趣相关的内容。推送方式包括群邮件、群短信、群微信、微博等多种方式。用户可以选择订阅或拒绝接收特定频道或主题的信息推送，以便根据个人需求进行自定义订阅。

3．APP 式

通过 APP 式的个性化信息推送，高校图书馆可以将最新的学术资讯和研究动态便捷地传达给用户，使用户可以随时随地获取到自己感兴趣和需要的信息。这种方式不仅提高了信息获取的便捷性，还满足了用户对个性化服务的需求，使用户能够更好地跟进学术研究的最新进展。

高校图书馆通过开发专门的移动应用程序，将个性化的信息推送直接发送到用户的移动设备上，如智能手机、平板电脑。用户可以在高校图书馆的应用程序中设置自己的偏好和兴趣，如选择感兴趣的学科领域、关键词、作者等，并设置接收推送通知的偏好。根据用户的设置和点击行为，高校图书馆可以分析用户的兴趣和偏好。当有新的相关内容发布时，高校图书馆的应用程序会以提醒的方式推送给用户。用户可以根据自己的时间和需求来浏览和阅读这些推送信息，同时应用程序还会记录用户的点击行为，以进一步了解用户的兴趣和偏好。

4．收藏夹式

用户可以在高校图书馆系统或应用中创建自己的收藏夹，将感兴趣或重要的信息资源收藏起来，这些信息资源包括学术论文、研究报告、书籍、期刊文章等。高校图书馆根据用户收藏夹的内容，主动搜索和匹配符合用户要求的信息资源，并通过网页主动推送给用户。

根据用户的收藏夹内容，高校图书馆可以主动搜索和匹配与这些收藏资源相关的其他信息资源。例如，对于一个用户收藏的几篇论文，高校图书馆可以通过分析这些论文的关键词、作者、引用等信息，找到与之相关的最新研究论文、学术活动、研讨会等，并将这些信息通过网页主动推送给用户。通过收藏夹式的个性化信息推送，高校图书馆可以更好地满足用户的信息需求。用户无须再花费时间和精力去寻找与自己收藏内容相关的其他资源，可以通过图书馆的主动推送直接获取到相关信息。这种方式不仅提供了定制化和更为个性化的服务，还为用户提供了更加便捷和高效的信息获取途径。

二、微互动空间的打造

（一）打造微互动空间的有利条件

1. 迅捷度高的互动终端

构建微互动空间的首要条件是灵活的、能够高速上网的互动终端。随着移动终端如平板电脑、智能手机的普及，以及宽带和网络的发展，用户对移动设备的使用越发频繁。无论是在高校的操场、图书馆、宿舍，还是公共场所，都可以看到师生们使用移动设备。有些图书馆甚至提供免费的 Kindle 电子阅读器外借服务。随着大数据技术的快速发展，智能手机的功能不断增强，移动设备为用户提供了随时、随地的体验。这些移动设备的普及为高校图书馆打造微互动空间提供了有力支持。用户可以利用移动设备方便地参与互动，获取所需的信息资源。能够高速上网的互动终端使用户能够快速地浏览、搜索和获取所需内容，并参与讨论。这种便捷性和灵活性使用户能够充分利用碎片化时间来进行学术研究和知识获取，提高了工作效率和学习成果。

2. 高人气的互动平台

高人气的互动平台是构建微互动空间的重要条件。根据中国互联网络信息中心发布的第 51 次《中国互联网络发展状况统计报告》，截至 2022 年 12 月，我国网民规模达到 10.67 亿，互联网普及率达到 75.6%；在网络基础资源和信息通信业方面，中国的域名数量和 IPv6 的活跃用户数均呈现增长趋势；在物联网发展方面，中国移动网络的终端链接总数和移动物联网链接数也呈现不断增加的趋势。与此同时，微信、微博、QQ、快手等平台的发展为高校图书馆打造微互动空间提供了良好的平台。这些平台拥有庞大的用户群体，吸引了大量活跃用户。用户在这些平台上可以轻松地分享和获取信息。图书馆可以充分利用这些高人气的互动平台，开设微互动空间，与用户进行互动，提供信息，解答疑问，分享资源等。利用高人气的互动平台，高校图书馆可以与用户建立互动关系，传播信息，促进学术交流和知识分享。在这些平台上，用户可以方便地参与讨论、提出问题、获取最新的学术资讯和图书馆服务信息。这种互动形式不受时间和地域的限制，能够满足用户随时获取信息和参与讨论的需求。

（二）微互动空间的构建

微信和微博作为常用的社交媒体平台，具备信息传播方式多样和强调互动的特点。微信支持信息、视频、语音、文本等多种格式信息的传送，并且允许多人同时聊天，注重用户之间的互动性。微博则主要以图片和文字形式发布信息，具有快捷、方便的特点。这两个平台都具备传播速度快、用户量大、即时性强、发布形式多样等特点。因此，选择微博和微信作为微互动空间的平台，对于高校图书馆微服务的顺利开展具有重要意义。

借助微博和微信这两个平台，高校图书馆可以快速传播信息、分享资源，并与用户进行互动。微信的多种信息传输方式和多人同时聊天功能，使高校图书馆可以灵活地提供文本、图片、视频等形式的信息，方便用户获取和交流。微博以简洁明了的形式发布信息，使高校图书馆可以简短的文字和图片形式快速传达重要信息。这些特点使微博和微信成为高校图书馆构建微互动空间的有力工具。

通过微博和微信，高校图书馆可以建立微互动空间，与用户进行实时互动和交流，也可以发布学术研究动态、推送图书馆服务通知、回答用户的咨询问题等，从而提供个性化、便捷的服务。用户可以通过微博和微信获取最新的学术资讯、参与讨论、分享经验和建议，与高校图书馆建立更紧密的联系。

1. 微博互动空间的构建

在微博平台上构建互动空间对于高校图书馆服务工作来说具有重要意义。通过发布基础业务信息、推荐新书、宣传活动等内容，高校图书馆能够增加用户对图书馆的了解和参与度。此外，高校图书馆还可以发起话题互动，包括培训直播、发布培训微视频等，以激发用户的兴趣并参与。高校图书馆还可以通过分析用户行为数据，如利用 SPSS 等软件进行预测分析，为用户提供感兴趣的内容。微博话题的数量可以反映图书馆的互动程度和信息服务能力，因此高校图书馆需要经常提出话题，与用户积极互动，并定期发布有价值的内容以增加转发量。此外，高校图书馆可以定期发布科普类微内容，拓宽用户的知识面并展示图书馆的信息服务能力。

微博互动空间的功能包括发布、转发、关注、评论、搜索、私信和@等。发布优质信息可以吸引用户的注意，使用户可以转发、评论。私信功能类似于传统的咨询方式，而 @ 功能可以进行个性化信息推送。搜索功能可以方便用户快速获取所需信息。可以说，微博聚合了用户的兴趣爱好和社交关系数据，并涉及多种形式的数据，如图片、文字和视频等。

高校图书馆可以利用大数据技术整合和分析这些数据，构建符合用户阅读行为的微博互动空间，从中挖掘出有价值的信息。通过大数据分析，高校图书馆可以将用户关注内容和图书馆微博相链接，形成用户兴趣微圈，帮助用户发现与自己兴趣相关的内容，并解决阅读信息分散和推送内容无用的问题。综合来看，微博互动空间的构建为高校图书馆提供了一个重要渠道，通过互动和大数据分析，可以提高用户的参与度和满意度，并提供有针对性的服务。

2．微信互动空间的构建

微信平台自推出以来备受用户青睐，其免费、即时、便捷和互动性强等特点使其成为很多用户首选的社交媒体工具。微信平台已经发展成熟，提供了即时消息、朋友圈和公众平台等功能。其中，微信公众平台提供服务号和订阅号两种类型。在此背景下，高校图书馆应紧跟时代潮流，完善微信平台的功能建设，构建图书馆的微信互动空间。微信互动空间主要包括流媒体服务和互动交流服务。在微信互动空间中，高校图书馆可以利用流媒体服务来发布各种信息，如新书推荐、活动通知、阅读推广等。通过微信平台的即时消息功能，高校图书馆能够及时传递重要的通知和信息给用户。此外，高校图书馆还可以通过朋友圈功能展示图书馆的活动和资源，吸引用户关注和参与。互动交流服务是微信互动空间的重要组成部分。高校图书馆可以建立微信公众号，与用户进行互动交流，用户可以通过微信公众号进行在线咨询、参与问答、提出建议等。高校图书馆可以通过回复用户的消息、提供专业的解答，与用户建立良好的互动关系。

（1）流媒体服务。在微信互动空间中，高校图书馆可以通过提供流媒体服务来实现基础业务服务和信息服务。

基础业务服务包括查找书刊、借阅、续借、账号处理、服务通知和讲座通知等。为了让用户及时获取最新动态消息，用户需要订阅高校图书馆的微信公众号，并通过推送订阅号的方式接收信息。高校图书馆需要建立用户微信数据库，以确保及时向用户推送续借提醒等重要通知。

在信息服务方面，高校图书馆可以开展阅读推广、微课和培训等活动。阅读推广是高校图书馆服务的重要组成部分。面对高校师生的多样化活动和科研压力，以及移动设备的普及，师生们的阅读习惯趋于碎片化，影响了他们对知识的深入研究。因此，高校图书馆可以借助微信互动空间开展阅读推广服务，如通过发布"读书节""读书月"等系列宣传活动，引导用户热爱阅读，还可以结合当前热点话题，对相关书籍进行微内容推广，撰写内容丰富并符合用户兴趣的微文，吸引用户进行阅读。此外，微课是在移动互联网时代迎合用户学习需求的产物。微课以内容精简、易于传播等特点受到用户喜爱。高校图书馆可以利用微信公众号定期发布信息素养、资源查找、馆舍服务和其他微课程服务，以满足用户对学习的迫切需求。高校图书馆还可以借助微信平台开展用户培训课程。培训课程可以微视频的形式发布在微信公众号上，让每个用户都能够方便获取感兴趣的培训内容。在开展培训活动之前，图书馆需要明确培训对象的需求，制订具有针对性的培训计划；培训结束后，评估用户的培训情况也至关重要，可以通过小测试或点赞功能等方式获取用户对培训课程的认可程度，并进行可视化分析，总结优缺点，以便后续改进。

（2）互动交流服务。互动交流服务是微信互动空间的重要组成部分，包括参考咨询和交流活动两个方面。相比于微博互动空间，微信互动空间更注重社交，因此图书馆在微信平台上的参考咨询服务具有更大的优势，见表6-2。微信平台打破了传统的一对一参考咨询服务模式。在移动设备普及的环境下，高校图书馆的每个馆员都可以成为咨询服务者，利用微信社交平台拉近与用户的距离。高校图书馆可以通过微信平台进行虚拟班级建设，定期开展学术讲座和培训课程，实现一对多的互动模式，还可以将馆员的微信二维码展示在公众号上，让用户可以根据需求添加喜欢的馆员为微信好友，展开一对一的咨询。这种模式可以更加贴近用户的需求，提供个性化的咨询服务。此外，高校图书馆还可以通过创建微信学习沙龙、微信论坛等方式，增强馆员与用户、用户与用户之间的互动。这种多对多的互动模式可以促进知识交流和经验分享，提供更广泛的互动平台。

表6-2　微博、微信对比分析

类型	核心属性	特性	平台形态	人群黏性	时间同步性	营销重点	用户关系	推广策略	内容特性
微博	流媒体	传播，速度快	对话，沟通	高黏性	按时间排序	传播链条	虚拟	聚变式覆盖	短小精悍
微信	社交	消化率高	信息表达	黏度相对较低	实时	互动深度	真实	线上，线下	短小精悍

三、微课堂的开设

（一）加强微课内容的建设

微课内容的建设主要包括教学内容的建设和课程制作的建设两个方面。

在教学内容的建设方面，高校图书馆可以建立微课教师大数据平台系统，利用大数据的采集、组织、分析和展现技术，为教师提供多样化的教学内容。通过大数据处理的数据采集平台，收集教师的行为数据，并根据教师的研究方向分析出即将开展的微课内容。当微课教师在高校图书馆进行教学内容检索时，系统能够自动筛选出教师可能需要的内容，并利用大数据展现技术提供微图片、微音频、微视频等多样化的教学内容。可以说，大数据技术改变了以往教师在海量资源中搜索的困扰，提供了更加便捷的检索服务。

在课程制作的建设方面，随着大数据时代的到来，高校教师在制作微课程时可以享受更多的便利。以往教师在录制短视频后，为了呈现更好的画面体验，常常需要自行加工视频信息，如在视频中插入问题回答模块或添加图片，这些操作需要对视频进行剪裁、插入等工作，耗时、费力。而在大数据时代，采用互联网技术，教师只需在微课堂平台上进行简单的操作，就可以轻松地插入图片、模块等内容，并集成课程与视频、字幕、交互式问答系统等功能，操作便利，也能为学生用户提供更好的学习体验。

（二）构建微课程点击和记录服务器

构建微课程点击和记录服务器的目的是统计和记录用户在微课程系统中的行为，以便进行数据分析和个性化推荐。当用户主动搜索并点击学习某门微课程时，系统会记录用户对该主题的喜好并加分，此外用户还可以通过点赞行为进一步增加评分。同时，服务器会记录用户在做题时所花费的时间。

在大数据环境下，可以通过日志采集系统对用户的搜索行为、点赞行为和做题时间等进行实时、高效的采集，并传递给计算系统进行数据过滤，有效的数据将被存储在分布式文件系统中进行固化。构建点击和记录服务器不仅可以统计用户行为数据，为微课程系统的推送提供基础，还可以评估微视频的受欢迎程度。高度受欢迎的视频往往意味着内容质量较高，当用户进行搜索时，系统可以自动推荐与用户偏好匹配的优质信息。同时，记录服务器还可以统计用户在某一题目上所花费的时间，较长的做题时间表明用户对该课题的理解程度较低。而根据不同学生的实际情况，教师可以有针对性地进行补充和辅导，实施因材施教的教学方法。

高校图书馆可以利用大数据分析技术对学生的学习情况进行统筹管理和分析，发现学生学习中的薄弱环节，并通过培训、讲座、实验活动等方式提升学生对薄弱环节的理解能力。教师也可以根据大数据分析结果改进教学模式，提高教学能力。通过积累数据，高校图书馆可以开展更丰富、更有针对性的活动，提升信息服务能力，从而逐步提升学校的教学水平。

（三）增强互动

在大数据时代，高校图书馆可以通过引入提问插件和课后练习等策略增强与用户的微互动，实现更丰富的互动体验和个性化服务。

嵌入提问插件是提升微互动的有效方式之一。通过在微课程系统中嵌入提问插件，用户可以随时在学习过程中提出问题，与课程教师进行实时互动。这种互动机制使用户能够及时解决疑惑，并获得教师的解答和指导。提问插件的嵌入不仅能够丰富用户的学习体验，而且有助于课程教师了解用户的学习需求和困难，从而提供更加个性化和有针对性的帮助。课后练习是另一种增强微互动的有效手段。高校图书馆可以在微课程系统中设置课后练习，用户可以通过系统完成答题，并获得教师的评分和反馈。这样的互动机制有助于课程教师了解用户在学习过程中的理解和掌握情况，发现用户的薄弱环节。通过评分和反馈，教师可以给予用户有针对性的指导和建议，帮助他们提升学习效果和深度。除了提问插件和课后练习，高校图书馆还可以采取其他措施增强微互动。例如，可以设置讨论板块或在线论坛，让用户可以在这些平台上与其他学习者和教师进行讨论和交流，分享学习心得。这样的交流机制能够促进用户之间的互动和学习资源的共享，提升用户的学习体验和学习效果。

通过嵌入提问插件、课后练习以及讨论板块等策略，高校图书馆能够实现与用户的微互动，提供更具个性化的学习支持和服务。这样的互动机制不仅能够满足用户的学习需求，还有助于高校图书馆了解用户的学习情况和需求，为他们提供更加精准和有效的学习指导。同时，这种互动能够促进学习者之间的交流和合作，有利于形成良好的学习氛围和学习社区。

第七章　大数据时代高校图书馆的数字资源融合

第一节　图书馆数字资源融合

一、图书馆数字资源相关理论

（一）图书馆数字资源的含义

数字资源是现代图书馆不可或缺的重要组成部分，是数字化技术和电子出版技术发展的产物。数字资源以数字形式发布、存取和利用，融合了计算机技术、通信技术和多媒体技术，是信息资源的重要表现形式之一。

数字资源广义上包括电子文献、电子资源、数字化资源、数字信息资源、电子信息资源等。狭义上，数字资源是指以数字化形式存储在非印刷型介质上的文字、图像、声音等多种形式的信息资源，通过光信号或电信号传输，利用计算机或其他外部设备再现出来。

随着图书馆数字化建设的推进，数字资源在图书馆馆藏中扮演着越来越重要的角色，并被纳入图书馆评价体系的重要指标之一。

（二）图书馆数字资源的分类

与传统印刷型文献相比，数字资源具有更加丰富的类型。根据数字资源存储介质的不同，数字资源可分为磁介质和光介质两大类。磁介质包括软盘、硬盘、磁盘阵列、活动硬盘、优盘和磁带等；光介质则包括CD、DVD、LD等。常见的数字资源存储介质有磁带、磁盘阵列、硬盘、CD、DVD等。

数字资源可以按照存储地点进行划分，分为实体资源和虚拟资源。实体资源是指存放在物理位置上的数字资源，如服务器、硬盘等；虚拟资源则是通过网络进行存储和传输的数字资源。

根据数字资源所存储信息内容的表现形式，可以将其分为电子图书、电子期刊、数据库、电子报纸、网页和多媒体资料等。电子图书是将传统纸质图书数字化后的产物，具有可搜索、可复制和可链接的特点，可以在数字设备上进行阅读和检索。电子期刊是以电子形式出版的学术期刊，用户可以通过网络访问、检索和阅读期刊文章。数据库是将各类信息资源进行整理和组织后形成的集合，用户可以通过数据库检索系统查询和获取相关信息。电子报纸是传统纸质报纸的数字化版本，用户可以通过电子报纸获取最新消息。此外，网页和多媒体资料也是数字资源的重要形式，网页是以电子稿格式编写的网站页面，多媒体资料则包括图像、音频、视频等多种形式的信息。

根据数字资源的提供者不同，可以将其分为商业化的数字资源和非商业化的数字资源。商业化的数字资源由数据库商、出版商和其他机构以商业化形式提供，如中国知网、万方、维普等提供的数字资源。这些商业化的数字资源需要付费获取或订阅。非商业化的数字资源则指图书馆自行建设的特色资源数据库、开放获取资源，以及其他免费的网络信息资源等。这些非商业化的数字资源通常免费提供给用户使用。

数字资源还可以按照加工层次进行分类，包括一次文献资源、二次文献资源和三次文献资源。一次文献资源是直接记录事件经过、研究成果、新知识、新技术的文献资源。二次文献资源是对一次文献资源进行整理、浓缩和编排后生成的文献资源，如索引、目录和文摘等。三次文献资源是对文献内容进行深度加工，经过综合分析和研究生成的文献资源，如综述、述评、研究进展和评论等。

数字资源具有多样的传播范围，可分为仅限于单机浏览和利用的数字资源、局域网内可利用的数字资源，以及任何拥有网络的地方都可以利用的数字资源。仅限于单机浏览和利用的数字资源需要用户在特定设备上进行访问和利用，局域网内可利用的数字资源则可以通过特定网络范围内的设备进行访问和利用，而任何拥有网络的地方都可以利用的数字资源则可以通过互联网在全球范围内被用户获取和利用。

（三）图书馆数字资源的应用特点

数字资源在存储形式、获取方式和利用方式上具有多方面的特点。

首先，数字资源具有内容动态性，可以随时更新和修改。

其次，数字资源具有全文检索性，用户可以通过关键词或其他检索方式快速找到所需信息。

再次，数字资源的获取和利用方式更加灵活方便，用户可以通过网络远程访问和利用数字资源。数字资源的类型和格式也十分多样，可以不同的形式和方式展示信息内容。

然后，数字资源具有可共享性，图书馆可以通过数字资源的共享和互联网的链接，与其他机构共享数字资源，从而使用户获得更广泛的信息资源服务。

最后，数字资源的时效性较高，可以及时反映最新的研究成果和知识进展。

（四）图书馆数字资源的获取

在数字资源建设方面，图书馆主要通过购买、自建和共享三种方式获取数字资源。购买是指图书馆通过购买商业化的数字资源来丰富馆藏，满足用户需求。自建是指图书馆自行建设数字资源数据库，将馆藏文献数字化并存储于图书馆服务器中。共享是指图书馆与其他机构进行资源共享，通过互联网链接和共享机制，实现数字资源的共享和互访。

二、传统图书馆数字资源和大数据环境下图书馆数字资源的比较

传统意义上，数字资源主要指图书馆购买或自建的数据库资源，以结构化数据为主。然而，大数据时代赋予了图书馆数字资源新的内涵。

首先，大数据环境下图书馆的数字资源来源更加广泛、规模更大。除了传统的图书、期刊、报纸、全文数据库和自建数据库等资源，业务数据、用户数据、浏览数据、下载数据、行业数据、相关网站数据，以及其他外部数据，都属于图书馆大数据的范畴。新技术的普及和应用，如射频识别技术、智能终端、移动图书馆和社交网络等，进一步丰富了图书馆大数据的来源。

其次，在大数据环境下，非结构化数据成为图书馆数字资源的主要类型。用户的信息需求越来越多样化，传统的以文本为主的结构化学术资源已无法满足用户需求。因此，图书馆数字资源建设更加注重音视频、多媒体、网络信息资源等非结构化数据资源的收集和采购。用户在使用移动图书馆、在线咨询平台或社交网络时产生的大量非结构化数据进一步丰富了图书馆的大数据资源。

再次，在大数据环境下，图书馆数字资源的潜在价值凸显。图书馆通过对数字资源的加工整合，充分挖掘其中潜藏的信息和知识，并以专业

的信息推送服务方式传递给用户，使其进一步增值。作为数据的生产者，图书馆可以向社会提供结构规范、内容完整的数字文献信息，直接服务于国家的经济、文化和科技发展。作为数据的应用者，图书馆可以对业务数据、用户数据等进行挖掘、整理和分析，发现内部业务流程和对外服务中存在的问题，尽可能实现馆藏文献资源与用户服务的最佳结合和服务效能的最大化。

最后，大数据环境对资源的收集、存储、加工和利用提出了更高要求。图书馆数字资源建设要适应和满足规模巨大、类型复杂的非结构化数据的获取、存储、处理和分析。因此，图书馆需要建立更加优质的数字资源建设平台，实现数据、技术、平台和服务的融合。表7-1为传统图书馆数字资源和大数据环境下图书馆数字资源的比较。

表7-1　传统图书馆数字资源和大数据环境下图书馆数字资源的比较

比较内容	传统图书馆数字资源	大数据环境下图书馆数字资源
产生背景	网络环境、数字化时代	大数据环境、数据化时代
主要来源	电子图书、电子期刊、数据库、网络信息资源等	资源大数据、业务大数据、用户大数据、行业大数据等
资源规模	KB、MB、GB级	TB、PB、EB级
资源类型	结构化数字资源、半结构化数字资源、非结构化数字资源	以非结构化数据资源为主
存储与处理技术	电子出版技术、数字化技术、计算机技术、网络技术等	云计算技术、大数据技术、数据挖掘与分析技术等
主要价值	数字资源共建共享、数字资源利用	基于图书馆大数据挖掘和分析的融合应用

三、图书馆数字资源融合相关理论

（一）图书馆数字资源融合的内涵

在传统的信息环境中，数据的收集和处理主要依赖于样本数据。在大数据环境下，上述做法已经无法满足需求，对海量数据的收集和处理变得至关重要，这是获取有价值信息的关键。然而，数据的海量增长也带来了挑战，包括数据的杂乱、分散和垃圾数据的存在，这就需要数字资源融合的理念和实践。

数字资源融合是数字资源集成和整合的较高层次，也是大数据环境的必然发展趋势。它依赖于数据公开和资源共享，旨在构建一个基于海量数据资源的统一平台，以实现数据、技术、平台和服务的融合。这一概念在图书馆环境中具有重要的应用价值。图书馆数字资源融合强调在同一平台上的异构融合，无缝链接各种资源，打破时间、空间和类型的界限，将所有图书馆数据资源融为一个有机整体，并在此基础上进一步实现技术和服务的融合。

图书馆数字资源融合的对象包括个体图书馆的数据融合、区域图书馆的数据融合、同一类型图书馆的数据融合，以及跨区域、跨类型图书馆的数据融合。每一种融合都有其特定的需求和挑战，也有其特定的价值和意义。例如，个体图书馆的数据融合可以提高个体图书馆的服务能力和资源利用率；区域图书馆的数据融合可以打破地域限制，实现资源的广泛共享；同一类型图书馆的数据融合可以实现资源的深度整合，提高服务质量；跨区域、跨类型图书馆的数据融合则可以实现更大范围的资源共享和服务协作。

（二）图书馆数字资源融合的特征

1. 数据开放、信息公开是基础

数据开放和信息公开是获取海量数据的基础。在大数据时代，数据资源的来源日益多样化，包括图书、期刊、电子资源、社交媒体数据等，这些数据的数量和多样性为图书馆提供了前所未有的机会，通过分析和利用这些数据，图书馆可以获取到有价值的知识和信息。然而，这些数据的价值并非自动显现，而是需要通过数据开放和信息公开才能实现。数据开放意味着数据易于获取和使用。信息公开则是将数据以一种易于理解和使用的形式提供给公众，使人们能够深入理解数据并从中获取价值。

数字资源融合不仅仅是将数据整合在一起，而是要将数据、技术和服务融为一个整体，实现真正的信息服务融合。数据开放为这种融合提供了物质基础，使各种来源的数据能够被整合在一起，形成一个更大、更完整的数据资源库。信息公开则为这种融合提供了知识基础，使用户能够理解和利用这些数据，从而实现真正的信息服务。

2. 数据资源、技术与服务的融合相互促进

数据资源的融合，以数据为核心，强调数据之间的集成和整合。通过数据融合，可以将不同来源、不同类型的数据融合为一体，从而获得更全面、更深入的信息和知识。然而，仅有数据融合远远不够，还需要技术的支持和服务的配合，才能真正实现数字资源融合的价值。

技术的融合，涉及各种现代技术的整合和应用，如云计算、大数据、人工智能等，这些技术的融合，可以为数据资源融合提供强大的技术支持，使数据资源融合能够在更大范围、更深层次上进行。技术的融合也有助于提高数据处理的效率和质量，为数据分析、数据挖掘、关联分析等提

供强大的工具，从而深化和拓展数据资源的价值。

服务的融合，是数字资源融合的最终目标，也是衡量其成功与否的重要标准。服务的融合涉及服务方式的创新、服务内容的拓展、服务范围的扩大等，以满足用户日益多样化、个性化的需求。对于图书馆来说，服务的融合不仅可以提高图书馆的服务质量和效率，还可以提高用户的满意度和忠诚度，从而提升图书馆的社会影响力和竞争优势。

数字资源融合不仅仅是数据资源的融合，更包括技术和服务的融合，它们之间相互支持、相互促进，共同构成了数字资源融合的核心特征。在实践中，图书馆需要全面考虑数据、技术和服务的融合，不断探索和实践新的融合方式，以适应大数据环境下的挑战和需求，为用户提供更优质、更个性化的服务。

3．数据网是最终归宿

在大数据环境下，众多分散、零碎的数据和信息被融合，进而形成大数据，这一过程表现为通过数据之间的内在联系实现无缝联结，构建起数据网。理解这种特征的深层含义，以及对图书馆资源管理与服务的影响，有助于深化对数字资源融合的认识。

无缝联结是数据资源融合的重要特征。这意味着数据资源不再是孤立存在的个体，而是通过内在联系建立起来的网络。这种联系可能基于数据的内容、格式、来源、使用情况等因素，形成一种数据与数据之间的关联和互动。这种无缝联结的特点，使数据资源形成一个完整的、结构化的整体，有利于提高数据的利用效率和价值。数据网是数字资源融合的最终归宿，是由关联的数据节点组成的网络结构，这些节点之间的关联关系构成了数据的结构和组织方式。这种数据网的形式，类似于互联网的网页链接，每一个数据节点都像一个网页，通过链接与其他节点相连，进而形成一个庞大的网络。这种数据网的形式，不仅能够提高数据的可访问性和可用性，而且可以使数据的组织和管理变得更加灵活和高效。

（三）图书馆数字资源融合的演变

数字资源发展历程包括数字资源集成、数字资源整合和数字资源融合。尽管这三者在许多方面存在相似性，但它们之间的区别也是显而易见的。数字资源发展历程反映了数字资源管理从计算机领域的集成服务，以及网络环境下的信息资源整合，再到大数据环境下的资源融合的演变。这三者的主要研究对象都是数字资源。然而，随着网络技术和互联网环境的快速发展，数字资源的范畴在不断扩大，其内涵也在不断深化。在早期的数字资源集成与整合阶段，数字资源主要关注的对象是结构化的数据库和网络信息资源，而在大数据环境下，数字资源更加重视全面的、完整的大数据资源，这反映了人们对数据价值认识的深化和提升。

从内涵角度来看，数字资源集成主要关注的是如何对来源不同、格式不同、特性不同的异构数字资源进行统一的标示、存储和管理，目的是为用户提供数字资源的统一视图。数字资源整合则更进一步，它试图对各个相对独立的数字资源系统中的数据对象、功能结构及其互动关系进行类聚、重组，以形成一个新的有机整体。可以说，数字资源整合实现了形式上和内容上的整合。相比之下，数字资源融合不仅包含了数据融合，而且强调平台融合和服务融合，更重视系统间的协作和集成。

在目标方面，无论是数字资源集成、整合还是融合，其主旨都在于推动数字资源的共享和有效利用。整体来看，在数字资源集成和整合的过程中，并未能有效地解决资源分散、重复建设、利益冲突等问题。而在大数据环境下，基于海量大数据的数字资源融合更有可能解决这些问题。

表7-2为数字资源集成、数字资源整合与数字资源融合的比较。

表7-2　数字资源集成、数字资源整合与数字资源融合的比较

比较内容	数字资源集成	数字资源整合	数字资源融合
产生背景	网络信息环境	网络信息环境	大数据环境
主要研究领域	计算机领域、通信领域	图书情报领域	公共管理领域、医药卫生领域、基础设施领域
研究对象	数字化资源	数字化资源	完整的数据化大数据
主要内涵	形式上合并数字资源	形式上和内容上整合数字资源	围绕完整大数据的集成与协作
主要目标	数字资源或数据资源的共享和有效利用	—	—

第二节　大数据时代高校图书馆数字资源融合模式分析

一、大数据时代高校图书馆数字资源融合的整体分析

（一）大数据时代高校图书馆数字资源融合的主要目标

1．数据无缝链接

大数据时代的高校图书馆应以物联网、云计算和大数据技术为依托，

确保数据资源的无缝链接。这就意味着数据应从数字化转向数据化，使各类数据资源能够进行结构化和颗粒化，进而生成标准化、开放的、非线性的、通用的数据对象；在此基础上，基于这些不同形态与类别的数据对象，进行相关应用并开展相关活动。实现数据价值创造的关键在于数据的采集和处理。高校图书馆需要收集和整合不同类型、分散存在的相关数据，经过数据清洗和处理，实现数据之间的无缝链接，进而解决数据孤岛问题，创造数据价值，并为数据的进一步开发和利用打下基础。

2．数据关联分析

在大数据时代，数据关联分析不仅能够使高校图书馆发现数据库中不同项目之间的联系，而且能够进一步拓展高校图书馆利用关联分析进行资源管理和服务提升的范围。例如，可以通过分析用户读者行为偏好、借阅数据与图书馆资源分布、服务数据的相关关系，找出图书馆现有资源分布和服务过程中存在的问题，并提出相应的改进策略。此外，关联分析也可以帮助高校图书馆根据用户需求提出具体解决方案。

3．知识发现

在大数据环境下，数据就是知识，数据就是信息。如何从海量数据中挖掘出有价值的信息，然后将这些信息转化为有用的知识和规则，对于高校图书馆的发展具有重要意义。在获取数据后，高校图书馆可以利用大数据技术对数据进行深度分析，从而发现数据背后的潜在信息和知识，进而为用户提供更好的服务。

4．服务创新

高校图书馆的服务直接关系到图书馆的生存和发展。在大数据时代，高校图书馆应该响应用户的复杂化、多样化、个性化和定制化的需求，在大数据开放、大数据管理、大数据使用、大数据挖掘、大数据分析、大数据可视化呈现等方面进行拓展和创新，提供综合性的、有价值的大数据服务。

（二）大数据时代高校图书馆数字资源融合的具体内容

大数据时代强调全体数据的重要性，而非随机样本。在大数据时代，高校图书馆数字资源的融合是大规模数据的整合，是对全量、数据化的图书馆相关数据的汇聚，包含了图书馆在时间和空间两个维度上的所有数据，将所有与图书馆相关的数据整合成一个完整的、有机的整体，并在此基础上进行开发利用，以实现价值的最大化。

从时间视角来看，高校图书馆数字资源的融合意味着将经过一定时间积累的全量数据整合在一起，即将图书馆的过去、现在和未来数据进行有序整合。从空间角度来看，这种融合涉及不同区域、不同类型的与图书馆相关的全量数据，包括图书馆的资源数据、在业务流程中产生的数据、用户信息数据，以及与图书馆相关的行业数据和外部数据等。在大数据环境下，这种全量数据呈现出"多源"特性，即多个源头从不同方向对同一对象进行数据记录，而这些数据之间可以进行互相验证。因此，图书馆数字资源的融合应包括同一主题但来源不同的数据整合、以图书馆为主体但类型不同的数据整合，以及图书馆与其他信息机构（如博物馆、档案馆）之间的数据整合等。

（三）大数据时代高校图书馆数字资源融合的基本思路

大数据的深度应用已经诞生了多种不同数据处理流程及方法。通过研究这些流程和方法，可以得出一个普遍适用的基本处理流程：大数据的收集、导入与预处理、统计与分析、数据挖掘。高校图书馆的大数据处理亦遵循此"四步处理"原则，并在此基础上实现数字资源的融合。然而，只有数字资源的融合并不能完全满足用户需求。在高校图书馆中，资源与服务有着密切的关联，只有在数字资源融合的基础上，实现服务的融合，才能真正满足用户需求，提供一站式的优质服务。一般来说，大数据时代高校图书馆数字资源融合的基本思路分为以下三个步骤：

第一个步骤是大数据的收集，即收集高校图书馆在时间和空间两个维度上的数据。在收集过程中，应关注数据的安全性，尽可能收集完整的数据，这无疑对图书馆的基础设施、存储技术，以及存储系统的扩容提出了挑战。

第二个步骤是大数据的组织与处理。在收集的数据中不可避免地会包含一些重复、无用、错误数据，因此，需要在数据导入之前进行清洗和预处理，同时根据融合系统的需求对数据进行分类、格式转换等操作，以确保数据的有效性、可用性和价值性。

第三个步骤是大数据的分析与应用。一方面，对特定需求进行数据统计和分析以解决具体问题；另一方面，通过数据挖掘工作发现大数据背后的潜在价值，预测未来趋势，并将其应用到高校图书馆的各项业务中。除为图书馆自身建设提供决策支持外，大数据分析与应用的成果主要以数据服务的形式提供给图书馆用户。

二、大数据时代高校图书馆数字资源融合的层次分析

（一）数据融合层

数据融合是在高校图书馆大数据的原始来源数据上进行的一项重要操作。这一过程主要解决了数据分布分散、异地异质异构，以及集中存取等问题。在数据融合的基础上，高校图书馆和用户可以进行简单的查询和处理工作。

高校图书馆大数据的主要来源是资源数据、业务数据、用户数据、行业数据，以及相关外部数据。也就是说，高校图书馆数据资源的主要所有者涉及高校图书馆、用户、政府，以及相关管理机构。然而，数据公开与否、公开程度等问题，往往受到用户隐私保护、知识产权、数据滥用等

问题的影响。因此，在数字资源融合过程中，高校图书馆需特别关注平衡各数据资源所有者的利益，保护用户隐私，遵守法律法规和政策，并确保这些数据不被泄露等问题。在大数据环境下，数据开放和信息公开较为常见，相关部门需要制定相应的法律法规和政策来保障其实施。

此外，在数据资源的融合过程中，主要特征是数据量大、并发数量高。因此，实现高校图书馆数据资源的融合，需要建立一个多中心、多层级的集中数据平台，用以存放不同地区、不同类型的多源数据，并通过元数据将具有关联性的所有数据互相链接，从而实现数据的有机融合。这些工作的实现，需要在充分考虑各方面利益平衡、相关规定和实际操作可能性的基础上进行，为图书馆提供更为高效、精准的数据服务打下坚实的基础。

（二）平台融合层

高校图书馆数据源的多样性、数据规模的巨大、数据类型的复杂，以及非结构化数据的多样性，使当前数字资源整合平台在数据的各个环节（如采集、组织、加工、处理、存储、共享、集成、安全、传输、挖掘、分析和利用等方面）面临着巨大的挑战。这些挑战无法仅通过传统的数据处理手段解决，需要借助大数据技术手段。其中，"平台融合"（技术融合）显得尤为关键，它指的是通过构建一个集成平台或云平台，将多种技术融入一个统一平台中，实现多种技术、多种格式数据的互操作。这种技术的使用，使复杂的高校图书馆大数据可以转化为统一且便于处理的数据标准和数据结构。为了实现这一目标，大数据环境下的高校图书馆数字资源融合需要采用数据采集技术、数据整合技术、分布式数据存储技术、云计算技术、数据库技术、数据挖掘技术、数据可视化技术，以及知识发现技术等，采用这些技术构建一个结构完备、功能齐全的数字资源融合平台。通过这样一个平台，高校图书馆不仅可以实现多种格式数据与多种技术的互操作，而且可以达到大数据共享与充分利用的目标。这些技术手段的运用，将使高校图书馆的数字资源得到更加全面和深入的挖掘，从而提高其服务质量和效率，最大限度地满足用户需求。

（三）服务融合层

在大数据环境下，高校图书馆数字资源融合的终极目标是通过大规模数据的开发和利用，为高校图书馆建设提供决策支持，同时为用户提供综合优质服务。服务融合是实现这一目标的重要途径，它在数据融合和平台融合的基础上，通过服务要素的动态优化，构建融合服务体系，实现服务内容、形式与功能的融合。

一方面，在大数据环境下，数据挖掘和数据分析成为大数据服务的核心内容，而大规模数据的处理、挖掘与分析也逐渐成为高校图书馆业务开展的主要方向。在此背景下，高校图书馆服务内容的拓展、服务策略的转变和服务质量的提高，将更多地依赖于从大规模图书馆数据中发现规律和价值。对规律发现得越多，价值就越大，图书馆的服务水平也提升得越快。另一方面，借助大数据技术，高校图书馆的服务可以更加精准化和个性化。通过数据资源的分析和数字资源融合平台的支持，高校图书馆能够为用户提供个性化服务、定制服务、数据关联分析、知识发现、数据挖掘、数据可视化等服务。这些服务不仅可以更好地满足用户的需求，而且能够帮助高校图书馆更好地发掘自身的潜力，实现其价值。因此，服务融合不仅是高校图书馆数字资源融合的一个重要环节，而且是高校图书馆实现自身发展、提供优质服务的一个重要手段。通过服务融合，高校图书馆可以更好地发挥自身的优势，为用户提供更好的服务，同时可以通过数据的分析和挖掘，为自身发展提供更多的可能性和机会。

三、大数据时代高校图书馆数字资源融合的方法分析

（一）基于语义的高校图书馆数字资源融合

语义资源融合是一种基于语义理解和语义分析的高校图书馆数字资源融合方法。语义，通常指的是事物或概念的含义，语义融合就是通过理解和分析这些含义，将相关数据和信息进行有效整合。这种融合方法强调数据的语义理解和语义关系的分析，目标是构建一个既能理解数据的语义，又能解析和管理语义关系的大数据融合平台。

在实践中，基于语义的融合方法首先需要对高校图书馆的数字资源进行语义标注和语义建模，然后通过语义检索和语义推理等技术，对数据进行有效整合。通过这种方式，不仅可以提高数据融合的精度和效率，还可以提供更加准确和个性化的服务。此外，基于语义的融合方法还可以通过识别和利用语义关系，发现数据之间的深层次关联，从而为数据分析和数据挖掘提供更多的可能性。

（二）基于主题的高校图书馆数字资源融合

基于主题的资源融合方法，是将具有共同主题或主题相关的数字资源进行有效整合的方法。它依赖于主题分析和主题建模等技术，以及主题导向的数据融合和服务策略。

在基于主题的融合方法中，通常需要首先对高校图书馆的数字资源进行主题分析，识别出资源的主题或主题相关的元素，然后通过主题建模和主题融合，将这些资源有效地整合在一起，这种方式能够使高校图书馆的资源更加系统和有序，也更能满足用户的需求。此外，基于主题的融合方法还可以为高校图书馆提供新的服务策略。比如，可以根据用户的主题需求，提供主题导向服务，或者通过主题导向的数据挖掘和数据分析，发现数据的新价值和意义。

（三）基于用户的高校图书馆数字资源融合

基于用户的数字资源融合方法是依据用户的需求、行为和反馈，进行数字资源的融合和服务。这种方法注重用户的体验和满意度，目标是提供个性化和用户友好服务。

实施这种方法需要首先理解和分析用户的需求和行为，然后根据这些信息，进行数据的融合和服务的设计。比如，可以通过用户行为分析，理解用户的兴趣和需求，然后提供相关的数据和服务；也可以通过用户反馈，优化数据的融合和服务的质量。基于用户的融合方法，不仅可以提高服务的个性化和满意度，还可以通过用户的行为和反馈，发现数据的新价值和可能性，为高校图书馆的发展提供新的视角和动力。

（四）基于应用的高校图书馆数字资源融合

基于应用的高校图书馆数字资源融合方法是一种提升资源价值并满足特定需求的策略。此类方法旨在强化数字资源与实际应用场景的关联性，进一步提升资源的可用性、实用性，以及对学术研究、教育和学习的贡献。

基于应用的数字资源融合在在线学习方面具有重要的实用价值。在网络教学环境中，高校图书馆可以通过将数字资源融合到课程设计中，提供教学资源、案例研究、学术论文等，帮助学生和教师更好地获取和利用知识。比如，课程教材、相关阅读材料、视频讲座和线上研讨的资源可以被整合到一个统一的在线学习平台中，为用户提供一站式服务。基于应用的融合方法不仅可以提高资源的实用性和使用效率，还可以通过实际的应用和效果，发现资源的新价值和潜力，为高校图书馆的发展提供新的可能性和方向。

第三节　大数据时代高校图书馆
数字资源融合平台构建

一、高校图书馆数字资源融合平台的构建意义及目标

（一）高校图书馆数字资源融合平台的构建意义

1. 实现资源的有效整合，提升资源利用效率

数字资源融合平台是一种集中管理和整合各类数字资源的技术平台，旨在提供便捷、高效的资源利用服务。通过构建统一的资源索引和检索系统，数字资源融合平台能够将传统的、孤立存在的数字资源整合在一起，实现资源之间的互联互通，从而提升资源利用效率。在传统高校图书馆管理模式中，各类数字资源往往被独立采购和管理，存在着资源信息分散、重复购买、利用率低等问题。学生和教师在获取信息时需要通过不同平台或数据库进行检索，导致使用过程繁琐、效率低下。

数字资源融合平台通过整合各类数字资源，将其集中存储、管理和索引，为用户提供统一的检索界面和一站式服务。用户可以通过平台进行全文检索、分类检索、跨数据库检索等操作，快速准确地获取所需信息。无论是图书、期刊论文、学位论文、科研数据、多媒体资源还是其他数字化资料，都可以在数字资源融合平台上得到综合呈现和访问。通过数字资源融合平台，用户不需要在不同平台之间切换，不再需要记住多个账号和密码，节省了时间和精力。同时，平台还可以提供个性化推荐服务，根据用户的兴趣和需求，推荐相关资源，帮助用户发现更多有价值的信息。数字资源融合平台还能够促进资源的合作共享和互利共赢。不同高校、图书馆和研究机构可以将自己的数字资源纳入平台进行共享，实现资源的互相借阅和互相引用。这样，一方面可以提高资源的利用率，减少资源的重复

购买和浪费，另一方面也能够促进资源的合作研究和学术交流，推动学术进步和创新发展。

2.提供全面的数字资源服务

数字资源融合平台为高校图书馆提供了一个集成和统一管理各类数字资源的平台，使图书馆能够提供更加全面的数字资源服务。

数字资源融合平台通过整合电子图书、期刊、学位论文、数据库、科研数据等各类数字资源，将它们统一存储、管理和索引，为用户提供一站式的访问和检索接口。用户可以通过平台轻松地搜索、浏览和获取所需的数字资源，无论是进行学术研究、教学支持还是知识学习，都能够得到全面的支持。平台上的数字资源涵盖了多个学科领域和知识范围，包括人文社科、自然科学、工程技术、医药卫生等。用户可以根据自己的需求，从多个数据库和资源库中获取相关的文献、数据、案例等，丰富了研究和学习的内容和来源。

此外，数字资源融合平台还能够为用户提供多样化的数字资源服务。平台上的资源不仅包括文字类的文献和书籍，还包括音频、视频、图片等多媒体资源。用户可以通过平台浏览和借阅电子图书、观看学术讲座视频、听取专家讲座音频等，从不同角度和方式获取知识和信息。数字资源融合平台的全面数字资源服务有助于满足用户的多样化需求，提供了更丰富的学术资源和知识支持。用户不再需要在不同平台和数据库中进行分散的搜索和访问，而是可以通过一个平台集中获取各类数字资源，节省了时间和精力。

3.为高校图书馆的数据分析和决策提供支持

数字资源融合平台在为用户提供服务的过程中会产生大量数据，包括用户的借阅记录、关键词搜索、访问量等信息。这些数据可以通过数据分析和数据挖掘的方法进行整理和分析，从中提取有价值的信息，为图书馆的决策提供支持。

通过对用户的借阅记录和关键词搜索等数据进行分析，图书馆可以了解用户的借阅偏好、学科研究方向、研究热点等信息以帮助图书馆了解用户的需求，优化资源采购和管理策略，提供更符合用户需求的数字资源。例如，通过分析用户借阅记录中的热门书目或关键词搜索的热点，图书馆可以及时采购相关图书和期刊，以满足用户需求。

4．提供个性化的服务体验

数字资源融合平台可以通过用户行为分析和个人兴趣挖掘等技术，为用户提供个性化的服务体验。平台可以根据用户的搜索历史、阅读偏好和兴趣爱好，推荐相关资源和信息，帮助用户发现更多有价值的内容。这不仅提高了用户的满意度，还提升了图书馆的服务质量和用户体验。

（二）高校图书馆数字资源融合平台的构建目标

以图书馆数字资源建设过程中存在的资源分散分布、重复建设、垃圾数据多、信息孤岛、资源浪费、安全薄弱及利用率不高等问题为导向，吸取大数据时代数据开放、要全体不要抽样、要相关不要因果、要模糊不要精确的思维变革，充分利用先进的云计算、大数据等技术，强化高校图书馆数字资源融合的规划设计和统筹管理，加快各类型图书馆的大数据建设，逐步构建成以云计算平台为基础、以大数据管理为核心、以大数据应用为主导、以大安全体系为保障的图书馆数字资源融合平台，实现高校图书馆资源建设从粗放式、低效能的分散建设向集约化、高绩效协同发展模式转变，降低高校图书馆的资源建设和运行成本，并全面推进高校图书馆大数据资源的共享与利用，形成以数据为基础、平台为核心、应用为目标的图书馆数字资源融合体系，使高校图书馆借助大数据思维，开展数据管理、数据挖掘、数据分析、数据可视化等大数据服务，全面提升高校图书馆在大数据时代的社会地位和重要价值。

二、高校图书馆数字资源融合平台的构建原则

（一）统一性和综合性原则

在大数据时代，高校图书馆的数字资源融合平台应尽可能地统一和综合各种信息资源。统一性不仅使用户可以在一个平台上访问各类资源，提高了资源的使用效率，同时也方便了信息的整合和管理。综合性则体现在平台能够收集、整合并提供多元化的信息资源，包括电子书籍、期刊、数据库、多媒体等，满足用户多样化的学术需求。

（二）先进性和实用性原则

数字资源融合平台应采用先进的技术和设计理念进行构建，以保持与时俱进，适应大数据时代的发展需求。同时，平台的设计和功能必须以实用性为核心，关注用户需求，便于用户使用和操作，如信息检索、资源下载等。

（三）灵活性与开放性原则

在构建平台的过程中，必须注重灵活性与开放性。灵活性体现在平台能够适应不断变化的信息环境和用户需求，方便进行系统升级和功能扩展。开放性则要求平台在保证信息安全的前提下，能够与其他系统进行接口对接，实现资源的共享和交流。

（四）可靠性和安全性原则

对于任何信息系统来说，可靠性和安全性都是非常重要的。平台需要有良好的稳定性和抗干扰性，能够抵御各种内外部故障，确保服务的连续性和稳定性。同时，平台还要有严格的安全机制，保证用户信息和资源的安全，防止数据泄露和非法访问。

（五）可拓展性和可管理性原则

数字资源融合平台需要有良好的可拓展性，方便增加新的功能和服务，以适应未来的发展需求。同时，平台还要具备有效的管理功能，方便进行系统维护、资源更新等操作，保证平台的正常运行和服务质量。

三、高校图书馆数字资源融合平台构建的技术基础

（一）云计算

广义的云计算涉及服务的提供与使用模式，它通过网络，按需求和可扩展的方式提供所需服务，这些服务既涵盖了 IT 和软件领域，互联网相关服务也包括其他各类服务。而狭义的云计算专注于 IT 基础设施的提供与使用模式，它通过网络以按需、易扩展的方式获取所需资源，如硬件、平台、软件等。这种提供资源的网络就被形象地称为"云"，以使用者的视角来看，"云"中的资源可以无限扩展，随时获取，按需使用，实现了按使用付费的模式。

云计算作为分布式处理、并行计算和网格计算等理念的延伸和商业实现，它的技术核心在于 IT 软硬件资源的虚拟化，重要技术包括编程模型、数据管理技术、数据存储技术、虚拟化技术，以及云计算平台管理技术。云计算特色主要体现在超大规模、虚拟化、高可靠性、通用性、高可拓展性、按需服务，以及低成本等方面。目前，云计算的服务形式主要包括软件即服务（SaaS），平台即服务（PaaS）和基础设施即服务（IaaS），而知名的大数据公司如 Intel、IBM、阿里云等都是云计算的热衷支持者和开发者。在大数据时代，云计算与大数据就像硬币的两面，两者虽然是独立的概念，但相互依存、相辅相成。云计算专注于计算能力，注重 IT 架构和解决方案；而大数据则专注于数据的价值，关注实际业务，其目标是通过大数据处理和分析，挖掘数据的潜在价值。在大数据过滤阶段，云计

算能够提供按需扩展的计算和存储资源；在大数据分析阶段，云计算则能保证数据处理的效率和价值信息的安全性。因此，云计算为大数据的价值转化提供了强大支持，而大数据则推动了云计算的变革。比如，谷歌的诸多大数据处理平台和分析技术，例如 GFS（分布式文件系统）、Big Table（分布式数据存储系统）、MapReduce（分布式并行处理架构）等，都是建立在云计算技术基础之上的，也催生了诸如开源数据处理平台 Hadoop 等的应用。

云计算为大数据时代高校图书馆数字资源融合平台的构建提供了重要的技术基础。云计算的应用让资源共享、数据存储、信息处理等变得更为便捷和高效。它不仅大大降低了图书馆的硬件投资和维护成本，也为大规模数据的处理和分析提供了强大的计算能力。首先，通过云计算，高校图书馆可以无缝整合各类数字资源，实现资源的统一管理和服务，提升用户体验。同时，云计算的高度扩展性能够满足图书馆不断增长的数据存储和处理需求，支持大规模数据的并行处理，使大数据分析成为可能。其次，云计算的按需服务和灵活计费模式，使图书馆能够根据实际需求灵活配置资源，有效控制成本。同时，云计算的高可靠性和安全性也为图书馆的数据安全提供了保障。最后，云计算支持的分布式计算框架，如 Hadoop、Spark 等，为图书馆提供了强大的数据处理和分析工具，可以帮助图书馆从大数据中挖掘出有价值的信息，支持图书馆的决策和服务创新。

（二）Hadoop

Hadoop 并非一个单一的元素，它包含诸多组成部分，逐渐发展为一个包含了 HDFS（分布式文件系统）、MapReduce（分布式计算框架）、Hive（数据仓库）和 Hbase（实时分布式数据库）等功能组件的全面生态系统。图 7-1 为 Hadoop 的完整生态系统构架。

Ambari（安装、部署、配置和管理工具）			

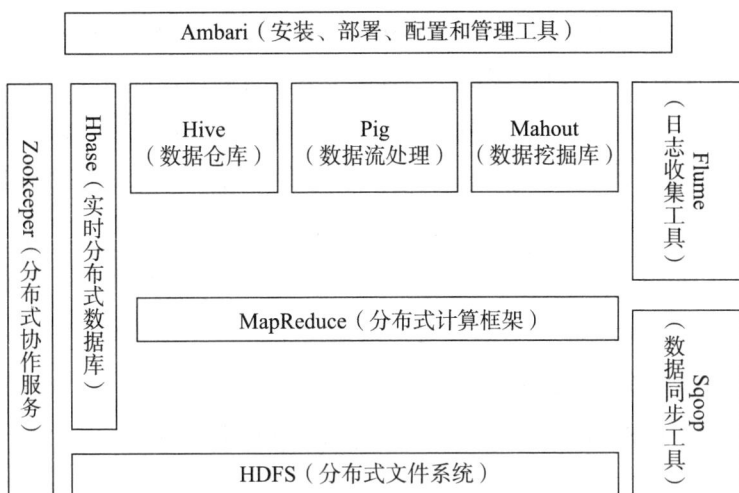

图 7-1　Hadoop 的完整生态系统构架

Hadoop，作为 Apache 基金会推出的开源框架，是一个基于 Java 语言实现的分布式系统基础架构。在大数据时代，高校图书馆数字资源融合平台的构建过程中，Hadoop 扮演了不可或缺的角色具有高度的可靠性、可扩展性、高效性，以及高度的容错性，符合高校图书馆在面对大数据时的需求。

（1）Hadoop 具有高可靠性。在大数据处理过程中，数据的完整性和准确性是至关重要的。Hadoop 可以确保在集群中的每一条数据都被备份，当某个节点出现故障时，系统能够自动重新配置，不影响整个系统运行。这种高可靠性能够确保高校图书馆的数字资源融合平台在处理海量数据时，既可以保证数据的安全性，又可以保证数据的完整性。

（2）Hadoop 具有高可扩展性。随着大数据时代的来临，高校图书馆需要处理的数据量也在持续增加。Hadoop 的分布式处理架构允许用户轻松添加或移除系统节点，以满足处理能力的需求。这种高可扩展性能够帮助高校图书馆的数字资源融合平台应对数据量的快速增长问题，提供稳定的数据处理能力。

（3）Hadoop 具有高效性。Hadoop 能够利用集群的计算能力，将大数据切分成小数据，分配给集群中的各个节点并行处理，从而大大提高了数据处理速度。这种高效性是高校图书馆在构建数字资源融合平台时必须考虑的重要因素，只有快速处理数据，才能满足用户对信息检索和使用的需求。

（4）Hadoop 具有高度的容错性。在大数据处理过程中，节点故障是常见的情况。Hadoop 能够自动备份数据，并在节点出现故障时重新分配任务，确保任务的顺利完成。这种高度的容错性能够保证高校图书馆的数字资源融合平台在面对节点故障时，依然能够正常运行。

（三）数据挖掘技术

在大数据时代，高校图书馆数字资源融合平台的构建不仅需要储存和管理大量数据，更需要从这些数据中提取出有价值的信息。这就需要利用到数据挖掘技术。数据挖掘是一种从大量数据中自动搜索隐藏信息的计算过程，它涉及多种技术，包括分类和预测、关联规则挖掘、聚类等。通过数据挖掘技术，可以发现数据中的模式、规律和关系，从而为决策提供支持。

分类和预测是数据挖掘的两种主要技术。分类是通过已知的示例数据建立一个合适的模型，这个模型能够将新的数据映射到预定义的几个类别中的其中一个。预测是通过已有数据分析并预测未来的趋势和行为。这两种技术在高校图书馆的数字资源融合平台构建中十分重要。例如，可以通过分类技术对图书资源进行分类，从而更方便用户检索；通过预测技术，可以预测某个时间段内用户的需求，从而提前准备相应的资源。关联规则挖掘是另一种重要的数据挖掘技术。它是寻找数据集中项的相互关联性或规律性的过程，可以帮助图书馆馆员发现数据之间的潜在联系。在高校图书馆的数字资源融合平台构建中，关联规则挖掘可以用来发现用户的阅读习惯，比如某些书籍或者资源经常被一齐查阅，这可以用来为用户推荐相关的书籍或资源，提升用户的阅读体验。此外，聚类是数据挖掘中一种无监督学习方法，通过这种技术可以将具有相似特性的对象聚集在一起。在高校图书馆的数字资源融合平台构建中，可以利用聚类技术将相似的图书或资料聚集在一起，为用户提供个性化的检索服务。

数据挖掘技术在高校图书馆数字资源融合平台构建中的应用还包括了异常检测、依赖建模、数据预处理等。通过这些技术，高校图书馆不仅可以更好地管理和利用自己的数据资源，也能为用户提供更好的服务。

四、高校图书馆数字资源融合平台的功能设计及体系架构

（一）高校图书馆数字资源融合平台的功能设计

1. 数据融合

数据融合功能需要处理高度复杂的数据环境，包括支持多中心、多层级的集中数据中心的构建。这样的架构有助于优化数据流动，提高数据处理效率。此外，平台必须支持分布式存储和灵活扩展，以满足海量数据存储和高效处理的需求。平台应具备并行处理架构，以有效利用计算资源，加快数据处理速度。在数据来源多样化的背景下，平台需要能够处理异地异质异构的数据，以及结构化、半结构化和非结构化的数据。最后，为了支持国产化战略，平台应支持主流国产数据库介质。

2. 数据管理

数据管理功能是高校图书馆数字资源融合平台的关键组成部分。平台应支持基于元数据的标准化管理，以确保数据的准确性和一致性。同时，需要进行全面的数据质量管理，包括数据清洗、数据校验等，以提高数据质量。在数据安全方面，平台应实施严格的数据安全管理机制，防止数据丢失和泄露。此外，平台还应支持数据的共享与开放，推动数据的广

泛利用。最后，平台需要提供数据调用与交换接口，以便与其他系统的数据交互。

3．数据应用

数据应用功能是数字资源融合平台的核心价值所在。首先，平台需要提供丰富的数据查询、检索、汇总等基本操作，以满足用户的日常需求。其次，平台应支持数据的关联分析、多维分析与数据挖掘，以发现数据中隐含的知识和规律。此外，平台需要提供业务模型和综合预测模型的构建工具，帮助用户进行决策支持。为了提高数据的易理解性，平台应支持分析结果的可视化展现。最后，为了满足移动化趋势，平台还需要支持分析结果的移动端展现。

（二）高校图书馆数字资源融合平台的体系架构

综合考虑大数据的处理流程和图书馆数字资源融合的本质特征，本书将大数据时代高校图书馆数字资源融合平台的完整体系架构分为高校图书馆大数据的获取、高校图书馆大数据的存储、高校图书馆大数据的处理、高校图书馆大数据的应用四部分内容，并将高校图书馆大数据的标准化与安全管理机制贯穿到整个图书馆数字资源融合平台的构建中，具体的体系架构如图 7-2 所示。整个平台在高校图书馆大数据的获取和存储中实现数据融合，在高校图书馆大数据的处理中实现平台融合，在高校图书馆大数据的应用中实现服务融合。

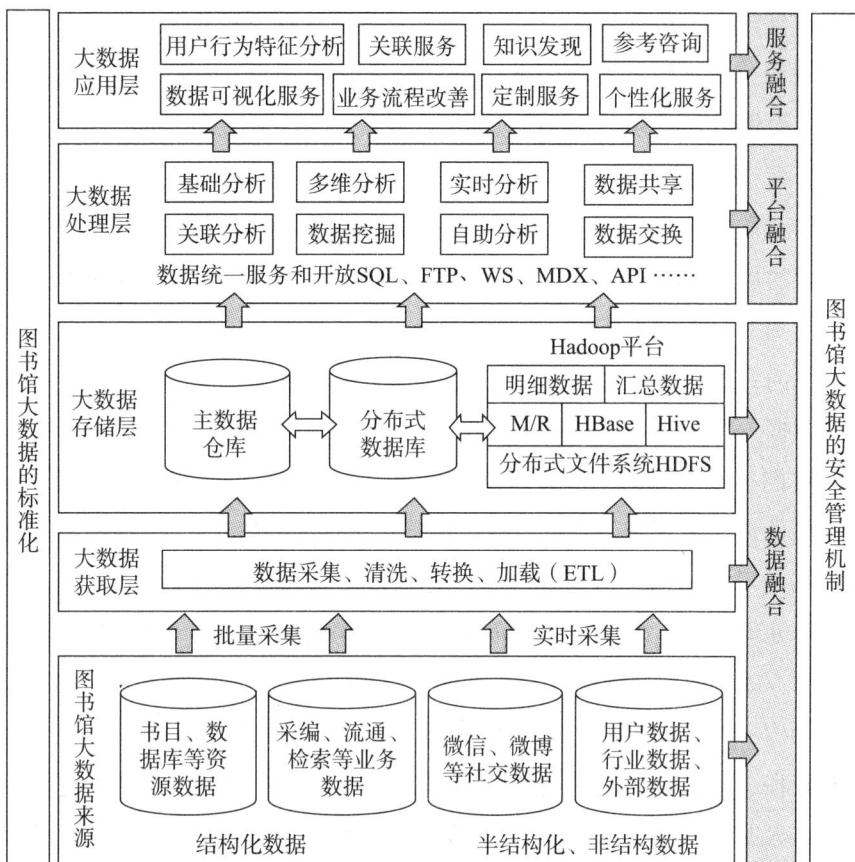

图 7-2　大数据时代高校图书馆数字资源融合平台的完整体系架构

1. 高校图书馆大数据的获取

高校图书馆大数据的获取涉及通过各种途径和技术，包括 RFID 射频识别、传感器、阅读终端设备、网络监控、视频监控、移动互联网、网络爬虫、网站公开 API，以及图书馆数字资源融合平台的数据接口，来执行大数据的跟踪、采集、清洗、转换、加载和其他预处理操作。

高校图书馆大数据的获取主要涉及收集图书馆资源数据、业务数据、社交数据、用户数据，以及其他外部数据。资源数据主要来源于纸质文献、书目数据、电子书籍、电子期刊、数据库数据、开放获取数据和网络信息资源。业务数据源自图书馆执行各类业务活动（如采编、流通、借阅）或提供信息服务（如科技查新、代查代检、参考咨询）时产生的大量数据。社交数据源自图书馆的移动图书馆、BBS、微博和微信平台。用户数据则源自用户个人信息、行为特性数据和用户在使用图书馆资源或服务时产生的数据。此外，行业数据、学术领域数据、图书馆合作交流数据也包括在图书馆大数据范围内。这些数据可能是结构化的、半结构化的或非结构化的，对于结构化的数据，通常批量采集，而对于半结构化和非结构化的数据，需要进行实时采集。

在图书馆大数据中，数据类型繁杂，并非所有数据都具有价值，因此，预处理的步骤是必要的，这可以通过 ETL 工具实现，以提高图书馆大数据的可表示性、可存储性、可处理性、可靠性和准确性，如图 7-3所示的处理流程。在数据抽取阶段，主要任务是链接和访问源数据及源数据模型，以及捕获变化的数据。在数据清洗阶段，主要任务是清洗和补充数据结构、数据规则和业务规则，并建立元数据库描述数据质量。在数据转换阶段，主要任务是进行数据的一致性处理，将源数据转换为目标数据。在数据加载阶段，主要任务是加载不同维度表和事实表，将经过处理的数据加载到存储平台。

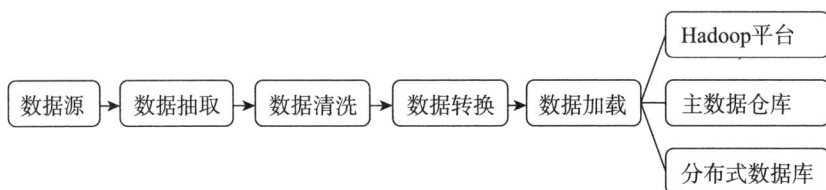

图 7-3　ETL 处理流程

2. 高校图书馆大数据的存储

高校图书馆大数据的存储是指将来自不同来源的大量图书馆数据进

行抽取、清洗、转换等预处理工作后，存储到不同介质中，以解决海量、异地、异构数据问题，以便进行进一步的处理和应用。在大数据环境下，高校图书馆的数据资源规模庞大，增长速度快，类型也很复杂，因此对图书馆大数据的存储平台提出了更高的要求。一个良好的图书馆大数据存储平台应满足以下条件：首先，它的存储容量要足够大，并且能够随着需求的增长而扩展，以满足海量数据资源的存储需求。其次，它需要具备较强的处理性能，不仅能够处理小文件，还能高效处理大文件，甚至实时处理数据。第三，它要能够处理各种不同类型的数据，特别是非结构化数据。最后，它应采用融合的技术架构，在同一个系统内实现存储、备份、归档等功能，管理数据，并提供数据开放接口，以便与数据分析和应用软件进行链接。

在大数据时代，高校图书馆的数字资源融合平台采用了分布式存储方式，并引入了 Hadoop 架构。该平台将图书馆的源数据存储到 Hadoop 平台上，并将经过加工处理后的数据存储到主数据仓库和分布式数据库。Hadoop 平台提供了分布式存储和处理海量数据的框架，通过利用服务器本地的计算和存储资源，Hadoop 集群可以扩展到上千台服务器，实现低成本的存储和低时延、高并发的查询能力。

在高校图书馆大数据的存储过程中，采用了数据分级存储原则（见图 7-4）。根据数据的物理属性、访问压力、生命周期或业务用途等因素，将数据存储到不同级别的存储介质中。这样的分级存储原则有助于形成多级层次、多个中心存储的数据库，各个数据库之间不进行关联操作，但可以进行一些简单的数据查询。经过多维关联、加工和汇总后的数据存储在分布式数据库中，这些数据是基于主题、用户和语义进行融合的，并提供分布式计算，向主数据仓库输出高度汇总的数据。这样的架构有利于减轻主数据仓库的计算和存储压力，并支持深度数据分析。主数据仓库存储高度汇总的数据，例如多维分析数据、报表数据、指标数据，以及构建的综合决策模型数据。将核心模型融入主数据仓库，有助于减少数据冗余并提升数据质量。

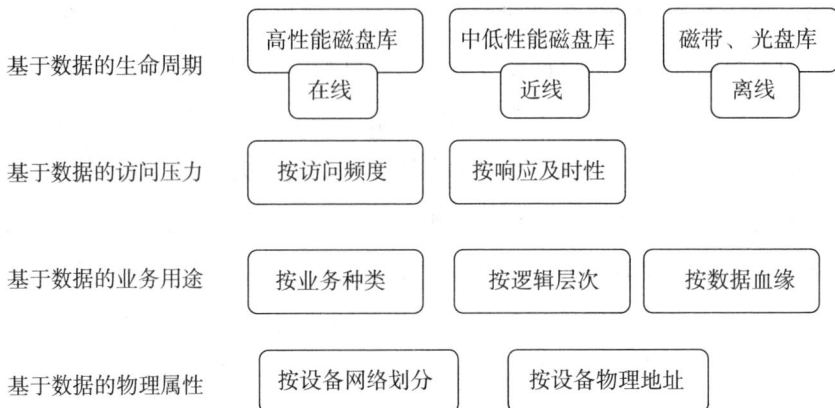

基于数据的生命周期	高性能磁盘库 在线	中低性能磁盘库 近线	磁带、光盘库 离线
基于数据的访问压力	按访问频度	按响应及时性	
基于数据的业务用途	按业务种类	按逻辑层次	按数据血缘
基于数据的物理属性	按设备网络划分	按设备物理地址	

图 7-4　数据分级原则

3. 高校图书馆大数据的处理

高校图书馆大数据的处理涉及对大量数据进行基础分析、多维分析、实时分析、关联分析和数据挖掘等操作，以满足业务需求或用户特定需求。由于图书馆大数据的分布式存储和实时处理要求，数据处理变得更加复杂且具有挑战性。在这种情况下，Hadoop 架构中的 MapReduce 成为高校图书馆大数据处理的首选工具，具有分布式并行计算的能力。

MapReduce 是一种编程模型，用于处理大规模数据集（大于 1TB）的并行计算。它将任务分解为多个 Map 任务，这些任务在集群服务器中并行运行，实现计算资源和存储资源的全局最优化配置，从而提高数据处理速度。MapReduce 的核心思想和步骤是"Map"和"Reduce"。在 Map 阶段，计算作业被拆分为多个 Map 任务，并分配给不同的节点并行执行。每个 Map 任务处理输入数据的一部分，并生成一些中间文件作为 Reduce 任务的输入数据。在 Reduce 阶段，多个 Map 的输出结果被汇总合并，并生成最终的计算结果。图书馆数字资源融合平台中的图书馆大数据处理通过数据访问接口从数据存储层获取所需数据，并利用 MapReduce 进行分布式并行处理，以获得所需的计算结果。采用 MapReduce 可以解决图书馆资源数据的使用分析、用户行为特征分析和业务流程分析等问题。图7-5 为 MapReduce 的数据处理流程图。

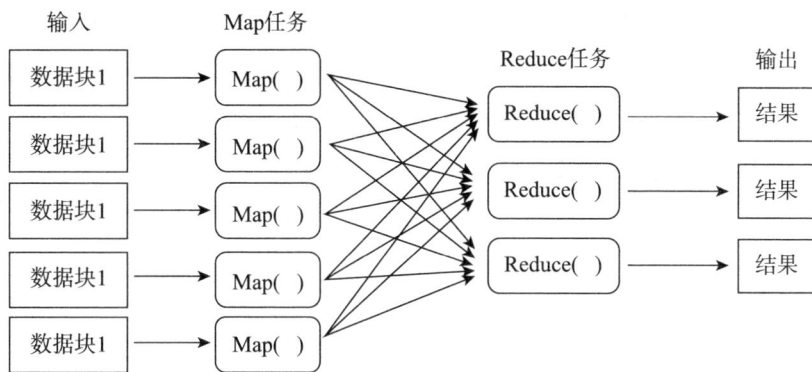

图 7-5　MapReduce 的数据处理流程

4.高校图书馆大数据的应用

高校图书馆大数据的应用涉及将经过大数据处理的分析结果应用于图书馆的业务开展和服务创新中，以改进业务流程并拓展服务内容和形式。在大数据时代，基于相关关系分析的预测成为大数据的核心。高校图书馆可以通过数据整合，为用户提供决策支持和预测服务。例如，在进行竞争类的情报分析时，高校图书馆需要提供与竞争产品、竞争对手和竞争环境等相关的数据，通过关联分析这些数据，为制定竞争策略提供支持。

在图书采购方面，通过对借阅数据、检索数据和用户数据进行关联分析，高校图书馆可以了解用户的阅读习惯和资源需求，从而确定所需资源的购买或引进方式。个性化定制服务是高校图书馆在大数据环境下的重要服务内容。通过融合平台对用户行为数据进行挖掘和分析，高校图书馆可以预测不同用户的信息行为，为用户提供具有针对性和个性化的定制服务。

数据可视化服务以可视化形式展示数据分析结果。高校图书馆可以利用可视化工具开展学科服务，采用知识图谱整理学科领域的研究进展和成果。此外，图书馆还可以为用户提供特定需求的可视化服务和咨询方案。除了关联服务、个性化定制服务和数据可视化服务，高校图书馆大数据的应用还体现在基于数据融合的一站式资源服务、基于知识发现的学科服务、基于科学管理的数据开放服务，以及基于数据挖掘和分析的智慧服务等方面。这些应用为高校图书馆提供了更多服务和创新机会，以满足用户的需求并提升用户体验。

第八章　大数据环境下数字图书馆面向用户的服务组织

第一节　大数据环境下数字图书馆用户信息需求与行为分析

一、大数据对数字图书馆用户信息需求的环境影响

（一）大数据环境对数字图书馆的影响

在大数据环境中，数字图书馆受到多方面的影响，从个性化推荐、数据驱动的决策、智能化服务到数据安全和隐私保护，这些影响共同塑造了数字图书馆与用户之间的互动和用户体验。

大数据环境使数字图书馆能够提供个性化推荐服务。通过分析用户的历史行为和偏好，数字图书馆可以了解用户的兴趣和信息需求，并根据这些信息推荐相关图书、文章或资源。个性化推荐能够提高用户的满意度

和使用体验，帮助用户发现更多符合其兴趣的内容，同时也促进了数字图书馆的资源利用率。

大数据环境下的数据分析和挖掘技术为数字图书馆提供了数据驱动的决策支持。数字图书馆可以利用大数据分析来了解用户的阅读行为、偏好和需求趋势，以优化图书馆资源的分配，改进服务流程，提升信息检索的效率。数据驱动的决策帮助数字图书馆更好地满足用户的信息需求，提供更加精准和个性化的服务。

大数据环境中的机器学习和人工智能技术使数字图书馆能够提供智能化的服务。例如，自动化的图书分类和标注系统可以帮助图书馆更高效地组织和管理图书资源。智能推荐系统能够根据用户的兴趣和阅读历史，自动为用户推荐相关图书或文章。自动问答系统可以回答用户的问题，提供即时的帮助和支持。这些智能化的服务能够提高用户的检索效率和使用便利性，提供更好的用户体验。

与此同时，大数据环境也带来了数据安全和隐私保护的挑战。数字图书馆需要重视用户数据的安全性，并采取相应的措施保护用户的个人信息。合理的数据安全和隐私保护措施可以建立用户信任，保护用户权益，并促进数字图书馆与用户之间的良好互动。

（二）大数据环境对数字图书馆用户信息需求的影响

大数据环境对数字图书馆用户信息需求的影响机制是一个复杂而多样的过程。数字图书馆通过收集、存储和分析大数据，可以为用户提供更加个性化、实时和多样化的服务。

数字图书馆在大数据环境下可以获得各种类型和来源的数据，包括文本、图像、音频等。这种数据多样性使数字图书馆能够更好地满足用户的多样化信息需求。通过分析大数据，数字图书馆可以了解用户的兴趣、偏好、阅读行为等方面的信息，从而更好地理解用户需求。例如，通过对用户搜索历史的分析，数字图书馆可以了解用户感兴趣的主题和领域，从而向其推荐相关的图书或文献资源。

大数据环境中的数据量庞大，数字图书馆可以利用这些数据获取更全面和更准确的用户行为和兴趣。通过对大数据的挖掘和机器学习技术的应用，数字图书馆可以发现隐藏在数据中的规律和模式。例如，通过对大量用户阅读行为数据的分析，数字图书馆可以了解用户的阅读偏好、习惯和关注点，进而根据用户需求进行个性化的推荐服务。这种个性化推荐不仅可以提高用户的满意度，还可以帮助用户发现更多相关和有价值的内容。

数据挖掘和机器学习技术在大数据环境中发挥着重要作用。通过对用户数据的深入分析和挖掘，数字图书馆可以预测用户未来的信息需求。例如，通过分析用户的阅读历史、书评和社交媒体活动，数字图书馆可以了解用户的兴趣演变和趋势，从而提前向用户推荐相关的图书或文献资源。此外，数字图书馆还可以利用机器学习算法对用户数据进行分类和标记，以更好地理解用户的信息需求和行为，从而提供更加个性化的服务。

大数据环境下的数据实时性和即时性也对数字图书馆用户信息需求产生重要影响。数字图书馆可以利用实时获取和处理数据的能力，快速响应用户的信息需求和行为。通过实时分析用户的搜索查询、点击行为和阅读时长等指标，数字图书馆可以及时调整推荐策略和服务内容，以提供更好的用户体验。此外，数字图书馆还可以利用实时数据来跟踪和预测用户的兴趣和需求变化，以便及时调整服务和资源的供给。

（三）大数据信息需求环境的结构

数字信息需求环境的结构是一个动态的系统，它随着时间的推移和新信息的产生而不断变化，并对用户的信息行为产生影响。在复杂的环境中，环境的结构决定了信息在解决问题和完成任务中的作用。数字信息需求环境的最显著特点是其包含了规则和资源。

规则是数字信息需求环境中的一个要素，它主要涉及信息的形成、创造，以及技术的定义和规范。这些规则集合用于规范人们的信息行为和使用方式。在大数据环境中，规则可以包括技术规范和社会规范，技术规范限制和保证人们在数字化信息环境中使用信息技术的方式，而社会规范则以一系列规则形式制约和引导人们在数字信息环境中的行为。

资源也是数字信息需求环境中的一个要素，它们为用户的信息行为提供支持。在数字化信息环境中，信息技术和数字化信息是两种关键资源。资源的分配涉及事物和过程的管理，它包括社会环境中的实体，例如网络管理员可以通过分配网络服务器资源来管理网络。权威资源则用于控制人和社会的时间和空间，例如网页设计负责人可以安排团队成员的时间。

大数据信息环境的结构如图 8-1 所示，数字化是前提条件，信息技术和数字化信息是人们可以利用的资源。资源和规则共同构成了数字化信息环境的两个要素。在数字化信息环境下，用户参与的社会实践活动需要利用多元结构的社会资源。在资源的利用和服务中，也需要一定的规则约束。大数据环境下，复杂结构的信息需求决定了数字图书馆所面临的用户网络，并要求识别用户的社会化需求，在提供信息的同时实现用户的互动，并引导用户进行信息的利用。从用户与信息的关联来看，用户利用数字化信息环境下的资源和规则，这些规则和资源使他们的信息活动成为可能。由于数字化信息环境在用户的信息行为中得到重构，它限制了个体和群体用户的信息行为。

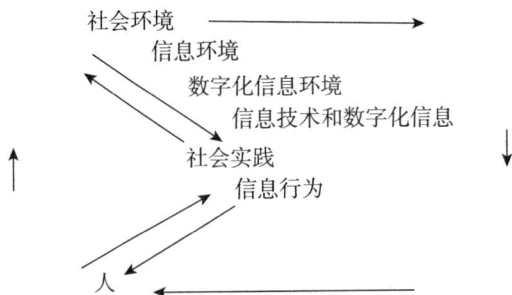

图 8-1　大数据信息环境的结构

（四）大数据环境对用户交互的影响

社会信息环境的变革对信息服务产生了广泛的影响，不仅涉及信息形式、资源分布、开发和利用，还涉及以信息为对象的信息服务组织机制。随着互联网和云服务的快速发展，用户所处的信息环境正在经历深刻的变化，这种变化的核心可以概括为大数据环境的形成。大数据环境所形成的网络、资源、技术和服务环境，共同作用于信息服务的各个方面。图8-2展示了它们之间的关系。

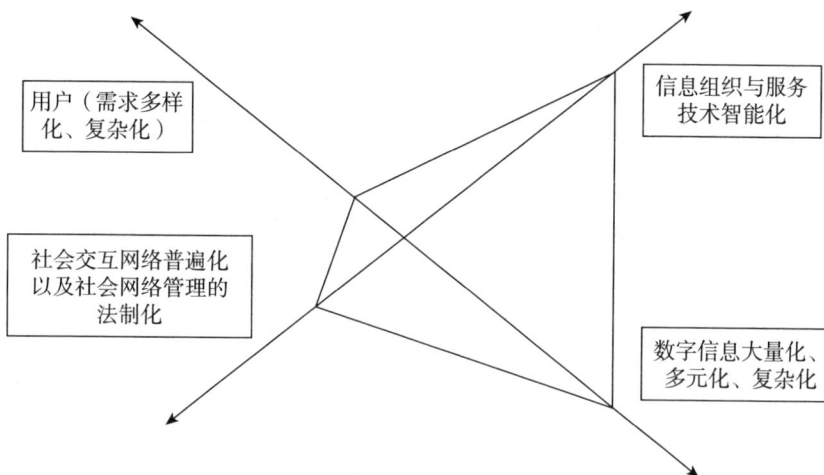

图 8-2　大数据环境的构成要素

图8-2显示了用户、信息技术、数字信息资源和社会交互网络的结构与管理，它们是构成信息环境的基本要素。大数据环境的构成体现在四个方面的变化，即网络、资源、技术和服务。近年来，在信息环境的各个要素中，信息技术和数字信息资源的发展起到了主导作用。

信息与社会之间存在着紧密的联系，特定的社会条件和环境必然对应着特定的社会信息运动方式和制度。数字信息环境是一种基本的社会环境，它在信息的生产、传递、控制和利用方面集中体现了社会特征，是社会历史阶段的产物。当前，大数据环境的形成体现在其与社会发展之间的关联和影响上。从整体上看，数字信息环境与人类社会发展具有同步性和协调性，它们相互联系、相互影响和相互促进。

二、大数据环境下数字图书馆用户信息需求的基本形式

（一）通过数字图书馆获取信息的需求

通过数字图书馆获取信息的需求是在大数据环境下用户对于数字图书馆服务的基本需求之一。

用户希望方便访问和获取大量的数字化图书、期刊、论文等文献资源。随着数字化技术的发展和数字图书馆的建设，大量图书、期刊和学术论文已经以数字化的形式存在，用户希望能够通过数字图书馆轻松获取这些资源。相比传统的纸质文献，数字化文献具有存储容量大、搜索速度快、便于复制和传播等优点，用户能够更加方便地获取所需信息。

在数字图书馆中，用户需要进行有效的检索和过滤，以便快速找到所需信息。由于数字图书馆中的文献资源数量庞大，用户往往需要使用检索功能来缩小搜索范围。因此，用户希望数字图书馆提供高效的检索功能，能够根据关键词、作者、标题等信息进行准确匹配，帮助用户迅速定位所需的文献资源。此外，用户还希望数字图书馆能够提供高级检索功能，如按照时间、出版社、主题分类等进行检索，以满足用户的更精细化需求。

用户对于数字图书馆的用户界面易用性有要求，希望能够通过简单直观的方式进行检索，希望能够通过直观的界面元素和操作方式，轻松地使用数字图书馆的搜索功能。良好的用户界面设计能够减少用户的学习成本和操作难度，提高用户的满意度和使用体验。数字图书馆应该注重用户体验设计，以确保用户能够快速熟悉和使用该系统。

个性化推荐是数字图书馆的一个重要功能，用户希望数字图书馆能够根据他们的兴趣和需求推荐相关文献资源。通过大数据分析和用户行为

追踪，数字图书馆可以了解用户的阅读偏好、搜索习惯等信息，从而提供个性化的推荐服务。用户希望数字图书馆能够推荐与其研究领域、兴趣相关的文献资源，以节省用户搜索的时间和精力，同时也能够帮助用户发现潜在的相关资源。

除了获取文献资源，用户还希望数字图书馆能够提供多样化的访问方式，以满足不同用户的需求。在线阅读是最常见的访问方式，用户希望能够直接在数字图书馆平台上在线阅读文献，不需要下载到本地设备。此外，用户可能还需要将文献下载到本地进行离线阅读或打印，以便在没有网络连接的情况下访问文献。数字图书馆应该提供便捷的下载和打印功能，以满足用户的灵活需求。

（二）基于数字图书馆知识网络服务发布信息的需求

基于数字图书馆知识网络服务发布信息的需求是指用户希望利用数字图书馆平台发布自己的研究成果、学术论文、专业知识等信息。

用户希望能够利用数字图书馆的知识网络服务发布自己的研究成果、学术论文、专业知识等信息。数字图书馆作为一个开放的知识平台，为用户提供了一个便捷的渠道，使他们能够将自己的研究成果和知识分享给其他用户。用户可以上传自己的论文、报告、实验数据等内容，让其他用户能够了解和讨论他们的工作。这种信息发布方式有助于促进学术交流和知识传播，使用户能够更广泛地展示和推广自己的研究成果。

用户希望通过数字图书馆的知识网络服务与其他用户进行互动和合作。在数字图书馆平台上，用户可以与其他用户进行评论、讨论、提问等形式的互动，可以就特定的研究主题展开深入讨论，分享彼此的观点和经验，从而促进知识的共享和碰撞。此外，用户还可以利用数字图书馆平台寻找合作伙伴，共同开展研究项目，进行合著等合作活动。数字图书馆的知识网络服务为用户提供了一个便利的合作平台，促进了跨学科和跨机构的合作与交流。

用户希望数字图书馆能够提供便捷的信息发布渠道和工具，以方便他们发布和管理自己的信息。数字图书馆应该提供友好的用户界面和简单易用的信息发布工具，使用户能够轻松上传和编辑自己的内容。用户也希望能够对已发布的信息进行管理，包括修改、更新、删除等操作。数字图书馆平台应该提供灵活的信息管理功能，以满足用户对于信息发布和维护的需求。

用户对于数字图书馆知识网络服务的可信度和权威性有要求。在信息爆炸时代，用户面临着大量的信息源和内容，他们希望能够从数字图书馆获取高质量，可靠的信息资源。数字图书馆应该确保所提供的信息资源经过严格的筛选和评估，具有一定的可信度和权威性。

用户希望能够获取到经过专业认证、经过同行评审的学术论文和研究成果，以便在自己的学术研究和实践中应用。数字图书馆应该注重信息质量的保证，建立起用户对知识网络服务的信任。

（三）通过数字图书馆进行信息交互的需求

数字图书馆作为现代信息时代的重要组成部分，为用户提供了丰富的信息资源，满足了用户获取知识和信息的需求。而在数字图书馆中，信息交互是用户与图书馆及其他用户之间进行沟通和交流的重要方式。

首先，用户希望能够通过数字图书馆与其他用户进行信息交流和分享，以获取新的知识和观点。数字图书馆可以提供在线讨论、问答、知识共享等功能，让用户可以与其他具有相同兴趣和专业领域的学者交流。用户可以参与到各种讨论活动中，提出问题、分享自己的观点，并从其他用户的回答和讨论中获得新的见解和知识。这种信息交互不仅能够帮助用户扩展自己的知识领域，还可以促进学术研究和学科交叉融合。

其次，用户希望能够通过数字图书馆与专家、学者、研究人员等专业人士进行交流和咨询，以获取专业指导和解答。数字图书馆可以为用户提供与专业人士的联系渠道，如在线咨询、专家讲座、学术研讨会等。用户可以向专家咨询问题、寻求指导，并获得针对性的解答和建议。这种与专业人士的交流和咨询有助于提高用户的学术水平和研究能力，为用户的学习和工作提供有价值的支持和帮助。

再次，用户还希望数字图书馆能够提供丰富多样的社交功能，以便与其他用户建立联系和进行交流。数字图书馆可以让用户建立个人资料，展示其兴趣、专业领域和学术成果，从而吸引其他用户的关注。用户可以关注其他用户，了解他们的动态和分享，与他们进行私信或公开讨论。此外，数字图书馆还可以为用户提供专业社群或学术圈子，让用户可以加入具有相同兴趣和专业背景的群体，与他们共同交流、合作和分享。这样的社交功能可以促进用户间的合作与学术交流，促进创新思维的形成和学术合作的达成。

最后，用户对于数字图书馆信息交互的安全性和隐私保护有要求。数字图书馆应该采取必要的安全措施，保护用户个人信息，防止个人隐私泄露和信息被滥用。同时，数字图书馆应确保信息交互过程中的信息保密性和合法性，避免传播虚假、违法或侵权的信息。为此，数字图书馆可以采用加密技术、身份验证机制和权限管理等手段，保证用户信息的保密性和安全性，并对用户的行为进行监控和管理，以维护信息交互的秩序和安全。

（四）基于数字图书馆服务的信息内容挖掘与过滤的需求

基于数字图书馆服务的信息内容挖掘与过滤需求涵盖文本挖掘与分析、信息过滤与推荐、信息准确性与可信度，以及可视化与交互工具。这些需求旨在帮助用户从海量信息中发现隐藏的知识和模式，并提供个性化、高质量的文献资源。

通过数字图书馆的大数据分析和挖掘技术，用户可以利用机器学习、自然语言处理等技术对文献资源进行文本挖掘、主题分析和情感分析等。这些技术可以帮助用户理解文献中的潜在价值，发现其中的知识和模式。

例如，通过文本挖掘和主题分析，用户可以识别出文献中的关键主题和研究领域，从而深入了解特定领域的最新研究进展。情感分析则可以帮助用户了解文献中作者的情感倾向和观点，进一步评估其可信度和可靠性。用户期望数字图书馆提供有效信息的过滤和推荐功能，根据他们的兴趣和需求过滤和推荐相关的文献资源。这种个性化推荐可以基于用户的搜索历史、浏览行为、评价反馈等信息，利用推荐算法和数据挖掘技术，为用户提供符合其兴趣和需求的文献资源。通过信息过滤和推荐，用户可以更加高效地获取与其研究主题相关的文献，节省时间和精力。

此外，用户还希望通过数字图书馆的信息过滤功能排除低质量、重复或不相关信息，以提高信息的准确性和可信度。数字图书馆可以利用信息检索和过滤技术，如关键词匹配、重复检测和相关性分析，对文献资源进行筛选和排序。这样，用户可以获得更加准确、可信的文献资源，避免在不相关或低质量的信息上浪费时间和资源。用户希望数字图书馆能够提供可视化和交互式的信息挖掘工具，以便他们能够深入探索和分析文献资源中的知识和信息。可视化工具可以将文献资源中的数据、模式和关系以图表形式展示出来，帮助用户更好地理解和发现其中的规律和见解。交互式工具则允许用户与文献资源进行实时交互，探索不同的视角和分析方法，进一步挖掘信息中的价值和洞见。

第二节　数字图书馆面向用户的
服务定位与服务协同

一、数字图书馆面向用户的平台化服务定位

数字图书馆在大数据环境下的信息服务发展中，信息用户的信息资源需求形态发生了演变。信息用户不仅仅是数字图书馆信息资源的利用

者，同时也是信息资源的生产者。因此，在数字图书馆平台化信息服务中，用户需求和信息利用形态应该成为服务定位的基础，从信息服务平台规划的角度进行基于平台的服务协同，这种协同包括用户信息需求目标、跨系统优化组织目标、技术融合目标和信息资源共享目标等方面的服务定位。

（一）基于用户信息需求目标的服务定位

在大数据环境下，用户的信息需求变得多样化和个性化。数字图书馆需要通过分析用户的信息需求，了解他们的兴趣、偏好和研究领域，从而提供定制化的信息服务，这可以通过用户画像、行为分析和个性化推荐等技术手段实现。数字图书馆应该提供多样化的信息资源，不同领域、不同类型的文献资料，以满足用户的不同需求。

（二）跨系统优化组织目标的服务定位

数字图书馆往往由多个子系统组成，包括文献管理系统、检索系统、推荐系统等，这些子系统之间的协同工作对于提供高效的信息服务至关重要。数字图书馆应该通过优化子系统之间的数据交互和信息流动，实现整体的协同效果。例如，可以建立统一的元数据标准，实现不同子系统之间的数据共享和交互，提高系统的整体效率和用户体验。

（三）技术融合目标的服务定位

数字图书馆的服务定位应该借助现代技术手段，如大数据分析、人工智能、机器学习等技术，以提供更智能、更高效的信息服务。例如，利用自然语言处理技术对文献进行文本挖掘和情感分析，以提供更深入的信息分析和理解。另外，数字图书馆可以结合用户的搜索历史、浏览行为等信息，利用推荐算法为用户提供个性化的文献推荐。

（四）信息资源共享目标的服务定位

数字图书馆作为信息资源的集中存储和管理平台，应该鼓励和促进信息资源的共享和开放，包括与其他图书馆和研究机构的合作，共享文献资源和数据集，以及建立开放式的 API 接口，方便其他系统和平台对数字图书馆的信息资源进行访问和利用。

二、数字图书馆基于平台的用户服务协同

基于平台的数字图书馆信息服务系统之间的相互协作和协同是一个复杂的网络关系，而不是简单的线性关系。这种关系涉及协同层次安排、协同路径和方式，以及框架重组等问题。

（一）协同层次安排

在基于平台的数字图书馆信息服务系统中，协同层次安排是实现跨系统协同的关键，这涉及信息资源层、流程组织层和服务实现层的整合和集成。在信息资源层面的跨系统协同中，系统之间的信息资源可能存在异构性和非一致性，因此需要平台进行格式转化，以实现统一标准下的映射关系。这种协同关注的是信息转化和共享，需要信息提供者按照一定的标准和形式提供信息资源，并通过平台进行转化和整合。数据共享是当前信息共享平台的主要协同焦点，协同关注的是应用接口层的转换和应用系统之间的数据流动，因此，在面向信息资源层面的协同中，关键是实现数据库、应用程序和相关服务的对接和数据的一致性。

图 8-3 展示了信息资源层面的跨系统协同组织模型，在基于平台的 A-B 系统数据交换和共享中，确保数据的一致性至关重要。如果 A-B 数据库存在异构，就需要按照平台标准协议进行数据格式的转换或内容上的映射重组；如果 A-B 两个系统的数据需要通过平台共享给第三方，可以采用虚拟数据库方式进行数据的跨系统聚合，然后按需以数据文件形式提

供给第三方。在基于平台的跨系统协同信息服务中，当接收集成数据的请求时，需要通过集成代理的方式进行数据获取，这涉及到基于接口的集成问题。因此，信息资源层面的协同组织具有多方面的要求，需要根据不同要求采用不同的处理机制。

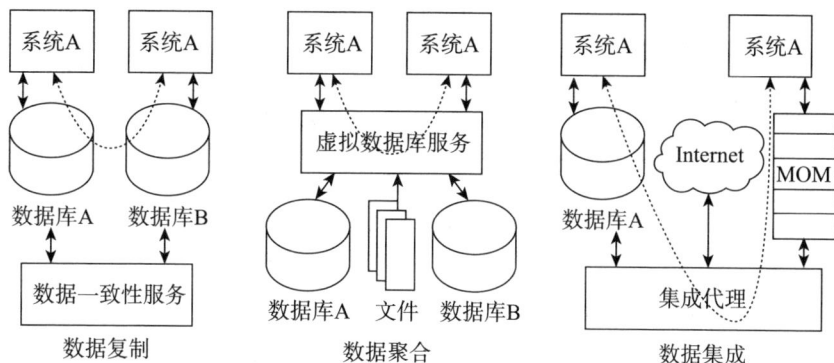

图 8-3　信息资源层面的跨系统协同组织模型

在基于平台的信息服务协同中，还存在着功能模块或处理工具的互用问题，需要在业务流程上进行协同，如图 8-4 所示。流程组织层面上的跨系统协同通过调整业务层来实现。它体现为共享对象上的功能调用，实现动态的应用集成和平台范围内的业务逻辑共享。共享模块通过基础服务在多个系统间共享，可以位于集中服务器和分布式服务器，并通过标准的"Web 服务"提供。在平台中，信息服务提供商（ASP）根据服务要求，按照一定的标准和协议，动态封装为在线服务调用模块，实现协同使用。

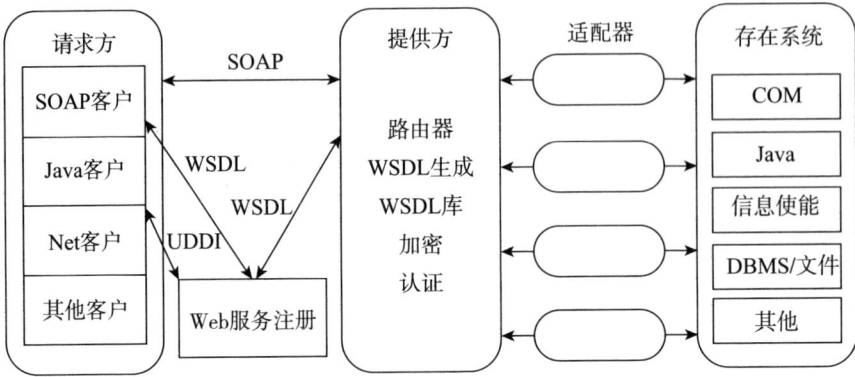

图 8-4　流程组织层面上的跨系统协同

（二）协同行为路径模式

从协同的行为路径模式来看，跨系统的协同信息服务应该是有组织的协同，而不是自发的协同。有组织的协同是指协同组织中的成员根据平台结构和组织制度相互协作，以完成组织目标，为确定协同服务的行为路径，需要考虑各方的业务流程、组织结构和资源配置等因素。

在协同实施过程中，可以采用会话模式、过程模式、活动模式和层次模式等不同协同行为路径模式。

1．会话模式

会话模式是一种基本的协同方式，它将复杂的协作活动分解为一系列交互会话协作活动，从而实现群体协作。在跨系统的协同服务中，会话模式规定了信息服务机构之间的协作关系，包括服务提供者之间的交互协作和服务提供者与用户之间的交互协作过程。

2．过程模式

过程模式将复杂的任务或操作分解为一系列相互关联但相互独立的串行或并行的子任务或操作，以形成一个完整的工作流，如图 8-5 所示。

过程模式严格规定了系统内协同各方的任务、规范和操作，这种模式可以使协同各方按照固定的流程协同工作，确保协同任务的顺利完成。

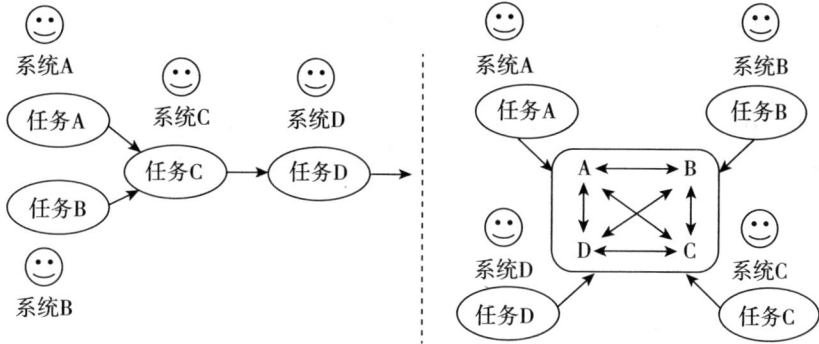

图 8-5　串行、并行行为过程

3．活动模式

活动模式类似于过程模式，但它不是将一个协同任务描述为多个操作协同步骤，而是将一个任务分解为多个具有功能衔接和分工的任务环节，使其关联成为一个整体。在活动模式中，根据相应的规则，各个环节任务利用适当的工具执行任务，以协同完成整体任务。

4．层次模式

层次模式解决了平台服务在不同层次和不同工作方式上的协作问题。它通过描述协作过程中的单一协作模式和具体任务之间的并行关系，根据具体任务的需要采用多种模式结合的方式进行协同工作。

（三）协同工作方式与框架

1．协同工作方式

（1）构架协同。这种协同方式在全局层面上进行，涉及信息服务系统间新旧系统的协同。这需要考虑构架内各元素的相互关系，并进行构架功能的设置，其关键元素主要围绕服务组织，包括业务、资源和技术等。这些元素的具体位置和功能由系统的总体结构决定。

（2）元素自协同。这种方式涉及信息机构中各个元素的自我解构、协同调用、有序组织和交互操作。它的基本要求是将数字图书馆服务元素的结合从无序转向有序，例如，通过协同配置和交互使用技术来实现服务中的相互关联要素的服务协同。

（3）感应协同。这是一种强调外部影响的协同方式，主要关注信息服务机构与外部环境的相互适应，以及对外部环境的全面适应。在感应协同作用下，数字图书馆的各种信息资源要素所形成的服务平台应不断接受外部刺激，调整其运行方式，以适应新技术环境和用户需求的变化。

2．协同工作框架

在数字图书馆的平台化服务中，实施协同工作应遵循一定的框架和步骤，包括协同动力机制、选择协同对象、安排协同任务、整合协同元素、构建协同环境等关键环节，如图8-6所示。在这个框架中，每个系统的协同工作职责和活动应明确，并解决以下问题：

（1）建立稳定的协同关系。在构建平台的基础上，需要进一步明确各系统间的协同工作关系。在稳定关系基础上，规定各个系统的行为标准。

（2）制定协同方案。基于信息保障平台的建设，制定协同服务的运营规划。根据规划提出可行性的协同服务运行方案，进一步明确每个系统的工作职责。

（3）实现服务协同。在方案确定后，需要进行具体实施，通过整体安排来实现全面的协同效应，确保用户面向的协同服务能够实现。

协同工作框架不仅明确了各系统的职责和行为，而且通过协同方案的制定和实施，确保了用户面向服务的顺利实现。

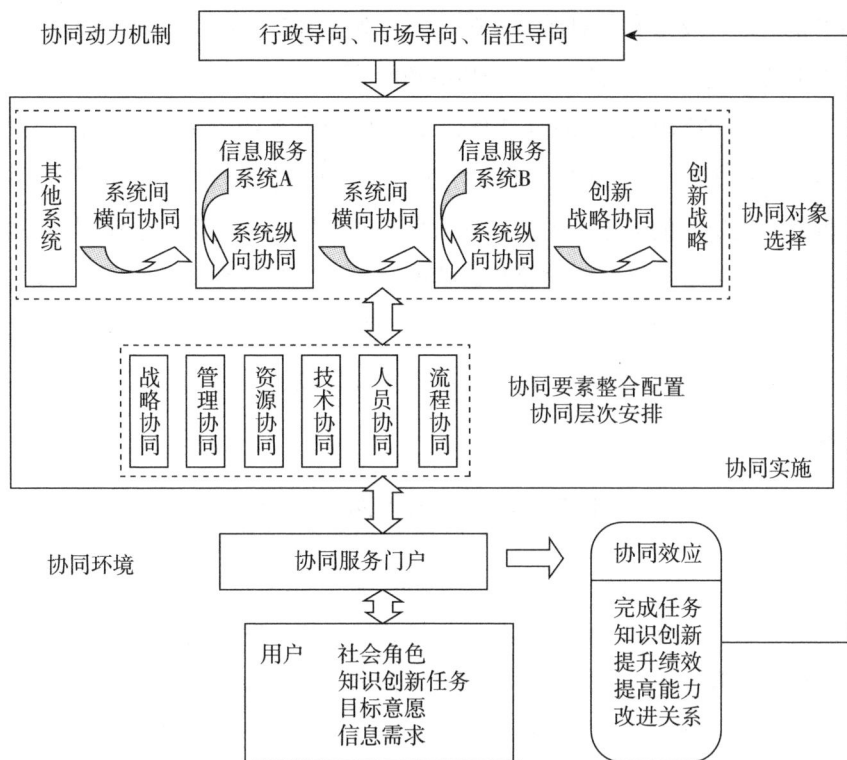

图8-6　数字图书馆基于平台的用户服务实现框架

第三节　数字图书馆面向用户服务的系统动力学分析

一、大数据环境下数字图书馆信息服务的动力要素分析

大数据时代对数字图书馆的信息服务发展带来了前所未有的挑战。要在这个新环境中持续发展，数字图书馆需要利用其内外部各关键性要素，推动信息服务发展。值得注意的是，数字图书馆信息服务的发展受到多方面因素的影响，包括外部大数据环境、其他信息服务机构，以及数字

图书馆内部各要素和信息服务保障系统。各个部分的内部要素，以及内部和外部要素之间，都在持续产生联系和影响。

鉴于各种影响因素的复杂性，本书将利用系统动力学的理论知识，探索数字图书馆信息服务发展的动力机制。通过梳理整个信息服务体系，分析各小模块内的因果关系，建立信息服务发展的系统动力学流图。考虑到系统内外的复杂性，本书将从影响数字图书馆服务发展的供给、需求和服务支撑三个方面进行分析。这种全面的分析方法将有助于更深入地理解数字图书馆在大数据环境下的信息服务发展机制，并为其未来的发展提供有力的策略支持。

（一）大数据环境下数字图书馆信息服务供给

数字图书馆信息服务作为一个系统工程，依赖各类信息技术或工具，实现对分布在内外部系统的各类数据资源的收集、存储、清洗、组织、整合和分析，并最终提供给用户。这个过程涉及各类数据资源、信息存储和分析技术的应用、图书馆馆员的维护工作、解决各类问题的方法等关键要素。服务过程的价值最终体现在满足用户的信息服务需求，服务能力的提升对于数字图书馆信息服务的发展具有重要的推动作用。

在大数据环境下，数据的整合、新技术的应用、图书馆馆员素质的提升，以及大数据思维的形成等因素对于提升数字图书馆信息服务能力起到关键作用。数据资源整合包括对分布在系统各处的结构化、半结构化和非结构化数据的收集和整理。新技术主要涉及数据挖掘技术、数据存储技术、数据分析技术等。提升图书馆馆员素质有利于信息服务工作的开展，具有良好业务素质、丰富经验、强烈主动服务意识的图书馆馆员将极大地提高信息服务水平。大数据思维是在大数据环境下必须具备的思维方式，对于提升图书馆馆员素质和应用新技术有利。数字图书馆信息服务供给子模块的因果关系如图 8-7 所示。

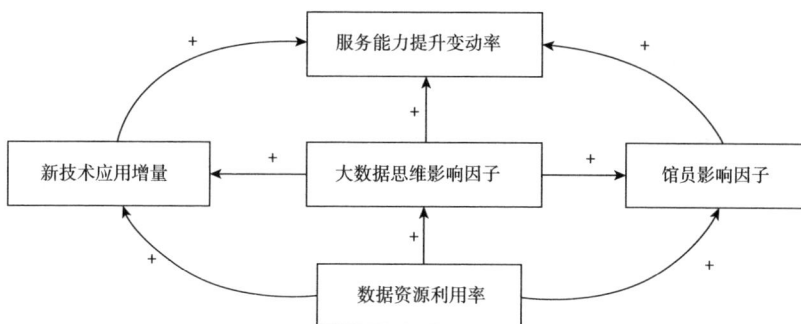

图 8-7　数字图书馆信息服务供给因果关系

（二）大数据环境下数字图书馆信息服务需求

在大数据环境下，数字图书馆的信息服务需求已超越了传统图书馆的服务对象，扩展到了具有潜在需求和网络使用条件的社会网络用户。这种服务需求受大数据环境、其他服务机构的影响，同时由网络发展和用户素质提升所决定。为了简化模型，本书仅考虑大数据环境和其他信息服务机构竞争这两个因素。

从大数据视角出发，分析数字图书馆在新环境下信息服务发展的动力机制，"大数据环境"这个因素的引入是必要的。大数据环境下，用户的信息需求呈现出新的特征。在信息爆炸时代，专门提供信息服务的机构众多，数字图书馆的发展面临巨大的同行压力，因此，引入"其他信息服务机构竞争"这个因素是合理的。大数据环境的形成和其他信息服务机构的竞争，反向促进了数字图书馆向网络用户提供服务。基于此，数字图书馆面向用户服务需求的因果关系如图 8-8 所示。

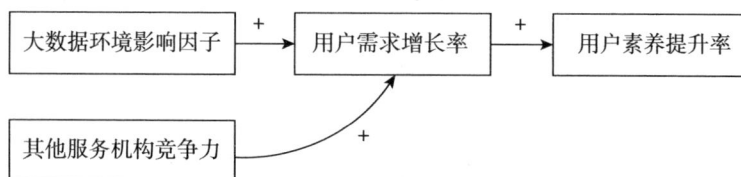

图 8-8　数字图书馆信息服务需求因果关系

（三）大数据环境下数字图书馆信息服务支撑

在大数据环境下，数字图书馆的服务支撑表现为基础设施、资源和技术的全面支持，这是服务运作的基本保障，对数字图书馆信息服务能力的提升有显著影响。数字图书馆信息服务支撑子模块主要涵盖战略制定、馆员、设备、基础设施、资金投入、组织文化和激励制度等要素。

信息服务的执行必须有清晰的战略规划，包括服务战略、组织文化战略、资金投入战略和人才战略。服务战略即为数字图书馆提供信息服务目标，一个明确的服务战略有助于数字图书馆信息服务向正确的方向发展。组织文化战略要求数字图书馆应具备的内部建设文化、服务文化和激励文化等要素。资金的投入可以促进数字图书馆购置更多的数据资源、引入新技术、购买各类智能设备、提高馆员福利、完善基础设施等，对数字图书馆信息服务能力的提升呈现明显的正相关关系。人才战略有助于数字图书馆吸引优秀馆员，提升整个数字图书馆信息服务队伍的素质。数字图书馆信息服务支撑的因果关系如图 8-9 所示。

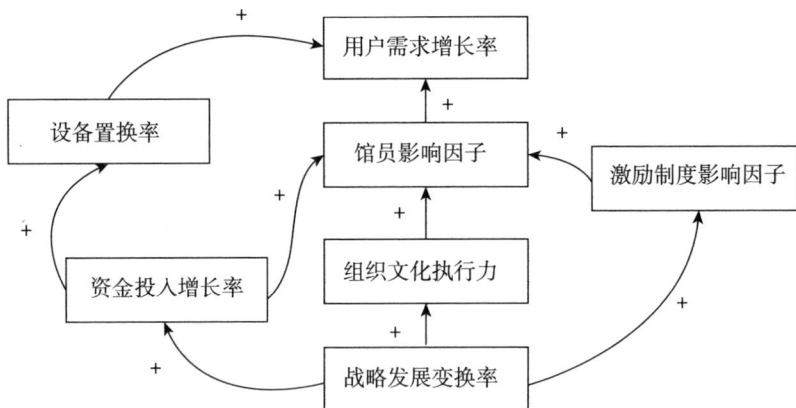

图 8-9　数字图书馆信息服务支撑因果关系

二、数字图书馆信息服务发展的系统动力学流图

系统动力学流图的构建和参数设定是系统动力学分析的基础，在此基础上进行的因果关系分析，为流图的构建提供了基础。

（一）数字图书馆信息服务发展动力学流图构建中的因果关系

影响服务发展的基本要素包括发展动力、需求驱动和服务支持三个方面。在大数据环境下，数字图书馆信息服务的发展依赖于各方面要素的共同推动。因此，考虑到系统的复杂性，选取深层关键要素进行因果分析，希望能从中发现一些规律，为大数据环境下数字图书馆信息服务的发展找出动力源，为终端用户服务奠定基础。通过综合考虑各种变量因素，可以根据大数据环境下数字图书馆面向用户服务体系构建的三方面因果关系，构建出"大数据环境下数字图书馆信息服务发展动力学模型"的系统流图。

（二）数字图书馆信息服务发展的系统动力学流图

通过全面分析三方面要素和因果关系，可以找出其中的关键要素，然后构建系统动力学流图，如图8-10所示。

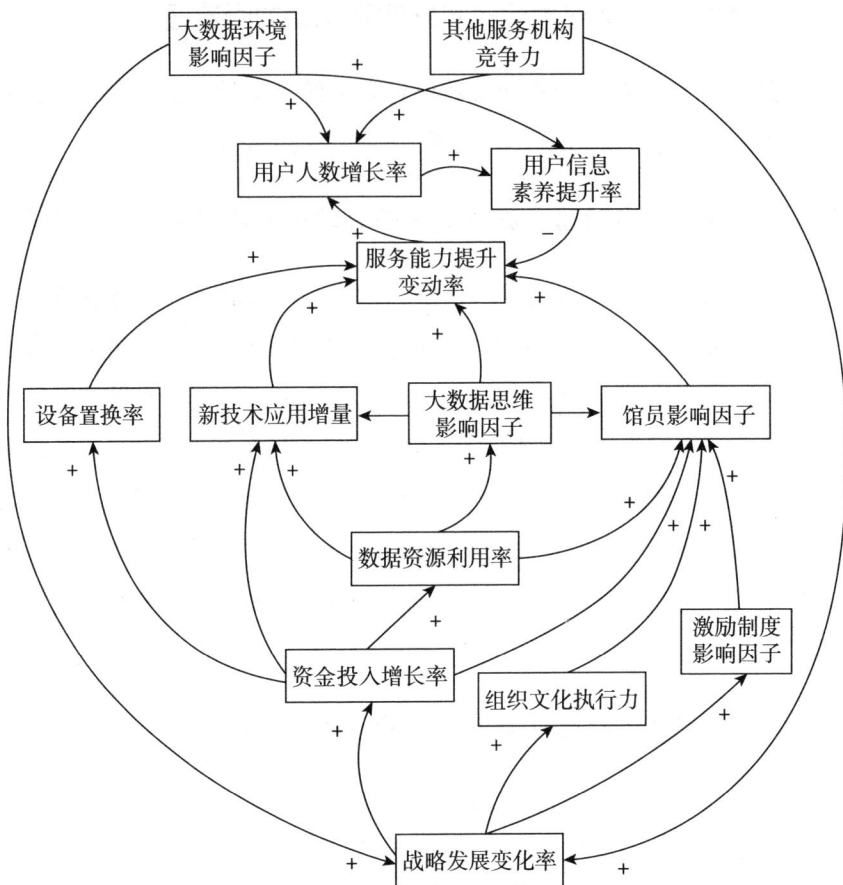

图 8-10　数字图书馆信息服务发展的系统动力学流图

参考文献

[1] 崔海英. 大数据时代高校图书馆服务创新研究 [M]. 北京：现代出版社，2019.

[2] 农艳春. 大数据时代高校图书馆服务工作研究 [M]. 长春：吉林大学出版社，2016.

[3] 吴爱芝. 大数据时代高校图书馆智慧化学科服务研究 [M]. 北京：海洋出版社，2018.

[4] 张理华. 大数据时代高校图书馆信息服务创新研究 [M]. 北京：北京理工大学出版社，2019.

[5] 张璐. 大数据时代高校图书馆管理与服务创新发展研究 [M]. 北京：中国商业出版社，2023.

[6] 杜赛楠. 大数据时代高校图书馆服务创新研究 [J]. 大众标准化，2019（14）：80-81.

[7] 方超. 大数据时代高校图书馆服务模式的创新探析 [J]. 科技经济市场，2021（2）：153-154.

[8] 高华. 简议大数据时代高校图书馆的服务功能 [J]. 传播力研究，2019（19）：294.

[9] 格桑措姆. 大数据时代高校图书馆智慧服务策略 [J]. 文化产业，2021

（29）：42–45.

[10] 洪平. 大数据时代高校图书馆服务创新研究 [J]. 内蒙古科技与经济，2019（18）：133–134.

[11] 胡裕波. 论大数据时代高校图书馆服务方式转型研究 [J]. 中国民族博览，2020（6）：249–250.

[12] 李卉. 大数据时代高校图书馆数字资源服务创新分析 [J]. 电子元器件与信息技术，2021（4）：23–24.

[13] 李金. 大数据时代高校图书馆信息服务模式创新研究 [J]. 海峡科技与产业，2022（6）：54–56.

[14] 李利敏. 大数据时代高校图书馆科研服务创新研究 [J]. 无锡职业技术学院学报，2023（1）：61–64.

[15] 李明. 大数据时代高校图书馆读者服务工作新探 [J]. 中国管理信息化，2018（9）：124–125.

[16] 李思. 大数据环境下高校图书馆服务转型探析 [J]. 时代农机，2018（4）：117.

[17] 李咏梅. 浅析大数据时代高校图书馆个性化信息服务 [J]. 内蒙古科技与经济，2019（24）：158–159.

[18] 林晓云. 大数据时代高校图书馆服务创新研究 [J]. 合作经济与科技，2020（15）：109–111.

[19] 龙俐君. 大数据时代高校图书馆知识服务转型与发展 [J]. 中国新通信，2021（14）：121–122.

[20] 吕丽萍. 大数据时代高校图书馆数据服务的困境及优化路径 [J]. 经济研究导刊，2022（25）：144–146.

[21] 乔玉清. 大数据背景下高校图书馆学科服务创新 [J]. 教育观察，2018（7）：55–56+132.

[22] 宋甲丽，赵义纯. 大数据时代高校图书馆智慧服务 5W 模式构建 [J]. 大学图书情报学刊，2021（3）：32–37.

[23] 田亚丽. 大数据时代高校图书馆个性化服务研究 [J]. 中国报业，2021

（20）：70-71.

[24] 万万. 大数据时代高校图书馆信息服务路径的探析 [J]. 办公室业务，
2021（7）：105-106.

[25] 王飞. 大数据环境下高校图书馆的数据服务 [J]. 内蒙古科技与经济，
2018（7）：125+127.

[26] 王佳. 大数据时代高校图书馆服务创新策略研究 [J]. 电子世界，2019（7）：
46-47.

[27] 王霞. 图书馆信息服务在大数据时代的发展研究 [J]. 科技资讯，2019（2）：
200-201.

[28] 王晓华. 大数据时代高校图书馆功能定位与服务模式探析 [J]. 黑龙江教
育（理论与实践），2018（合刊2）：112-113.

[29] 吴爱芝，王婧媛. 大数据时代高校图书馆嵌入式科研服务模式与内容研
究 [J]. 现代情报，2018（12）：97-102.

[30] 向东霞，钟继斌，史文莉. 大数据时代高校图书馆知识服务转型之探讨
[J]. 经济师，2018（9）：245+248.

[31] 徐华. 大数据时代高校图书馆参考咨询服务的创新与发展 [J]. 造纸装备
及材料，2021（2）：81-82+96.

[32] 杨蕙. 大数据时代下民办高校图书馆的服务创新研究 [J]. 造纸装备及材
料，2022（7）：204-206.

[33] 袁梁. 大数据时代高校图书馆个性化服务研究 [J]. 图书情报导刊，2018
（10）：19-22.

[34] 张承. 大数据环境下高校图书馆服务模式创新研究 [J]. 河南图书馆学刊，
2018（3）：40-41+47.

[35] 张春英. 关于大数据背景下高校图书馆服务创新的研究 [J]. 赤峰学院学
报（自然科学版），2018（5）：124-125.

[36] 张东靖. 大数据时代高校图书馆服务的创新与发展 [J]. 黑河学院学报，
2019（2）：211-212.

[37] 张洪升. 大数据时代高校图书馆的服务定位与资源建设对策 [J]. 河南图

书馆学刊，2020（11）：67–69.

[38] 张青锟. 大数据时代高校图书馆数字资源服务创新研究 [J]. 信息记录材料，2019（1）：163–164.

[39] 张艳. 大数据时代高校图书馆服务转型分析 [J]. 中国新通信，2021（20）：58–59.

[40] 赵昕，高珑，王祥伟. 大数据时代高校图书馆信息服务趋势分析 [J]. 产业与科技论坛，2019（19）：121–122.

[41] 陈黎敏. 大数据时代高校图书馆智慧阅读服务体系构建 [J]. 绥化学院学报，2022（2）：134–136.

[42] 陈友通. 大数据时代高校图书馆智慧服务探析 [J]. 才智，2020（12）：246.

[43] 周丽琴. 大数据时代高校图书馆信息服务路径 [J]. 数字技术与应用，2020（8）：190–192+195.

[44] 左平熙. 大数据时代高校图书馆智慧服务的逻辑与路径 [J]. 图书馆工作与研究，2021（5）：48–54.

[45] 曾华琴. 基于大数据时代的高校图书馆读者服务创新路径 [J]. 科技资讯，2022（17）：209–212.

[46] 栾庆玲. "双一流"建设背景下高校图书馆知识融合服务框架研究 [D]. 南昌：南昌大学，2021.

[47] 莫慕璇. 大数据时代高校图书馆数据素养教育研究 [D]. 贵阳：贵州财经大学，2021.

[48] 陈衡毅. 大数据时代高校图书馆智慧服务存在的问题及对策研究 [D]. 湘潭：湘潭大学，2021.

[49] 陈宇碟. 大数据背景下我国高校图书馆移动信息服务优化研究 [D]. 长春：吉林大学，2015.

[50] 程聪聪. 大数据时代高校图书馆微服务研究 [D]. 福州：福建师范大学，2017.